História ambiental no sul do Brasil

Apropriações do mundo natural

História ambiental no sul do Brasil

Apropriações do mundo natural

Jó Klanovicz
Gilmar Arruda
Ely Bergo de Carvalho
(orgs.)

Copyright © 2012 Jó Klanovicz / Gilmar Arruda/ Ely Bergo de Carvalho

Grafia atualizada segundo o Acordo Ortográfico da Língua Portuguesa de 1990, que entrou em vigor no Brasil em 2009.

Publishers: Joana Monteleone/Haroldo Ceravolo Sereza/Roberto Cosso
Edição: Joana Monteleone
Editor assistente: Vitor Rodrigo Donofrio Arruda
Revisão: João Paulo Putini
Projeto gráfico, capa e diagramação: Sami Reininger

CIP-BRASIL. CATALOGAÇÃO-NA-FONTE
SINDICATO NACIONAL DOS EDITORES DE LIVROS, RJ

H58

HISTÓRIA AMBIENTAL NO SUL DO BRASIL: APROPRIAÇÕES DO MUNDO NATURAL
Jó Klanovicz, Gilmar Arruda, Ely Bergo de Carvalho (orgs.)
São Paulo: Alameda, 2012.
256p.

Inclui bibliografia
ISBN 978-85-7939-107-1

1. Brasil, Sul – Aspectos ambientais. 2. Brasil, Sul – Geografia. I.
Klanovicz, Jó. II. Arruda, Gilmar. III. Carvalho, Ely Bergo de

11-6743.   CDD: 918.16
                            CDU: 913(816)

                                          030443

Alameda Casa Editorial
Rua Conselheiro Ramalho, 694, Bela Vista
CEP 01325-000 São Paulo, SP
Tel. (11) 3012-2400
www.alamedaeditorial.com.br

Sumário

Introdução 7

A colonização e a mineração no sul de Santa Catarina, Brasil: 17
uma história regional de dois modelos econômicos
de alto impacto socioambiental (1875-1946)

CARLOS RENATO CAROLA

Produção de maçãs no sul do Brasil: 41
uma história de apropriações técnicas

JÓ KLANOVICZ

Transformação da natureza, urbanização e o 63
abastecimento de água potável em Londrina,
Paraná, Brasil (1970-1980)

GILMAR ARRUDA

Navegação e conquista: o Rio Iguaçu para 89
a província do Paraná (1856)

CEZAR KARPINSKI

Desmatar e reflorestar: a implementação do 107
Pinus elliottii no planalto de Santa Catarina, Brasil

SAMIRA PERUCHI MORETTO

Araucária, o símbolo de uma Era: a atuação da Southern Brazil Lumber and Colonization Company na história da devastação das Florestas de Araucária — 123

MIGUEL MUNDSTOCK XAVIER DE CARVALHO E EUNICE SUELI NODARI

O estado jardineiro e a gestão das florestas: uma história do Departamento de Geografia, Terras e Colonização na gestão do sertão paranaense (1934-1964) — 149

ELY BERGO DE CARVALHO

Entre corredeiras e florestas: as expedições fluviais de Reinhard Maack no Paraná e Santa Catarina no início do século 20 — 179

ALESSANDRO CASAGRANDE

Estrada da mata: a criação de gado e a formação social do planalto de Santa Catarina (séculos 18 ao 20) — 197

CRISTIANE FORTKAMP

Henrique Luiz Roessler e a proteção à natureza no Rio Grande do Sul (1939-1963) — 211

ELENITA MALTA PEREIRA

Do território do vazio ao lugar de veraneio: paisagem e cultura balneária no litoral do Rio Grande do Sul — 235

JOANA CAROLINA SCHOSSLER

Introdução

A INTERAÇÃO ENTRE HUMANOS e não humanos (que vem sendo lida ora nesses termos, ora nos termos de sociedade e natureza) sempre foi objeto de estudos por parte da História. Mas foi na década de 1970 que o campo da História Ambiental emergiu da problematização das construções sociais da crise ambiental, diante da qual os seres humanos cada vez mais passaram a perceber o esgotamento de recursos considerados fundamentais para a manutenção de seus modos de vida hegemônicos, bem como os reflexos de suas perturbações para o aumento do risco para a sobrevivência, a longo prazo, da própria espécie humana (Worster 198-215). Foram os cientistas naturais os primeiros a buscarem produzir modelos de interação entre a sociedade e a natureza, na tentativa de entender a nossa perigosa atual relação com a natureza. Mas logo as ciências sociais adentraram na empreitada, procurando superar as fronteiras que separavam, em geral de forma bastante estanque, a compreensão do mundo natural e do mundo cultural (Goldblatt 1998). A História, ao entrar no tema, reformula suas perguntas, inspirada pelo presente e, portanto, por um novo olhar sobre todo o passado da humanidade. Mas a História Ambiental não é praticada apenas por historiadores, e, como fruto de um esforço interdisciplinar, busca reunir especialistas de diferentes áreas para entender a historicidade das relações entre seres humanos e natureza.

No Brasil, desde a década de 1980, há estudos que se albergam sobre o rótulo de História Ambiental. Obra clássica nesse sentido é a do brasilianista Warren Dean, que construiu o grande marco da História Ambiental no país. Todavia, já se passaram duas décadas desse momento inicial. Com a criação, em 2006, da Sociedade Latino-Americana e Caribenha de História Ambiental (Solcha) e a incorporação de estudos sobre Sociedade e Natureza e da História Ambiental (menos comum), em programas de Pós-Graduação pelo país na última década, o campo realmente se consolidou.

Este livro procura reunir estudos representantes dessa nova geração de História Ambiental no Sul do Brasil. O escopo do livro é a apropriação da natureza.

O regime de apropriação da natureza é um elemento fundamental para a compressão da dinâmica de qualquer sociedade (Worster 206). Mas na sociedade ocidental moderna, a apropriação não foi vista como um problema central. Na trilha da economia neoclássica, os elementos naturais eram tomados como uma variável constante que sempre estaria disponível de alguma forma. A questão era onde e quem se apropriaria. O mundo atual coloca o dilema de um esgotamento dos elementos naturais que por nós são utilizados em termos planetários, enquanto a degradação e alteração nos elementos naturais ameaçam a vida humana na Terra.

Nas ciências ambientais, o conceito de regime de apropriação emerge em oposição ao conceito de "propriedade". Afinal, a legislação moderna que, em grande parte, reduzia a questão do acesso à natureza à propriedade dos "bens", numa visão economicista, não dá conta das formas complexas como indivíduos e grupos tomam para si e usufruem da natureza. Falar em regimes de apropriação como livre acesso, propriedade privada, estatal e comunal, é apenas usar tipos ideais para restringir a multiplicidades de acessos possíveis (Berkes 2002). Por isso autores como Jacques Weber optam pelo uso do conceito de "modo de apropriação" comportando cinco níveis: 1) as representações ou percepções; 2) os usos alternativos dos recursos; 3) as modalidades de acesso e de controle de acesso aos recursos; 4) as modalidades de transferência dos recursos, ou de frutos obtidos desses recursos – modalidades estas não necessariamente mercantis –, e 5) as modalidades de repartição ou de partilha dos recursos e/ou dos frutos obtidos mediante as mesmas (Weber 129).

Devemos destacar a centralidade da primeira variável do conceito de apropriação tal como definido nas Ciências Ambientais, ou seja, as representações ou percepções, pois a forma como indivíduos e grupos se relacionam com o mundo natural depende fortemente das representações produzidas pelo grupo sobre o mundo natural e indissociavelmente sobre si e os outros.

Ao atentar para a centralidade das representações, autores da Nova História Cultural, tal como Roger Chartier, opondo-se a uma tentativa de fazer das ciências sociais uma física do social, colocaram o conceito de apropriação no centro da História (Chartier 26). Aqui, apropriação é pensada como "práticas diferenciadas, com utilizações contrastadas", em oposição a uma homogeneização do processo de reprodução cultural entendido como divisão, no qual alguns produzem e outros consomem cultura. Chartier se apoia na ideia de que toda a forma de consumo é também uma produção. Com isso se afasta da ideia da reprodução cultural enquanto uma tradição ou conjunto de práticas que seriam "sempre iguais a si mesmo", e mostra a constante produção do novo e a agência social dada no processo de permanente apropriação e reelaboração das práticas, discursivas ou não (Chartier 51). Assim, temos uma aposta na historicidade fundamental dos fenômenos.

Tendo como centro o entrecruzamento dessas duas nações de apropriação, uma enfatizando a dimensão simbólica e a outra a dimensão material, mas ambas indicando sua indissociabilidade, o presente livro reúne 11 estudos.

O trabalho de Carlos Renato Carola, *A colonização e a mineração no sul de Santa Catarina, Brasil: uma história regional de dois modelos econômicos de alto impacto ambiental,* aborda a apropriação da natureza no sul de Santa Catarina entre 1875 e 1946, apontando os dois principais processos de degradação ambiental então vigentes: o de colonização e de mineração do carvão. Todavia, antes de serem antagônicos, os dois processos permitiram articulações, como o trabalho de filhos de colonos nas minas, uma forma de renda extra. De qualquer forma, a questão principal, para o trabalho, é que o "mito do pioneiro" e a "ideologia do progresso" serviram, nos dois casos, para jogar "uma cortina de fumaça" sobre a violência e a degradação socioambiental produzidas por essas atividades, que então eram apresentadas apenas como geradoras do "progresso".

De maneira semelhante, Jó Klanovicz, em *Produção de maçãs no sul do Brasil: uma história de apropriações técnicas,* não apenas aborda a construção, nas décadas de 1960 a 1990, de uma cadeia produtiva de maçã que apropriou e produziu tecnologias que garantissem a produção de uma fruta de clima temperado em um país tropical, substituindo a importação, mas também discute a forma como a produção do discurso técnico sobre o cultivo de maçãs foi fundamental para tal construção – não apenas pela sua eficácia prática, mas também por sua eficácia simbólica.

Gilmar Arruda, em *Transformação da natureza, urbanização e o abastecimento de água potável em Londrina, Paraná, Brasil (1970-1980),* investiga as relações entre as transformações no espaço agrícola, a desigualdade social e a apropriação da água potável no espaço urbano no momento de surgimento da "era da ecologia" em Londrina. As transformações na paisagem com o processo de colonização que deu origem a Londrina, na primeira metade do século 20, operou uma "reordenação capitalista da natureza". Na segunda metade do século passado, a erradicação do café como cultura hegemônica e a implantação de um agroeocossitema com alto uso de agroquímicos e máquinas acompanhou um êxodo da população rural e levou a um crescimento vertiginoso da população urbana. Os conflitos socioambientais devido à falta de água na cidade e principalmente à desconfiança generalizada sobre a qualidade da água fornecida estão na raiz da emergência das primeiras ONGs ambientalistas em Londrina, que lutavam contra o fornecimento de água vinda dos rios poluídos por biocidas e defendiam o abastecimento da cidade por meio do aquífero Guarani. Diante da vitória da empresa concessionária no seu projeto de abastecimento por meio de rios e lagos, a parte mais abastada da população passou a comprar água mineral, o que deixa claro a desigualdade na apropriação de elementos naturais, em especial quando eles se tornam escassos em virtude dos impactos socioambientais. Londrina foi fundada em um momento em que o velho imperialismo do século 19 ainda estava vivo e em que se buscava ainda preencher o *mapa mundi,* e satisfazer o desejo

História ambiental no sul do Brasil   11

moderno de dominar mesmo que simbolicamente do lugar mais alto ao mais frio, completando os mapas e nomeando todos os rincões do planeta.

O trabalho de Alessandro Casagrande, intitulado *Entre corredeiras e florestas: as expedições fluviais de Reinhard Maack no Paraná no início do século 20,* aborda um homem responsável por executar essa apropriação simbólica do espaço. O geógrafo Reinhard Maack, em suas expedições fluviais a mando de empresas mineradoras, foi responsável por ampliar o conhecimento geográfico e com isso contribuiu para a apropriação da natureza e para a história das ciências no Sul do Brasil.

Cesar Karpinski, em *Navegação e conquista: o Rio Iguaçu para a província do Paraná (1856),* busca, por meio de alguns discursos do presidente da então recém criada província do Paraná refletir sobre as representações e apropriações do rio Iguaçu, que corta o Paraná, de leste para oeste. Mesmo sabendo da limitação da utilização do rio para navegação, dada a existência das cocheiras em sua foz, a ânsia dos governantes estaduais em estabelecer novas vias de transporte levou à exaltação da exploração do rio. Partindo desta constatação, o autor argumenta que fatores como o "fascínio da descoberta", "possuir os territórios" até então ocupados por indígenas, foram outros fatores que levaram à persistência deste discurso do rio como via de transporte. Desta forma, o autor entende o rio Iguaçu enquanto um agente na história, ou melhor, de uma multiplicidade de histórias, pois a partir do rio se constituem representações e ao mesmo tempo o rio é constituído por elas, das diferentes representações dos que vivem em seu entorno e/ou tentam dele se apropriar.

No capítulo *O estado jardineiro e a gestão das florestas: uma história do Departamento de Geografia, Terras e Colonização na gestão do sertão paranaense (1934-1964),* Ely Bergo de Carvalho aborda como o governo do estado do Paraná gerenciou as florestas em um momento em que se efetuava a colonização dirigida do interior do estado, que levou a um brutal desflorestamento do território daquela unidade de federação. Por um lado, é um bom exemplo da ineficiência, do ponto de vista da conservação, da gestão estatal de florestas; por outro, as atitudes efetivas de conservação dos recursos e de controle do território estadual são um bom exemplo de como há uma efetiva ação estatal, mesmo que essa seja voltada contra os homens e mulheres pobres e acabe favorecendo na prática grandes proprietários. Sendo que tal ação não pode ser entendida apenas como fruto de um "ambientalismo à

12 Jó Klanovicz • Gilmar Arruda • Ely Bergo de Carvalho (orgs.)

frente do seu tempo", mas deve ser entendida na racionalidade própria, no caso uma racionalidade produtivista e com fé na tecno-ciência, de tal forma que derrubar a "floresta caótica" e substituí-la por uma ordenada silvicultura parecia ser a melhor forma de apropriar-se da floresta.

No trabalho *Araucária – o símbolo de uma Era: a atuação da Southern Brazil Lumber and Colonization Company na história da devastação das Florestas de Araucária*, Miguel Mundstock Xavier de Carvalho e Eunice Sueli Nodari abordam a atuação do que foi a maior madeireira da América Latina, em seu auge, na primeira metade do século 20. Tal empresa, de capital estadunidense, foi "pioneira da indústria madeireira", uma vez que apresentou-se como exemplo diante da produção relativamente artesanal antes praticada e tendo iniciado sua atividade justamente no momento que um grande setor industrial exportador de madeira emergiu no Sul do Brasil. Teve portanto, um papel chave na forma de apropriação da Floresta de Araucária, que levou ao seu quase desaparecimento enquanto ecossistema específico.

Em *Desmatar e reflorestar: a implementação do Pinus Elliottii no planalto de Santa Catarina, Brasil*, Samira Perucchi Moretto enfoca justamente quando o processo de devastação da floresta nativa de Araucária chega a níveis de inviabilizar a existência de tal indústria. Desta forma, a preocupação do trabalho é entender o processo de como no município de Lages, em Santa Catarina, depois da região tornar-se uma grande produtora de madeira, na década de 1960, a falta de recursos florestais leva à implantação do reflorestamento com base em uma espécie exótica, o *Pinus elliottii*, um projeto voltado para atender o mercado madeireiro e que praticamente não cogitou a utilização de espécies nativas. Ora, o reflorestamento com uma espécie exótica invasora é uma forma de apropriação do planalto de Santa Catarina que vai deixar marcas de longa duração na história ecológica da região, pois alterou permanentemente os elementos de seu ecossistema.

Cristiane Fortkamp, em *Estrada da mata: a criação de gado e a formação social do planalto de Santa Catarina (séculos 18 ao 20)*, estuda como a introdução de bovinos na região do planalto de Lages pelos europeus gerou transformações socioambientais. Destacando os fatores naturais que levaram a modificações socioeconômicas e como estes alteraram o ambiente.

A autora aborda a história da constituição da raça crioula lageana de gado vacum e como esta, posteriormente, é fortemente substituída por raças exóticas e menos adaptadas, em nome da produção de uma carne de melhor qualidade; contudo, foi uma mudança com implicações socioambientais graves, entre elas, a maior degradação do ambiente e a exclusão de produtores menores que não podiam arcar com as despesas, com cuidados veterinários e de manejo, mais dispendiosas, em geral, exigidas pelas novas raças.

O trabalho *Henrique Luiz Roessler e a proteção da natureza no Rio Grande do Sul (1939-1963)*, de Elenita Malta Pereira, apresenta a trajetória de um funcionário público que teve papel decisivo na constituição de um pensamento conservacionista naquele estado, em meio a embates pessoais e instituições relacionados a ideias de proteção e uso da natureza.

Já em *Do território do vazio ao lugar de veraneio: paisagem e cultura balneária no litoral do Rio Grande do Sul*, Joana Carolina Schossler discute a apropriação de paisagens litorâneas gaúchas – a partir de um viés que envolve política, história e cultura moderna – que preconizaram novos olhares e usos das praias, elemento bastante característico da sociedade brasileira que foi se modernizando e urbanizando ao longo do século 20 e promovendo deslocamentos de sentidos, especialmente em lugares que passaram a ser utilizados para fins turísticos, com consequências socioambientais.

Ao percorrer o conjunto de trabalhos de história ambiental reunidos aqui, apesar de alguns enfatizarem a dimensão simbólica de apropriação da natureza e outros a dimensão material, fica patente a sua indissociabilidade para entender nossa inte-relação com a natureza.

Apesar do livro parecer estar estruturado em temas como uso da terra, águas, florestas, animais e percepções sociais sobre a natureza, não se trata de buscar fazer uma história de cada um desses elementos no Sul do Brasil. Não só porque cada um deles suscita uma multiplicidade de histórias, mas porque nenhum deles pode ser entendido isoladamente. Foi o mundo moderno que procurou simplificar o mundo natural, de forma que cada elemento passasse a ser pensado isoladamente dos demais, até poder ser transformado em uma mercadoria, independentemente das relações estabelecidas com os outros elementos naturais ou não. O desafio da história ambiental deve ser restabelecer os fios da complexidade que conectam terras, águas, florestas, animais e humanos.

14   Jó Klanovicz • Gilmar Arruda • Ely Bergo de Carvalho (orgs.)

Se o mundo moderno tentou desconectá-los, temos a responsabilidade intelectual, como historiadores e historiadoras, de restabelecer os fios da complexidade entre o material e o simbólico, entre humanos e não humanos, entre nossas ações individuais e nossas responsabilidades coletivas no gerenciamento de um planeta que se apresenta frágil, diante das possibilidades de apropriação desiguais e ecologicamente inviáveis a longo prazo, que hoje possuem os seres humanos. Todavia, graças à nossa inventividade em estabelecer diferentes formas de apropriação do mundo natural, não "estamos presos no mecanismo de nossa autodestruição" (Schama 24). Os estudos sobre o Sul do Brasil aqui reunidos mostram uma história de degradação ambiental mas também de coevolução com a natureza, de manutenção de racionalidades diferenciadas para com o mundo natural, de forma que olharmos para o passado deve servir para ampliar o nosso campo de possibilidades para o futuro.

Trabalhos citados

Berkes, F. Sistemas sociais, sistemas ecológicos e direitos de apropriação de recursos naturais. In: Vieira, P. F.; _____. (org.) *Gestão de recursos naturais renováveis e desenvolvimento:* Novos desafios para a pesquisa ambiental. 3ª ed. São Paulo: Cortez, 2002.

Chartier, R. *A História Cultural:* entre práticas e representações. Rio de Janeiro: Bertrand Brasil, 1990.

Dean, W. *A ferro e fogo:* A história e a devastação da Mata Atlântica brasileira. São Paulo: Companhia das Letras, 1996.

_____. *A luta pela borracha no Brasil.* São Paulo: Nobel, 1989.

Goldblatt, D. *Teoria Social e Ambiente.* Lisboa: Instituto Piaget, 1998.

Schama, S. *Paisagem e memória.* São Paulo: Companhia das Letras, 1996.

Weber, J. Gestão de recursos renováveis: fundamentos teóricos de um programa de pesquisas. In: Vieira, P. F.; _____ (org.). *Gestão de recursos*

História ambiental no sul do Brasil

naturais renováveis e desenvolvimento: Novos desafios para a pesquisa ambiental. 3ª ed. São Paulo: Cortez, 2002, p. 115-146.

Worster, D. Para fazer história ambiental. *Estudos Históricos*, Rio de Janeiro, vol. 4, nº 8, p. 198-215, 1991.

A colonização e a mineração no sul de Santa Catarina, Brasil:

uma história regional de dois modelos econômicos de alto impacto socioambiental (1875-1946) (1)

por Carlos Renato Carola

Na segunda metade do século 19, o sul de Santa Catarina integrou-se ao sistema capitalista por meio de dois processos de exploração de recursos naturais: a colonização e a mineração. Enquanto formavam-se e expandiam-se colônias constituídas predominantemente por imigrantes italianos, alemães e poloneses, construíam-se as primeiras estruturas industriais para explorar o carvão mineral. A colonização impulsionava novo processo de ocupação e povoamento centrado na agricultura, e a mineração estimulava migrações internas e um processo de ocupação baseado na extração do carvão mineral. Em meio a tudo isso, desenvolve-se, também, um universo cultural de representações simbólicas e ideológicas. Cristaliza-se uma narrativa tradicional que enaltece a saga colonizadora dos "imigrantes pioneiros", representação que dramatiza o sacrifício imposto pela resistência do mundo selvagem a ser desbravado, conquistado e domesticado, ou seja, civilizado. A ideologia que surge daí é a de um progresso que tem o carvão mineral como indicador mais importante de crescimento econômico, exaltado como o "ouro negro" da região carbonífera.

Este capítulo discute a colonização e a mineração como modelos de alto impacto socioambiental no sul catarinense; observa representações da natureza do sul de Santa Catarina cristalizadas em documentos e na historiografia regional, e mostra o processo inicial da degradação ambiental provocada por estes modelos. Procura-se refletir sobre o modo como os grupos humanos de descendência europeia, que ocuparam e povoaram a região a partir do final do século 19, exploraram e transformaram o mundo natural, e que tipos de representações e relações ambientais se constituíram em torno da colonização e da mineração de carvão entre 1875 e 1946 (2).

História e historiografia da colonização: modos de ver e contabilizar o progresso

No século 19, o colonizador europeu percebia o Brasil como continente a ser civilizado. Na época, o sul do país era visto como um espaço de florestas, de animais e de pequenas populações dispersas em vilarejos precários. Floretas e animais eram tidos como indicadores de falta de progresso, de civilização e de homens vocacionados para empreendimentos e para o trabalho moderno.

Ainda hoje, a história tradicional dos municípios demarca suas origens aos núcleos coloniais, ponto de partida de uma "história evolutiva" que destaca o progresso econômico e ignora os impactos socioambientais. Diante da crise ambiental atual não é mais admissível produzir um conhecimento histórico que não perceba ou desconsidere os impactos ambientais de um modelo econômico de desenvolvimento. É o caso da história da colonização no sul de Santa Catarina, da mineração de carvão, onde a historiografia oficial e tradicional não cansa de mostrar a "evolução histórica" com base em indicadores de progresso material. Em Santa Catarina, a historiografia tradicional da imigração-colonização vem sendo edificada com base na ideologia do progresso e na teoria evolucionista de origem darwinista. As obras destacam a "saga dos pioneiros", o sacrifício e o sucesso das primeiras gerações. Trabalho, evolução e prosperidade são conceitos chaves no modo de explicar este tipo de história. Na perspectiva ambiental, no entanto, o empreendimento da colonização do século 19 representa um novo processo de domesticação, destruição, transformação e apropriação do mundo natural. Antes da disseminação dos núcleos coloniais, a flora e a fauna ainda eram abundantes em quantidade e diversidade. Enquanto se praticava uma agricultura de subsistência, ou seja, para o consumo da própria família, o impacto ambiental era mais restrito. Com o "progresso", a modernização e uma produção voltada para o mercado nacional e internacional, a Mata Atlântica foi drasticamente reduzida a menos de 10% do que existia antes do progresso industrial.

As fontes documentais e a historiografia tradicional catarinense contabilizam e explicam a colonização nos moldes da "evolução histórica", com visões condicionadas pelo conceito de civilização, pela ideologia do progresso e modernidade. Na abordagem mais conservadora predomina a narrativa da "saga heroica" dos "pioneiros", que desbravaram a floresta atlântica com muito trabalho, sacrifício e dificuldades, mas venceram a batalha. Independentemente da tendência teórica ou ideológica das interpretações, praticamente todos buscam explicar as razões do sucesso (progresso material e econômico) ou fracasso do empreendimento colonial. A colonização alemã é destacada como um modelo de sucesso não somente na experiência de colonização de Santa Catarina, mas em todas as regiões do Brasil onde foram implantadas colônias com imigrantes alemães.

No âmbito do empreendimento colonial, a ideologia do progresso foi fundamental porque, ao mesmo tempo em que se evocava um futuro potencialmente sedutor, também se justificava todo tipo de destruição como sendo o custo necessário para a evolução e desenvolvimento da sociedade moderna. Daí que quando se avaliava o estado dos núcleos coloniais de Santa Catarina, em particular os do sul catarinense, adotam-se indicadores que caracterizam a ideia de evolução e de progresso com o sentido usado no século 19 e 20.

A natureza e o progresso da colonização

No sul de Santa Catarina, a colonização colocou os imigrantes europeus no interior da Mata Atlântica e em confronto com índios Xokleng, que exploravam os recursos da floresta para satisfazer suas necessidades básicas e reproduzir seu modo de vida. A ocupação colonial se disseminou a partir da década de 1870. Dos núcleos coloniais surgiram povoados, vilas, cidades e municípios. Já na segunda metade do século 20, muitos municípios festejaram seus centenários de existência histórica exaltando indicadores de evolução e progresso, ecologicamente trágico e socialmente violento. A Mata Atlântica foi devastada, os Xokleng foram mortos e afugentados, a fauna nativa desapareceu e as bacias hidrográficas foram poluídas. Qual foi o custo socioambiental da colonização? Ainda não há estudos que mostram de forma mais concreta o resultado do processo de ocupação e povoamento, mas é possível estimar e presumir os tipos de impactos socioambientais mais visíveis.

TABELA 1 Cidades/Municípios formados a partir de núcleos coloniais na região Sul de SC

Núcleos Coloniais	Fundação	Municípios/ Cidades	Impactos socioambientais não contabilizados pela estatística do progresso
Colônia italiana de Azambuja	1877	Pedras Grandes	
Colônia italiana de Urussanga	1878	Urussanga	
Colônia italiana de Nova Veneza	1891	Nova Veneza	
Núcleo Acioli de Vasconcelos	1885	Cocal do Sul	Expulsão e extermínio dos índios Xokleng;
Núcleo italiano São José de Criciúma	1880	Criciúma	Derrubada da Mata Atlântica para atividade agrícola, exploração da madeira e criação de gado;
Núcleos de poloneses e russos da Linha Batista	1890	Distrito Criciúma	
Núcleos italianos de Nova Belluno, Nova Treviso, Belvedere, São Bento e Rio Jordão	1891-1895	Siderópolis e Treviso	Intensificação da atividade de caça da fauna silvestre e diminuição drástica com a derrubada das matas nativas; Intensificação do comércio de madeira;
Núcleos italianos, alemães e portugueses de Treze de Maio, Armazém, Gravatal	1870-1880	Armazém, Treze de Maio e Gravatal	Disseminação de plantas exóticas invasoras; Proliferação de animais domésticos;
Núcleos coloniais de alemães, italianos e portugueses de Braço do Norte	1870-1880	Braço do Norte, São Ludgero e Grão Pará	Destruição de áreas de caça dos animais silvestres; Poluição das bacias hidrográficas;
Colônia multi-étnica de Grão-Pará[2]	1882	Orleans	Intensificação da degradação ambiental com o inicio da exploração do carvão mineral a partir de 1884.
Núcleo alemão de Forquilhinha	1913	Forquilhinha	
Outros		Dezenas de outros municípios surgiram a partir dos primeiros núcleos coloniais.	

Fonte: Banco de Dados do GEPHAR – Grupo de Estudos e Pesquisas em História Ambiental Regional. Criciúma: Unesc/CNPq, 2009.

Em que situação encontrava-se a paisagem sul catarinense na época em que chegaram os novos imigrantes europeus? O que viram e como representaram o "novo mundo"? No século 19, a realidade brasileira era vista na perspectiva racionalista da cultura ocidental europeia. O brasileiro era qualificado como um sujeito simples, atrasado e preguiçoso. Em 1895, o Cônsul italiano Alberto Roti comparou o tipo brasileiro com os novos imigrantes europeus que estavam colonizando o Estado de Santa Catarina. Ele relatava que os brasileiros catarinenses cultivavam na Ilha de Santa Catarina, nas costas do continente e no interior, entre as "matas virgens e o planalto". Roti afirma que *por natural indolência* o brasileiro contentava-se "em extrair da terra o que podem conseguir com um mínimo de esforço", e a atividade agrícola praticada na capital catarinense espelhava "a inação dos cultivadores, tanto pela qualidade, como pela quantidade dos produtos". O brasileiro que vivia ao sul do Estado, era "semelhante ao da Ilha no físico e nos hábitos"; vivia "em miseráveis cabanas de terra e de madeira, circundadas por algum pé de laranjeira, de banana e de café". O contraste entre os terrenos dos brasileiros com os dos italianos e dos alemães era surpreendente, dizia o Cônsul. Mais surpreendente ainda era ver esse contraste e não se fazer nada para "melhorar este estado de coisas". Por isso, o futuro do Brasil, ressalta o cônsul, dependia necessariamente da presença dos imigrantes europeus porque eram "fadados a transformar a terra e a população, em especial os italianos, cuja imigração é mais numerosa hoje e continuará sendo pelo futuro". Com o apoio das "mentes iluminadas" das autoridades brasileiras, Roti acreditava que a imigração possibilitava não só a povoação, mas criava as condições necessárias para "retirar o agricultor autóctone da inércia tradicional e enraizada" (Roti 24).

Antes de desbravar as matas para o progresso, que tipo de paisagem os colonos europeus encontraram no sul catarinense? O padre italiano Luigi Marzano (3) explicita alguma visão ilustrativa. Passados alguns dias quando de sua chegada na Colônia de Urussanga, em dezembro de 1899, "pensamos em visitar a floresta virgem para admirar-lhe o prodigioso encanto". O mesmo informava que junto com Pe. Michele, "armados de boa espingarda", foram conhecer a "magnífica floresta que iniciava a menos de trezentos metros" da casa onde estavam hospedados. Penetraram por um estreito caminho chamado picada, "aberto para retirar algumas árvores". Na floresta, ambos mostravam-se maravilhados com a grandiosidade da mata, dizendo que causava "impacto no viajante a beleza e grossura das árvores, todas cobertas de lianas, adornadas de flores variadas". Como forma de possibilitar aos leitores italianos a dimensão do espetáculo da natureza que conheceu, padre Marzano descrevia a paisagem com riqueza de detalhes para impressionar compatriotas:

> Para quem nunca pôs os pés em tais florestas, torna-se impossível fazer-se uma ideia do grandioso e severo espetáculo que elas oferecem à vista do visitante. Aqui tudo é vegetação luxuriante. Múltiplas lianas vão de uma árvore à outra, enlaçando com estranhos anéis os troncos recobertos de musgo. Para não ficar preso pelo pescoço, quase enforcado, convém abrir bem os olhos, ainda mais que a floresta é tão espessa que torna impossível a visão além dos vinte passos. Aqui e acolá entreveem-se moitas de taquaras, canas vazias muito grossas, munidas de longos espinhos. Estas embaraçam de tal maneira o caminho que fazem com que se torne necessário uma boa espada para abrir uma picada. A vegetação parasitária reveste de tal modo as grandes árvores que formam quase uma coisa só, com elas. Oferecem à vista do homem colunas altíssimas de verduras, interceptadas de quando em quando de crespas orquídeas, cujas flores multicoloridas reúnem-se caprichosamente e forma ramalhetes maravilhosos. Quase a cada cem metros encontra-se um regato de águas cristalinas escorrendo sobre Lages cobertas de musgo, sombreado por folhas de arbustos enormes, quase encoberto e atravessado por vegetações enraizadas nas pedras que lhe servem de margem. A cada passo éramos acariciados por estupendas borboletas de asas coloridas, e alegrados pela visão de magníficos pássaros. O estranho zunir do pássaro mosca ou beija-flor, ouvido de perto, parece o rugir duma fera no fundo do bosque e o viajante, quase instintivamente, leva a mão ao gatilho da arma. (Marzano 118-9).

Ainda no interior da "magnífica floresta", o padre relatou o momento em que se depararam com "um bando de símios ou macacos", que ao perceberem a presença humana fugiram "lançando-se com prodigiosos saltos de uma árvore a outra". Com a intenção de capturar um dos macacos, "dos quais certa gente enganada e enganadora nos faz descender", os dois padres seguiram o bando. Depois de algum tempo de perseguição, dispararam a espingarda em um dos "macaquinhos" que estava lhes observando. Arrependido, Marzano contava que o "pobre animalzinho" caiu gravemente ferido e "com a mãozinha cobria a ferida, emitindo um gemido prolongado, lancinante" (119). Os padres se comoveram com a cena de agonia do macaquinho, e mesmo assim pegaram o animal pelo rabo e seguiram em frente.

Os relatos do padre Mazano são ambíguos e paradoxais. A natureza é ao mesmo tempo selvagem e inóspita, magnífica e maravilhosa. Da mesma forma o colono é um herói desbravador, e um predador destruidor. No início da colonização ele sofreu a resistência teimosa de uma natureza selvagem que lhe impôs sacrifícios. Mas em pouco tempo, "cada família, laboriosa como a abelha, e ativa como as formigas", dedicando-se ao trabalho e preparando o terreno para novas plantações, conseguiu melhorar seu "ranchinho", contribuindo assim para o progresso da colônia. Mais tarde, com a experiência e melhor instrumentralizado, tornou-se um dos principais "inimigos da floresta", a qual "destrói sem compaixão alguma". O colono, relatava padre Marzano, "abate as árvores, depois lança-lhe fogo, destrói uma quantia imensa de ricos materiais, e em pouco tempo, daquele luxuriante vegetação não resta quase nada além de cinza" (120).

A natureza catarinense é admirada e colonizada. Em outubro de 1906, o cônsul italiano Caruso Macdonald descreve a natureza catarinense com uma mentalidade mercantilista e utilitarista (Dall'alba 146-182). Relatava que a flora catarinense era "riquíssima". Destacava que as plantas ornamentais, entre as quais as orquídeas, eram exportadas para Inglaterra, Alemanha e França a um bom preço. Informava que os bosques eram "ricos em madeiras de construção", contendo cedro, copaíba, jacarandá (branco, preto e rosa), louro, peroba, pinheiro, canela, cajarana e "muitíssimas outras" (id.). A fauna também era riquíssima, relatava o cônsul italiano: aves, répteis, peixes e mamíferos "notáveis" como macacos, jaguar, puma, gato selvagem, anta, veado, tatu, tamanduá, capivara, tatete etc. Os insetos também eram "numerosíssimos", com destaque para as borboletas que eram exportadas porque eram "por demais apreciadas pela vivacidade e riqueza das cores" (150).

O cônsul italiano valorizava e potencializava a natureza catarinense sempre em forma de "riquezas naturais". Destacava a diversidade, a beleza e a abundância dos "recursos naturais", mas nem tudo era retratado com beleza e simpatia. A paisagem ao longo do litoral, por exemplo, era qualificada de "monótona". As plantações dos colonos eram belas, mas "a mata, com sua majestade, domina tudo e, com o passar do tempo, sua visão torna-se cansativa", relatava Macdonald. O olho continua o mesmo, "se habitua àquelas gradações de verde, àquele horizonte limitado pelos picos mais salientes das montanhas, e o desejo se volta a nossos campos, a nossas belas planícies que se estendem a perder de vista" (151).

O mito dos pioneiros e a ideologia do progresso

> Já vai distante, quase delido nas brumas do passado e na lembrança dos vivos, aquele anos de 1944, quando, precisamente a 1º de maio, aporta a esta terra, vindo de plagas rio-grandenses, um jovem médico, no vigor de seus 25 anos de idade, que encarava a vida com sereno otimismo, tudo esperando de um futuro promissor (Zacharias 11).

No sul de Santa Catarina, a historiografia da imigração-colonização percorre os trilhos do progresso e exalta do mito o "pioneiro". O imigrante italiano e o alemão, principalmente, que se fixaram na região no século 19, são representados como "pioneiros", como desbravadores do mundo selvagem e semeadores das primeiras edificações que resultaram na formação das cidades atuais. Os colonos imigrantes são caracterizados como pessoas disciplinadas para o trabalho, de espírito religioso e familiar. De um modo geral, a historiografia regional apresenta os "pioneiros" como um grupo que, largado à própria sorte no meio da floresta, domesticou o ambiente selvagem e prosperou. Dentre os grupos étnicos, o italiano, que veio em maior número, é o mais exaltado. Padre Marzano descreveu a "saga" dos colonos italianos na região, evidenciando os aspectos climáticos, religiosos, econômicos e sociais em torno da vida e trabalho das famílias. Destacou as principais dificuldades do processo inicial de colonização, relatando a rotina do trabalho e as condições de vida e sobrevivência no novo mundo. Ressaltou de forma expressiva os conflitos com os índios nativos da região, e os representou como selvagens mortalmente perigosos.

Pode-se dizer que Padre Luigi Marzano inaugurou a vertente tradicional da história que ressalta a "saga desbravadora" dos italianos na região. Ao comentar os 25 anos de fundação das colônias italianas, explicitou sua versão da história e de mundo: "Há 25 anos a mata, ou melhor, floresta, antes ninho de selvagens e de animais ferozes, foi cedida às *vigorosas forças dos italianos* [grifo meu], os quais a transformaram, com suas fadigas, com seus suores e sacrifícios, em ubertosa terra de agricultura" (Marzano 52).

Siderópolis (Nova Belluno): uma grande aventura, é uma obra escrita pelos padres do Instituto São Pio X, de Siderópolis/SC, em 1963. Com uma narrativa mesclada entre memória e ficção, os padres contam a sua versão da história de formação do núcleo colonial de Nova Belluno, cujo nome foi substituído por Siderópolis na década de 1940, em homenagem à instalação da indústria carbonífera da Companhia Siderurgia Nacional (CSN). No livro, os padres procuram "honrar os pioneiros", enaltecendo o sacrifício e a saga da primeira geração de colonos que se fixaram nas encostas verdejantes da Serra Geral no extremo sul de Santa Catarina. Descrevem a natureza da floresta e seus habitantes, os pássaros, as onças e os "bugres"; contam histórias sobre o desbravamento da floresta, ataque de onças e dos temidos índios selvagens. A obra pode ser considerada um típico exemplar da clássica visão civilização *versus* barbárie, como ilustra a citação seguinte

> Não foi vão o sacrifício daqueles primeiros colonos que, ao findar do século dezenove e nos primeiros albores do século vinte se lançaram à conquista do solo bendito, onde então

só reinavam florestas e agora surgem povoados, vilas e cidades e onde agora se colhem uvas, frutas de toda a espécie, trigo, arroz, milho, hortaliças variadas. Não foram inúteis as lágrimas que, como orvalho, fizeram brotar flores da terra antes inculta. Lágrimas de um valor transcendental que preservaram às gerações posteriores o tesouro precioso da fé cristã (Siderópolis 8).

Ao mesmo tempo em que se difunde o mito dos pioneiros para glorificar a colonização, difunde-se a ideologia do progresso para exaltar a economia do carvão. Nesse caso, a cidade de Criciúma é exemplar. Convencionalmente, Criciúma surgiu em 6 de janeiro de 1880, como núcleo colonial construído por um grupo de imigrantes italianos, e conquistou sua emancipação política em 4 de novembro de 1925. Duas décadas após sua emancipação, Criciúma era reconhecida como o principal centro urbano-industrial do sul catarinense. Em 1946, conquista o título de a capital brasileira do carvão e durante cerca de 40 anos as elites empresarias exaltaram-na orgulhosamente como expressão do progresso da "Criciúma menina", que progredia sob o impulso da indústria carbonífera.

Enquanto a indústria carbonífera liderava a economia, as fontes, nas quais se cristalizava o progresso da capital brasileira do carvão, revelavam discursos que enalteciam o avanço gerado pelo "ouro negro", assim como lamentavam a crise que atingia a indústria carbonífera toda vez que diminuía o preço ou consumo do carvão no mercado nacional. O crescimento da cidade e a construção de edificações modernas também apareciam como resultado do progresso.

Fora as poucas vozes que mostraram a face obscura do progresso industrial, o que predominou foram os discursos do progresso do carvão. Um artigo veiculado em outubro de 1940, no Jornal A Imprensa, de Tubarão, ilustra não só o papel dos jornais locais, como também o pensamento das elites de Criciúma. Ernesto Lacombe (27 out. 1940) escreveu um artigo se propondo a explicar a evolução da cidade do carvão. Iniciou sua história informando que Criciúma "nascera em berço de esperança, crescera sem viço, como criança desnutrida" (id.). Quando menina, "embalava-lhe a existência um raio de luz, que, de vez em quando, entrava com medo, no acanhado espaço da sua vida de raquítico, para lhe dar um pouco de ânimo e confiança no futuro" (id.). Apesar de ter enfrentado diversas crises, nunca perdera a esperança de que "melhores dias galardoassem os esforços de seus fundadores" (id.). Assim, surgiu "a rajada salvadora da revolução de 1930 e com ela começaram a aparecer os primeiros sintomas de vida nova no município" (id.). Lacombe destaca o impulso de progresso gerado pelo governo de Getúlio Vargas, chamando a atenção dos leitores de que aquele "organismo depauperado que antes fora apenas um símbolo de existência, começou despertar energias e eis que, ao invés de uma criança deformada e ensangue, surge um gigante em consequência da transfusão de sangue novo trazido pelos administradores da nova era" (id.). Surge, então, Criciúma, "para sua grandeza e para fazer melhor o Brasil", não havendo "mais dúvidas no espírito dos céticos de que, nesta região privilegiada pela natureza exista a reserva incomensurável de carvão que há de fazer da nação brasileira a maior potencia econômica, em um futuro bem próximo" (id.).

Entre os agentes da ideologia do progresso, cabe ressaltar que a economia do carvão forjou importantes lideranças políticas na região carbonífera. Em 1949, o prefeito de Criciúma, Addo Caldas Faraco, proferindo uma conferência no Rio de Janeiro para autoridades governamentais, empresários da mineração de carvão do país e técnicos da indústria carbonífera, recordou-se da "torrente de fartura financeira" proporcionada pela exploração do "ouro negro" no contexto da Primeira Guerra Mundial. Faraco proferiu um discurso baseando-se em fatos históricos, para destacar o progresso propiciado pela indústria carbonífera brasileira. Em certo momento da história, diz ele,

> quando a primeira Grande Guerra Mundial fez periclitarem as conquistas da civilização, o carvão nacional, com especialidade o que se esconde no solo catarinense e, neste, o trato valiosíssimo do município de Cresciúma, o ouro negro representou o papel de decisiva importância nas condições gerais da nossa vida industrial e econômica. E, graças à torrente de fartura financeira que o carvão nacional propiciou, surgiram

30   Jó Klanovicz • Gilmar Arruda • Ely Bergo de Carvalho (orgs.)

cidades, as terras valorizaram-se e grandes populações brasileiras gozaram a alegria das comodidades que excelentes condições econômicas proporcionaram [sic!] (Faraco 61).

No final da década de 1940, Addo Faraco explicitou a visão que se tornou dominante na região carbonífera por mais de meio século. O carvão foi associado ao "ouro negro"; era propagado como uma fonte de riqueza que gerava uma "torrente de fartura financeira". Na visão das elites locais, a exploração do carvão estimulou o surgimento de cidades, possibilitou a formação de centros urbanos e o crescimento populacional, ou seja, era o carvão que viabilizava o progresso industrial e, consequentemente, propiciava "felicidade" em função das "comodidades que excelentes condições econômicas proporcionavam" para a população da região carbonífera.

A ideologia do carvão se difundiu e prosperou por diversos meios de comunicação. A obra *Criciúma 1880-1980: a semente deu bons frutos* (1985) representa o início da historiografia fundamentada no método científico. Trata-se de uma obra de *status* científico que reproduz o mito dos pioneiros e a ideologia do progresso do carvão. A "avaliação científica" proposta por Otília Arns contempla uma concepção de história, cuja ênfase é a reconstituição de um cenário histórico de harmonia, bravura, empreendedorismo e progresso. O presente é resultado de um passado difícil, mas glorificante, por isso o título da obra "Criciúma 1880-1980: a semente deu bons frutos". Aos italianos se deve a fundação de Criciúma, "que há cem anos se fundava no barracão da mata virgem" (Arns 171). Depois se juntaram outras etnias, cuja "ação conjunta" se ergueu "contra o céu para impor-se como um dos principais polos de progresso do Estado de Santa Catarina". Arns ressalta ainda que o povo de Criciúma conserva, "no fundo de seu coração, a mesma fé e a mesma esperança de dias cada vez melhores para seus filhos" (id.).

O culto ao imigrante e ao "progresso" do carvão percorre toda a obra. Nas festividades da comemoração do centenário da cidade foi organizado um concurso para selecionar o "Hino do Centenário". Um total de quarenta e dois candidatos concorreram; uma Comissão de

História ambiental no sul do Brasil   31

especialistas constituída por representantes de todas as entidades educacionais de Criciúma avaliou a letra e outra Comissão composta de profissionais ligados à área musical avaliou a qualidade da melodia. O Hino vencedor não podia ser outro:

Faz cem anos que o nosso imigrante
Nesta terra selvagem pisou
E com a força de um bravo
Uma nova cidade fundou

O italiano, alemão, polonês,
africano e o luso irmanados
pioneiro entoaram a música rude
Dos engenhos, das minas e arados.

Estribilho
Ó Criciúma, de tantos janeiros,
Ó Criciúma, no teu centenário,
As novas gerações te saúdam
Ó Criciúma, torrão legendário
Das itálicas plagas partiram
Argonautas buscando o Eldorado
E aos poucos Criciúma surgiu
Do trabalho de um povo arrojado.

Ecoaram os sinos saudosos
Nesta terra tupi-guarani
E o imigrante piedoso rezou
A oração do divino Rabi.

Ó Criciúma, sereia morena,
Que nasceste no verde sertão
Do teu seio jorraram as minas
E das minas jorrou o carvão
(Arns 224)

Observa-se no hino o espírito do mito dos pioneiros: "nesta terra selvagem pisou, e com a força de um bravo pioneiro, uma nova cidade fundou" (id.). Na conclusão da obra, mais precisamente no "epílogo", faz-se um último apelo para que todos não esqueçam da história "que nossos antepassados escreveram com suor e prece" (id.). Se Criciúma "ostenta o progresso de uma cidade centenária", é preciso lembrar das etnias que transformaram "a terra inóspita em sementeira de bens materiais e espirituais"; e que "o carvão marcou o maior impulso de progresso do município de Criciúma" (Arns 237). Arns alimenta a "saga dos pioneiros", destaca os indicadores do progresso do carvão e mantém um silêncio em relação ao processo violento de degradação do homem e do ambiente natural.

A colonização, a ferrovia e a tecnologia da mineração

No século 19, muitos empreendedores perceberam vantagens entre colonização e mineração. Em Santa Catarina, Aberto Roti vislumbrava que a ferrovia Dona Tereza Cristina propiciava "uma vantagem extraordinária, melhor ainda, uma condição essencial de existência para as colônias do sul". Era por meio dela que os colonos podiam exportar seus gêneros agrícolas, pois "de outra maneira seria quase impossível", em função do alto custo do transporte de carro ou cavalo (Roti 24). Padre Marzano também via a ferrovia como um meio de transporte fundamental para o progresso das colônias. A Ferrovia Tereza Cristina representava o progresso porque, além de beneficiar a economia agrícola, também era uma fonte de emprego complementar para os colonos. Para a construção do primeiro ramal, trecho que ligava uma mina de carvão localizada em Lauro Muller – cerca de 40 km de Urussanga – até o porto de Laguna, o padre afirmava que a Companhia Ferroviária Inglesa tinha preferência pelos italianos porque "a maioria eram experimentados trabalhadores, quase todos mineiros e pedreiros, que já haviam dado provas de sua habilidade nas galerias e minas da Alemanha, Áustria, Hungria, Romênia e Turquia" (Marzano 66).

Segundo o mesmo, as colônias italianas estavam localizadas sobre o "precioso combustível". Assim, o colono tinha a oportunidade de trabalhar tanto na mina de carvão como na ferrovia, podendo, portanto, agregar uma renda adicional para investir em sua propriedade rural. Padre Marzano explica que com o salário recebido com o trabalho de construção da estrada de ferro, os colonos melhoraram suas condições de vida, "puseram em ordem suas casas" e movimentaram as pequenas economias locais; e ao término do ano de 1881

> faziam ingresso triunfal em Urussanga as primeiras vacas, a que pouco a pouco seguiram-se ovelhas, cabras e por fim cavalos. Até então não tinham estado em condição de adquirir um animal doméstico: outras coisas eram mais necessárias. Suas fontes de renda eram mesmo limitadas.

História ambiental no sul do Brasil 33

Agora, em vez, economizando o salário, tornaram-se donos também de gado (id.).

Em 1884, Dona Tereza Cristina contava com cerca de 110 quilômetros de linha férrea, 44 pontes – uma delas tinha 1.430 metros –, 120 pontilhões, 25 muros de arrimo, 2 túneis-abrigos de ferro zincado, 234 boeiros e 90 *drains*, 7 estações e 5 pontos de paradas, 5 armazéns instalados nas principais estações e oficinas instaladas em Imbituba/SC (Vianna 36-7). Em 1890, a situação financeira de *The Dona Thereza Christina RailWay Company Limited* não era estável. Mesmo assim, sua extensão tinha cerca de 110 quilômetros de linha férrea; 8 locomotivas; 8 carros de passageiros com lugares para primeira, segunda e terceira classes; 281 vagões, 150 para carvão, 100 para mercadorias em geral, 10 para gado, 10 para madeira e os demais para manutenção e acidentes (Rego 21-3).

Embora a construção da estrada de ferro seja um indicativo da inserção da região sul de Santa Catarina no mundo moderno do final do século 19, foi nas primeiras três décadas do século seguinte que começou a se perceber de forma mais visível a paisagem cultural da região carbonífera. As primeiras empresas mineradoras surgiram no contexto da Primeira Guerra Mundial e no contexto da Segunda Guerra houve uma expansão da indústria carbonífera catarinense em escala exponencial.

Em Lauro Müller, distrito carbonífero do município de Orleans/SC, o empresário carioca Henrique Lage instalou uma das maiores e mais antigas companhias de mineração de carvão da região carbonífera. No mesmo período, Henrique Lage viabilizou a criação da Companhia Nacional de Mineração de Carvão Barro Branco, em 1922, e a construção do histórico Castelo de pedra de Lauro Müller, no período de 1919 a 1924. Durante toda a sua existência, a Companhia Nacional foi o principal centro de poder econômico e político dessa região. Ela exercia o papel de prefeitura e de polícia; promovia educação escolar; propiciava assistência médica e hospitalar; implantou estruturas de lazer; providenciava a construção de casas para as famílias mineiras, energia elétrica para as vilas operárias; construiu os ramais ferroviários Lauro Müller-Barro Branco e Lauro Müller-Rocinha. Em 1928, a Companhia Barro Branco era praticamente dona de toda a estrutura do distrito. Havia duas minas,

34   Jó Klanovicz • Gilmar Arruda • Ely Bergo de Carvalho (orgs.)

a Barro Branco Nova (Mina Nova) e a Barro Branco Velha (Mina Velha). Na Mina Nova, os trabalhos de extração começaram em 1923, quando o carvão era extraído do subsolo e da superfície. A produção mensal da mina atingia, em média, 1000 toneladas (Rego 148) (4).

A Companhia Carbonífera de Urussanga (CCU), fundada em 1918, com escritório central no Rio de Janeiro, tinha em 1928, na região de Urussanga, uma estrutura de mineração com equipamentos importados da Alemanha. Na época, a mina do rio Deserto dispunha de uma estrutura semimecanizada composta por caixas de lavagem, lavador de carvão com capacidade para lavar 300t/h/dia, transporte no interior da mina feito por locomotiva elétrica e vagonetas metálicas, cortadeiras e perfuratrizes (Rocha 105). Em 1936, a CCU já era detentora de um complexo industrial carbonífero considerável para os padrões da época. Da mesma forma que a Companhia Nacional de Mineração do Barro Branco, em Lauro Müller, a CCU tinha somente em Rio Deserto um complexo industrial formado por uma usina elétrica, lavadores de carvão, embarcador, escritório, oficinas mecânicas, laboratório para análise do carvão, almoxarifado, serraria, etc., além de uma vila operária. Aproximadamente 105 operários trabalhavam na mina (Mendonça 155-7).

Cerca de dez anos mais tarde, Fiuza da Rocha observa o grau de modernidade da estrutura construída pela Companhia Carbonífera Urussanga (CCU) e seu moderno sistema de cabo aéreo. Constituída em 1918 por empresários de Minas Gerais, a CCU tinha, em 1938, uma estrutura mecanizada composta por um lavador de carvão com capacidade de 300 t/10h, instalado em 1922, considerado o mais moderno da época, uma mesa de escolha dotada de movimento lento e contínuo, uma caixa de lavagem (um tipo de *Jig*), e uma usina de energia termoelétrica que fornecia energia elétrica às minas, ao lavador, à vila operária, à oficina, à serraria e ao escritório da companhia. Nas minas, a companhia dispunha de equipamentos mecanizados usados nas frentes de serviço, entre os quais cortadeiras movidas a ar comprimido (Rocha e Scorza 128). Em termos de equipamento moderno, nada se comparava ao sistema de transporte por cabo aéreo. Segundo a inspeção feita pelo geólogo Fiuza da Rocha em 1938, a segurança do cabo aéreo era "perfeita", a sensação da viagem não era "desagradável" e a paisagem que se avistava "sobre os vales dos rios" era "soberba!" (113).

História ambiental no sul do Brasil

Na região da "Vila de Cresciúma", havia em 1928, pelo menos, cinco empresas de mineração de carvão cujos proprietários eram da região, exceto a Próspera e a CBCA. Havia a Companhia Carbonífera União Brasileira, sociedade composta de vários sócios, que explorava o carvão existente no terreno da viúva Simão, situado a oito quilômetros do centro da Vila de "Cresciúma"; a Sociedade Carbonífera Ítalo-Brasileira, de Antônio de Luca e filhos, localizada nas proximidades da praça central, em terreno da família de Luca; a Mina Carbonífera Boa Esperança, de propriedade de Frederico Minatto e Marcos Rovaris; a Sociedade Carbonífera Próspera Limitada, situada na margem da linha férrea Tubarão-Araranguá; e a Companhia Brasileira Carbonífera de Araranguá (CBCA), a mais antiga de Criciúma (128).

Em 1940, o jornal A Imprensa, de Tubarão, informa que somente em Criciúma havia 32 empresas carboníferas em funcionamento. Mário Belolli afirma que em 1942 – ano em que Getúlio Vargas declarou guerra contra a Alemanha e seus aliados – havia 118 empresas de mineração na região carbonífera de Santa Catarina, sendo que entre pequenas, médias e grandes companhias, 93 situavam-se na região de Criciúma; 13, em Urussanga; 09 em, Lauro Müller; e 03, em Siderópolis (Belolli 149-50).

Enquanto diversas indústrias do país entraram em crise no período da Segunda Guerra Mundial, no sul de Santa Catarina a indústria carbonífera expandia sua estrutura de mineração e conquistava espaço no mercado nacional. Foi também na década de 1940 que foi criada a Companhia Siderúrgica Nacional (CSN). Iniciada em 1941 e inaugurada em 1946, pode-se dizer que a partir da CSN o Brasil começou a construir a sua estrutura industrial em bases nacionais. E se para a indústria brasileira a CSN foi importante, para a indústria carbonífera catarinense foi fundamental. A instalação da CSN não só marcou o início da intervenção estatal na exploração efetiva do carvão mineral, como também marcou a presença do Estado no processo de venda, distribuição e consumo do carvão nacional. A CSN implantou um complexo industrial constituído por minas de carvão (Siderópolis e Criciúma), usina de beneficiamento em Capivari (Tubarão) e Usina Termoelétrica de Capivari (UTE), em Tubarão (Veiga 1961). Além disso, construiu vilas operárias, estádios de futebol, escolas, igreja, clubes recreativos, armazéns, estradas, instalações no porto de Imbituba e ainda desenvolveu um amplo serviço de assistência médica e social às famílias mineiras (5).

De um modo geral, o crescimento da produção do carvão acompanha a expansão da indústria carbonífera e o processo constante de modernização dos instrumentos e equipamentos de extração do carvão. No âmbito das empresas e do Estado, se desenvolve uma estatística de controle da produção anual do carvão nacional. Assim, há registros oficias da produção anual do carvão desde a década de 1920. Pelos indicadores de produção, podia-se avaliar a capacidade de produção e evolução produtiva da indústria carbonífera, meta almejada por todos os interessados ligados direta ou indiretamente à economia do carvão. Entretanto, enquanto a estatística oficial se preocupava em registrar e estimular apenas a produção do carvão, milhões de toneladas de rejeitos piritosos foram despejados sobre solos agricultáveis, causando uma trágica poluição das bacias hidrográficas da região.

À medida que a indústria carbonífera catarinense expandiu sua estrutura de mineração por toda a região, dinamizando a economia industrial e desencadeando um processo de urbanização, tornou-se cada vez mais visível o custo socioambiental do progresso do carvão. Durante meio século a população confrontou-se com problemas sociais até então inexistentes, ou pelo menos de pouca incidência, mas encarou a face destrutiva do progresso como algo inevitável. Os maiores interessados na economia do carvão trataram de exaltar ufanisticamente os benefícios do progresso, ofuscando e silenciando as vozes que denunciavam a mortalidade infantil, as doenças decorrentes da poluição e os acidentes nas minas, as péssimas condições de moradia da família mineira, a deficiência do abastecimento de água e os prejuízos decorrentes do processo de degradação ambiental de rios, solo e ar, entre outros aspectos.

Para amenizar o custo socioambiental do progresso e melhorar a qualidade de vida na região carbonífera, o poder público foi pressionado a implementar e ampliar a estrutura de assistência médica, de saúde pública e de assistência social, serviços considerados necessários para assegurar a saúde da população que estava pagando um custo excessivamente alto pelo progresso. Mesmo assim, os vestígios da tragédia ambiental da região carbonífera já era uma realidade na década de 1940, uma realidade ambiental que ficou muito pior com a ideia de modernidade de Juscelino Kubitschek e a política econômica do regime militar de 1964.

Considerações finais

Como se pode perceber, a região carbonífera de Santa Catarina desenvolveu dois modelos de progresso intensamente destrutivos do ponto de vista socioambiental. Ao mesmo tempo em que se expande a colonização e a mineração, surgem também ideologias e representações que justificam e exaltam o progresso que resulta da transformação e destruição do mundo natural. Em relação ao processo de formação dos núcleos coloniais, percebe-se claramente a visão do "invasor" que não se reconhece como "invasor". Os "colonos pioneiros" viam a natureza como algo a ser conquistado, domesticado ou destruído. Desse ponto de vista, o mundo natural e a cultura americanas, particularmente a cultura indígena, aparecem como obstáculos aos heroicos "desbravadores pioneiros", homens da civilização e do progresso. O empreendimento da colonização não é visto como um processo de dominação, de conquista e de destruição da natureza, e sim como o triunfo da civilização contra o mundo natural. O mito dos pioneiros obscurece a face antiecológica e violenta da colonização, e identifica os colonos imigrantes de primeira geração como "heroicos desbravadores". A resistência oferecida pela natureza e pelos indígenas é retratada como obstáculos das forças selvagens, sendo que o sacrifício e as baixas impostas por essas forças são destacados para valorizar o triunfo da conquista civilizatória.

A mineração de carvão foi ainda mais avassaladora e paradoxalmente não foi concebida como uma atividade antagônica ao empreendimento da colonização. Pelo contrário, colonos e colonizadores da primeira geração viam a atividade carbonífera como uma possibilidade de renda complementar e fonte de lucro, e os proprietários da indústria do carvão requisitaram boa parte da força de trabalho dos colonos para o trabalho nas minas. Assim, pode-se concluir que a região carbonífera de Santa Catarina aderiu ao movimento da civilização visando alcançar o *status* de uma sociedade industrial civilizada, transformando, domesticando e destruindo a natureza por meio dos dois principais processos de ocupação territorial e produção: a colonização e a mineração. Nestes dois modelos de desenvolvimento, o mito dos pioneiros e a ideologia do progresso formaram uma cortina de fumaça que ofuscou o violento processo de destruição socioambiental da região sul de Santa Catarina.

Notas

(1) Uma versão deste trabalho foi apresentada no Simpósio Nacional Dimensões do Urbano, realizada em Criciúma, SC, UNESC, em 2006.

(2) Constituída predominantemente por brasileiros, seguido de poloneses, italianos, alemães, espanhóis, russos, belgas, ingleses e em menor número por holandeses, suecos, austríacos e franceses, formando "um verdadeiro mosaico de etnias".

(3) A primeira edição da obra do Padre Marzano foi publicada na Itália em 1904 e traduzida no Brasil somente em 1985 pelo Padre João Leonir Dall'Alba. Pe. Marzano relata o que viu e o que vivenciou com os imigrantes italianos de Urussanga e região. Fala do papel dos missionários, da travessia do Atlântico, das dificuldades dos imigrantes nos primeiros anos da colonização, dos conflitos com os "selvagens", descreve as características do clima, da fauna, da flora, dos hábitos, dos costumes etc.

(4) De acordo com os contratos de venda, a CBCA comercializava sua produção para a Central do Brasil; Marinha de Guerra Nacional; Fábrica de Vidros Santa Marina, de São Paulo; Docas de Santos; Companhia Luz e Força, de Santos; e vários mercados no Rio Grande do Sul.

(5) De um modo geral, a CSN estabeleceu um padrão em relação à tecnologia de extração do carvão, nas relações de trabalho e nas políticas de assistência aos trabalhadores e seus familiares, e também foi modelo em termos de degradação ambiental.

Trabalhos citados

Arns, O. *Criciúma 1880-1980:* a semente deu bons frutos. Criciúma: Prefeitura Municipal, 1985.

Belolli, M. *et. al. A história do carvão de Santa Catarina.* Florianópolis: IOESC, 2002.

Dall' Alba, J. L. *Imigração italiana em Santa Catarina*. Caxias do Sul: EDUSC/Lunardelli, 1983.

Faraco, A. C.; Sindicato Nacional da Indústria da Extração de Carvão. *A batalha do carvão: subsídios para a história da indústria carvoeira no Brasil*. Rio de Janeiro, 1950.

Lacombe, E. O Presente e o Futuro de Cresciuma. *Jornal A Imprensa*, Tubarão, 27 out. 1940.

Marzano, L. *Colonos e missionários italianos nas Florestas do Brasil*. Florianópolis: Ed. UFSC/Prefeitura Municipal de Urussanga, 1985.

Mendonça, M. T. Carneiro de. A situação atual da indústria carbonífera do Sul de Santa Catarina. *Mineração e Metalurgia*, novembro-dezembro/1936.

Rocha, J. F.; Scorza, E. P. *Estratigrafia do carvão em Santa Catarina*. Rio de Janeiro: DNPM, Boletim nº 104, 1940.

Rego, F. H. de M. *et al. Relatório apresentado ao exmo. Sr. General Francisco Glicerio, Ministro da Agricultura, Comércio e Obras Públicas*, 1890.

Rocha, J. F. da. *Carvão de Pedra do Sul do Estado de Santa Catharina*. Rio de Janeiro: Ministério da Agricultura, Indústria e Comércio/ Serviço Geológico e Mineralógico do Brasil, Boletim nº 35, 1928.

Siderópolis (Nova Belluno): uma grande aventura, 1963.

Zacharias, M. *Minha Criciúma de ontem*. Criciúma: edição do autor, 1999.

Veiga, O. P. da. *O problema do carvão catarinense*. Rio de Janeiro: Seminário Sócio-econômico de SC, 1961.

Vianna, J. da S. Relatório remetido ao "Instituto Polytechnico Brazileiro", em 24 de outubro de 1884. In: Walter Zumblick. *Tereza Cristina: a ferrovia do carvão*, 1987, p. 36-37.

Produção de maçãs no sul do Brasil

uma história de apropriações técnicas

Jó Klanovicz

A EXPANSÃO DO CULTIVO de macieiras (*Malus domestica* Borkh) no sul do Brasil se deu a partir de 1960, em Fraiburgo, meio-oeste de Santa Catarina. Em 1962, a Sociedade Agrícola Fraiburgo S. A. (Safra S. A.) instalou um pomar de frutíferas de clima temperado numa área de cerca de 40 hectares, sob a direção do agrônomo franco-argelino Roger Biau (Klanovicz e Nodari 15). Depois de uma década de pesquisas sobre adaptação de cultivares, correção de solo e relevo e de contato com técnicos de outros países para resolver problemas de condução de pomares na região, constatou-se que a atividade economicamente viável para a localidade era o cultivo de macieiras (Burke 28). Essa constatação ocorreu em meio a um processo de expansão de pomares de macieira que já vinha ocorrendo desde a segunda metade da década de 1960, e foi corroborada pela primeira colheita oficial de maçãs de 1967.

Este capítulo aborda discursos técnicos sobre a produção de maçãs em Fraiburgo/SC, entre as décadas de 1960 e 1990, tendo como pano de fundo a consolidação da pomicultura no país. Consideramos os discursos como entidades que não são independentes dos contextos, dos quais emergem emaranhando significados, sentidos e práticas que são por assim dizer "verbalizadas" nas mais diferentes formas documentais (Meyer e Popplow 2004).

Esses discursos técnicos sobre a produção de maçãs num ambiente inadequado são a resposta incisiva a discussões da década de 1960, vinculadas à legitimação dessa cultura agrícola no país, que foi construído imagética e historicamente como tropical, e que tinha a tropicalidade como elemento diluído em toda a identidade nacional. Produzir frutas de clima temperado num país tropical quebraria, em certa medida, a prevalência do conceito de país tropical, onde as zonas de clima temperado

44 Jó Klanovicz • Gilmar Arruda • Ely Bergo de Carvalho (orgs.)

eram consideradas anômalas. Por outro lado, os esforços para desenvolver economicamente a região fria revestia-se de um novo esforço de unidade identitária, amparada pela "europeização" regional, pelo discurso das paisagens europeias, construídas como questões locais. Isso seria um dos motivos encontrados por agrônomos que começaram a desafiar o sistema tropical de entendimento da paisagem brasileira para afirmar a possibilidade de produzir frutas de clima temperado em toda a região.

Fraiburgo e a fruticultura de clima temperado

A ideia de produzir maçãs em Fraiburgo/SC tomou forma no final da década de 1950, quando alguns proprietários de serrarias da vila de Butiá Verde constataram que o fim das reservas de mata estava próximo (Burke 28). Foi o caso dos irmãos René e Arnoldo Frey, que exploravam o setor madeireiro no meio-oeste catarinense desde a década de 1930. Pressionados pela escassez, os Frey lançaram-se à busca de alternativas de investimento para sua própria permanência no seio da elite econômica e social da região. A serraria René Frey & Irmão Ltda. cortava, beneficiava e comercializava madeiras da Mata Atlântica. Para isso, tinha mais de cem empregados em 1960, e em seu entorno já havia o núcleo urbano, que, em dezembro de 1961, tornar-se-ia o município de Fraiburgo. Em São Paulo, os Frey comercializavam caixas de madeira de araucária para a vinícola Schenk, firma que aproximou a serraria catarinense (então em dificuldades financeiras) aos vitivinicultores franco-argelinos Mahler-Evrard, interessados em investir no Brasil. A vinícola Schenk colocou os interessados em contato entre 1959 e 1962 (Evrard, 2003).

Os Mahler-Evrard e os Frey tinham interesses convergentes: os franco-argelinos pretendiam investir no ramo de fruticultura e produção de vinhos e os Frey queriam deslocar seus investimentos do ramo de extração para quaisquer outros. Os franco-argelinos precisavam sair da Argélia para não perderem investimentos num país em convulsão devido ao processo de descolonização. Tinham *know-how* na produção de uvas e vinhos (mas não na de frutas de clima temperado em geral) e capital, e sabiam das oportunidades de negócios com frutas e derivados no Brasil. Os Frey

História ambiental no sul do Brasil 45

eram proprietários de cerca de cinco mil hectares de terra em Fraiburgo, estavam interessados na fruticultura, sabiam que o solo e o clima de suas terras eram presumivelmente propícios à produção de frutas como maçãs e uvas, mas não tinham experiência em seu cultivo.

Apesar de não cultivar macieiras na Argélia, o grupo Mahler-Evrard mantinha contatos com especialistas do ramo na França. Também tinha conhecimento das *réunions pomologiques* organizadas pelo viveirista francês Georges Delbard, em Malicorne, França, desde 1958, que inaugurou seu pomar experimental de frutas temperadas e que foi amplamente comemorado pelas imprensas da França, dos Estados Unidos da América, do Japão e da URSS (Delbard 404-5). Essas reuniões científicas e de negócios deram origem ao Congresso Pomológico Internacional de Sion, Suíça, em outubro de 1962, e à Jornada de Economia Frutícola de Paris de 21 de setembro de 1964.

Uma experiência fundamental para Delbard deu-se com o contato com fruticultores da Argélia em 1952. O próprio Delbard afirmou existir, em 1960, uma

> febre de plantações na Argélia. Quer sejam *pieds-noirs* ou metropolitanos parece ser necessário manter contato com esses fruticultores para realizar ensaios e sintetizar o conhecimento sobre a produção de frutas de clima temperado com a finalidade de projetar uma ação dinâmica, mais racional, para o futuro. (410)

A friticultura argelina trouxe à tona, para Delbard, o debate sobre a possibilidade de se produzir frutas de clima temperado em regiões consideradas inadequadas "naturalmente", do ponto de vista climático, para esse tipo de agricultura. Para alguns agrônomos, o investimento na produção de frutas de clima temperado em regiões inadequadas climaticamente representava um erro comercial e financeiro, na medida em que os resultados em termos de safras seriam insignificantes frente ao aporte inicial para se implementar um projeto. Essa tese vigorou ao longo dos anos 1960. Mas Delbard já havia percebido que, em regiões como a Argélia, a

46 Jó Klanovicz • Gilmar Arruda • Ely Bergo de Carvalho (orgs.)

altitude "corrigia" os efeitos da latitude, o que favoreceria uma espécie de "indução" das fruteiras à produção, mesmo com clima inadequado.

Delbard, ao relatar sua experiência com os pomares de macieira em Santa Catarina, enfatizava sempre que as relações pessoais foram mais importantes do que o capital financeiro propriamente dito, para o sucesso da produção. De fato, os contatos entre o grupo Mahler-Evrard e a empresa Pépinières Delbard impulsionaram o plantio de macieiras em Fraiburgo, a partir da fundação da Safra S. A., em 1962. Henri Evrard, Roland Mayer e Roger Biau tornaram-se imigrantes franco-argelinos no meio-oeste catarinense e ocuparam cargos técnicos e administrativos na nova empresa, enquanto que René e Arnoldo Frey eram os sócios que investiram terras. Roger Biau ficaria responsável por estudos no pomar experimental situado a pouco mais de cinco quilômetros do centro da cidade de Fraiburgo. Em pouco tempo, a Safra S. A. comercializaria mudas (de macieiras, pereiras, pessegueiros, nectarinas e ameixeiras), frutas (principalmente uvas) e bebidas (conhaques, vinhos e espumantes) para todos os estados do centro-sul do Brasil (Burke 28). O próximo passo da empresa foi captar dinheiro e conhecimento técnico do próprio Delbard. A reunião pomológica de 1 de setembro de 1965, em Malicorne, França, colocou o empresário em contato direto com a família Evrard. Os Evrard expuseram o projeto de plantio de macieiras e videiras em Fraiburgo.

Diferentemente do entendimento dos agrônomos norte-americanos que afirmavam ser impossível produzir frutas de clima temperado em país tropical (Delbard 507; Frey 1989), Delbard, Biau e a experiência argelina mostravam o potencial da pomicultura brasileira. Em visita ao pomar de Biau, em 1966, Delbard concluiu que o comportamento das macieiras em Fraiburgo era idêntico ao das da Argélia, e que "a altitude corrigia os efeitos da latitude" (Id.). O viveirista passou a fornecer novas variedades para Fraiburgo, além de sugerir técnicas de manejo de solo e da paisagem. Também investiu capital na ampliação da Safra S. A. até a década de 1970, quando decidiu deixar a sociedade.

Esse primeiro momento da fruticultura em Fraiburgo foi marcado pela convergência de investimentos privados (os primeiros, até 1968) e públicos, sendo um deles possibilitados pela lei nº 5.106, de 2 de setembro de 1966, que autorizava pessoas físicas e jurídicas descontarem do imposto de renda devido, "até 50% do valor do imposto, as importâncias comprovadamente aplicadas em florestamento ou reflorestamento, que poderá ser feito com essências florestais, árvores frutíferas, árvores de grande porte e relativas ao ano-base" (Brasil 1966).

Essa lei foi amplamente aproveitada pela iniciativa privada entre 1967 e 1975. A instalação de pomares com no mínimo dez mil plantas, ou seja, no mínimo dez hectares, levando em consideração alguns problemas ecológicos como a queda de flores e a baixíssima produtividade por planta até 1975, não teria ocorrido sem os incentivos fiscais do governo federal. Isso porque os técnicos percebiam, desde 1969, que era necessário tomar algumas medidas para resolver o problema da queda de flores entre setembro e outubro, o que reduzia o rendimento, que variava de duas a quatro toneladas por hectare (Bleicher 2002). Na época, o problema em produzir frutas de clima temperado na região residia na incompatibilidade edafoclimática de Fraiburgo ao cultivo das variedades de macieira que estavam sendo produzidas na localidade, e que ainda estavam sendo pesquisadas no que dizia respeito à adaptação climática e de solo. Mesmo assim, empresas instalavam-se em Fraiburgo, com grandes projetos, aproveitando os incentivos fiscais de reflorestamento ofertados pelo governo militar. Foi o caso da Reflorestamento Fraiburgo Ltda. (Reflor Ltda.), criada por René Frey e seu filho mais velho, Willy, em 1967, para plantar principalmente Pinus elliottis. A empresa acabou incluindo a Malus domestica como variedade a ser "florestada", com autorização do Instituto Brasileiro de Desenvolvimento Florestal (IBDF) (Brandt 12).

O principal instrumento de investimento público na fruticultura temperada de Fraiburgo nesses primeiros tempos foi o Programa de Fruticultura de Clima Temperado (Profit), lançado pela Associação de Crédito Rural de Santa Catarina (Acaresc) e amparado, a partir de 1975, pela Empresa Catarinense de Pesquisa Agropecuária (Empasc). Suas justificativas eram os elevados gastos com a importação de frutas e as "novas alternativas" econômicas para os agricultores (aqueles que pudessem pagar pelas benesses públicas). O Estado contrataria a Safra S. A. como fornecedora exclusiva de mudas de cultivares necessárias ao funcionamento e expansão do programa.

Esse momento propício ao desenvolvimento da fruticultura de clima temperado foi marcado pela difusão proselitista da crença na tecnologia "controladora e corretora dos defeitos da natureza". Já se observa a percepção das muitas limitações ambientais aos projetos de fruticultura e a introdução de algumas relações novas ou diferentes entre humanos e não humanos, nas áreas produtoras de maçã (Klanovicz 2007).

Além da Safra S. A., a empresa Reflorestamento Fraiburgo Ltda. (Reflor Ltda.) começou a plantar pomares e, em 1969, outra empresa da família Frey foi criada para executar projetos de fruticultura usando os serviços da Reflor Ltda. e da Safra S. A.: A Renar Agropastorial Ltda. (Renar). A Renar plantaria macieiras com incentivos fiscais, usando "recursos originários da exploração madeireira da empresa-mãe (René Frey & Irmão Ltda.), ou seja, dinheiro de impostos reaplicados no processo de acumulação de capital da família. Além disso, aproveitaria técnicos do Profit (Brandt 2005; Klanovicz 68).

O Brasil ainda era importador de maçãs em 1969, mas o que estava em jogo era a perspectiva de futura suficiência do mercado nacional com base na produção da região sul. Do ponto de vista empresarial, se o país ainda não exportava a fruta, pelo menos começava a produzi-la para o mercado interno, com técnicas modernas. Da mesma forma, se havia problemas ecológicos, eles poderiam ser revertidos com conhecimento técnico.

Carlos A. de Abreu (1973), da Safra S. A., afirma que a produção de maçãs, peras, nectarinas e ameixas foi difícil, marcada por importações de material genético, adaptações e tratamentos. A Safra S. A. liderava o mercado em 1973, com 1.013 hectares de fruteiras temperadas: videiras (Merlot, Cabernet, Trebiano e Marzenino), ameixeiras (Santa Rosa e Santa Rita), e macieiras (Golden Spur, Red Spur, Golden Delicious, Wellspur, Melrose, Blackjohn, Royal Red e Willie Sharp). Em 1973 a Safra S. A. vendeu 414.718 mudas, sendo 395.154 de macieiras, 12.021 de nectarinas, 4.359 de ameixeiras, 794 de pessegueiros e 247 de pereiras, além de 1.878 de roseiras e 265 de frutas diversas (Abreu 1973).

O consumo de maçãs per capita no país passou de 0,65kg/ano em 1960 para 1,45kg/ano em 1970 (ABPM 2006). Certamente isso tinha relação com a ampliação de pomares de Fraiburgo. Várias empresas começaram a contatar a Reflor Ltda. para instalar pomares e reflorestamentos, aproveitando incentivos fiscais. Relatório da empresa, de 1973, mostra dados sobre dez projetos de reflorestamento com *Pinus taeda*, *Pinus elliottis* e *Araucária angustifolia*, feitos entre 1967 e 1970, com 2.716,34 hectares e 3.618.750 mudas. Ao aproveitar a macieira como essência florestal legalmente válida para florestamento, a Reflor Ltda. assessoraria 13 projetos de fruticultura entre 1967 e 1973, em 592,5 hectares e 542.200 mudas. Em 1973 a empresa planejava o plantio de 141 hectares e 112.800 mudas para o ano seguinte e mais trezentos hectares com 240 mil macieiras para 1975. Esses últimos projetos receberam o nome sugestivo e nada gratuito de Fazenda Castelo Branco III. Os mais de quinhentos hectares plantados até 1974 apenas pela Reflor Ltda. eram a materialização de uma estratégia de negócios amparada em políticas públicas de incentivo a projetos florestais.

Em 1977, as empresas de fruticultura em Fraiburgo eram Vinícola Fraiburgo S. A., Reflorestamento Fraiburgo Ltda., Renar Agropastoril, Frutícola Fraiburgo S. A., Saga Agropecuária, Nodarisa Empreendimentos Florestais, Agrícola Fraiburgo e Fructus Agricultura e Pecuária.

O surgimento da Safra S. A. e de outras empresas do ramo entre os anos 1960 e 1970 foi favorecido por estratégias de investimento e reinvestimento incentivado em pomares de grande extensão territorial e com intenso uso de tecnologia. As soluções pareciam encaminhar os rumos da atividade para um bom termo, já que entre 1960 e 1969 o aumento da produção nacional de maçãs começava a acompanhar, em progressão, as importações da fruta (Klanovicz 2007; Klanovicz 2010). Todo esse avanço compreendia um transbordamento do campo de produção para o mundo cotidiano da cidade, com implicações socioeconômicas, políticas, ambientais, culturais e ecológicas. Do ponto de vista socioeconômico, a implantação de pomares e o surgimento de empresas impulsionariam a migração de mão de obra especializada, assim como a necessária formação de mão de obra para o futuro na localidade. O evento também fez com que houvesse a aproximação de inúmeras instituições num projeto comum, entre elas as escolas técnicas e a igreja católica (Klanovicz 2007).

O que significa corrigir

Entre 1963 e 1975, técnicos e engenheiros agrônomos que moravam em Fraiburgo buscavam tornar produtivos os pomares de macieira enquanto conviviam com problemas de polinização, acidez do solo, chuvas de granizo, geadas em épocas de floração. Além disso tinham que pesquisar a adaptação de cultivares sem dispor de manuais de cultivo para a região. O conhecimento europeu sobre polinização sem a necessidade de outros recursos que não o próprio clima dificultava a produção. A expansão de pomares a áreas onde florestas já haviam sido derrubadas trouxe problemas ecológicos. Havia, por exemplo, carência de insetos para polinizar plantas, resultante da redução das matas nativas e da aplicação de acaricidas, fungicidas e outros agrotóxicos em quantidade crescente, acompanhando a expansão das áreas de plantio. A cada hectare expandido, problemas ou limitações naturais colocavam à prova o conhecimento técnico da pomicultura.

Resolver a questão da queda de flores, por exemplo, foi um passo importante que só ocorreu graças à pesquisa do israelense Amnon Erez (Bleicher 2002). Ele constatou que a carência de horas-frio abaixo de 7,2°C necessárias por ano (setecentas, no mínimo) retardava a brotação das plantas em Fraiburgo. Como solução, sugeriu o uso intensivo de abelhas para a polinização, além de produtos químicos para "quebrar a dormência" das plantas. Jorge Bleicher (2002), então agrônomo e extensionista rural, afirma que "Aí foi uma loucura! As empresas começaram a derrubar florestas para plantar. Lucro garantido com base na tecnologia."

A adaptação de variedades foi outro problema. Muitos pomares da primeira metade da década de 1970 estavam sendo plantados com as variedades *Red delicious* e *Golden delicious*. Só a partir de pesquisas que foram compiladas na obra *A cultura da maçã*, do agrônomo japonês Kenshi Ushirozawa, que permaneceu em missão técnica em Santa Catarina entre 1971 e 1977, é que essa questão passou a ser resolvida. O autor constatou que a produção de *Red delicious* e de *Golden delicious* em regiões de altitude média de 1000m tornava essas frutas propensas a serem farinhentas, de baixa qualidade comercial, e sugeria a substituição dessas cultivares por variedades mais precoces, tais como a *Gala* (Ushirozawa 1979). A erradicação de cultivares *Golden* e *Red delicious* tornou-se uma constante, enquanto que os novos pomares passaram a ser instalados com duas cultivares principais, a *Gala* e a *Fuji*. Quanto ao solo e à forma de intervir na paisagem, o manual de Ushirozawa era claro:

> Recomenda-se pensar em mecanizar o máximo possível a cultura da macieira, bem como realizar a aplicação e incorporação do calcário – termofosfato (yoorin) – profundamente, antes do plantio das mudas. Em caso de solos argilosos, deve-se realizar drenagem, a fim de não enfraquecer ou mesmo secar as plantas (Id.).

No limiar dos anos 1980 Ushirozawa perscrutava todos os aspectos da pomicultura em Santa Catarina, deixando à mostra a macieira no conjunto de sua forma e comportamento em esquemas, tabelas de produtividade, gráficos de distribuição de plantas no espaço, sugestões de plantio em áreas que pudessem ser transformadas em campo rapidamente. Enquanto isso, em Fraiburgo, no pomar experimental de Roger Biau, as pesquisas que analisavam a adaptação e a fitotoxidade das plantas corriam em regime acelerado. As plantas de Roger Biau eram tratadas como "ensaios", e os resultados de adaptação eram evidentes. Os resultados dessas pesquisas nunca foram divulgados em periódicos científicos, e restaram apenas ofícios com ordens de serviço para técnicos agrícolas em meio ao pomar experimental, especialmente aqueles que tratavam de aplicação de herbicidas.

Na contemporaneidade, o que unia as experiências de Biau e de Ushirozawa era que o primeiro tratou de ensaiar adaptações, enquanto o segundo buscou constituir padrões para expandir pomares de macieira no Estado de Santa Catarina; Roger Biau atuava numa empresa privada e Kenshi Ushirozawa trabalhava num projeto público do governo estadual.

Impulsionado pelo ritmo de expansão de pomares, Fraiburgo foi o município que mais devastou os remanescentes de Mata Atlântica em Santa Catarina, derrubando mais de mil hetares entre 1980 e 1983 (Young 2002). Essa realidade materializava as aspirações de Bleicher, que afirmava que "Fraiburgo não descansará enquanto não transformar toda a terra improdutiva em locais geradores de progresso" (1973). A devastação observada por Young "isolava" mais ainda os insetos e reduzia a biodiversidade local. A presença de abelhas europeias para auxiliar a polinização das plantas frutíferas foi um sucesso tecnológico que garantiu o crescimento da produtividade e aumentou a qualidade das frutas, além do fortalecimento financeiro e de transformação do ambiente por parte dos produtores, entretanto trazia incômodos para os seres humanos. É o caso do Técnico Agrícola #1 (2005), que, alérgico a abelhas, se atormentava quando ficava próximo a uma caixa desses insetos.

As décadas de 1970 e 1980 consolidaram a pomicultura em Fraiburgo, com base em fruticultura mecanizada e racionalizada, atrairam mão de obra e investimentos de diversos setores e impulsionaram a pesquisa. A população do município, de pouco mais de dois mil habitantes em 1967, chegou a mais de 15 mil em 1985. A maçã era o carro-chefe da economia. O uso intensivo de tecnologia aplicada garantia a produtividade dos pomares. Métodos automatizados de irrigação "combatiam" a seca; sistemas de detecção e intervenção "combatiam" o granizo – as "chuvas de pedra" – com estratégias militares (uso de radares e bombardeio de nuvens por foguetes, inicialmente importados da França e Suíça e, depois, da União Soviética); focos de incêndio serviam para "combater" geadas em épocas de florescência das plantas (em setembro, na primavera); tratamentos fitossanitários radicais "atacavam" fungos e doenças. Além disso, havia métodos para desviar cursos d'água e uma logística eficientíssima em época de colheita. Tudo isso dava lastro aos discursos que, ainda em 1983, afirmavam o sucesso de técnicos em "corrigir defeitos da natureza" na região, conforme matéria publicada na revista *Veja* (1983).

Na década de 1980, a produção brasileira de maçãs esteve condicionada à erradicação de variedades como a Golden Delicious ou a Royal Red, substituídas por variedades vermelhas de maçã como a Gala (oriunda da Nova Zelândia por cruzamento das variedades Kidd's Orange e Golden Delicious) e a Fuji (japonesa, resultante do cruzamento da Ralls Janet e da Delicious). A Gala foi introduzida em Fraiburgo pela Safra S. A., e a Fuji, importada do Japão por técnicos da Acaresc de São Joaquim/SC (Epagri, 2002).

História ambiental no sul do Brasil   53

Alguns técnicos acreditavam que o processo de expansão dos pomares em Fraiburgo na década de 1980 traria riscos à produção futura, devido ao estabelecimento de novas relações ecológicas entre a macieira e fungos. Não só fungos começavam a assumir papel importante numa história contraposta à crença no sucesso da tecnologia corregedora do ambiente, como também ácaros, insetos e intempéries. A linguagem de técnicos e produtores, ao descrever o ambiente de plantio e produção dos futuros pomares daquela década de 1980, adquiriu caráter cada vez mais bélico, tendo os técnicos a missão de "combater" pragas, insetos, intempéries. Essa "terminologia bélica" aplicava-se a não humanos como o ácaro vermelho (*Tetranychus ludeni* Zacher), especialmente em plantios de larga escala na segunda metade da década de 1980. Esse perigo representado pelo ácaro sempre preocupou técnicos e produtores locais e demandava o combate imediato e enérgico, por meio de agrotóxicos como o dicofol.

A dinâmica de trabalho criada em razão da expansão de número e tamanho dos pomares determinou que o aporte de agrotóxicos alcançasse dimensões espetaculares na década de 1980 – especialmente entre produtores que tinham pouco tempo e muita plantação a "tratar" –, para evitar o alastramento de doenças, como sarna, ou de parasitas, como o ácaro-vermelho. Essa lógica de plantio intensivo e a alta produtividade com vistas ao mercado aquecido funcionava a favor do produtor enquanto não houvesse abalos de ordem ecológica.

Quando a correção não dá certo

Nos anos 1980 convivia-se em equilíbrio precário com problemas como o ácaro vermelho, a mosca da fruta, a sarna, a podridão amarga e a podridão de colo. Com o passar do tempo, surgiriam os problemas da lagarta-enroladeira, da mancha da Gala e da podridão branca, além de antigas pragas que retornavam, como a grafolita. Na história da pomicultura em Fraiburgo, portanto, as relações entre os humanos e as macieiras passaram a envolver personagens como podridão amarga (*Rosellinia necatrix* (Harting) Berlese), podridão de colo (*Phytophthora cactorum* (Lebert et Cohn) Schroeter), armilária (*Armillariella mellea*

(Fries) Karsten), galha-da-coroa (*Agrobacterium tumefaciens* (E. F. Smith et Townsend), cancro (*Nectria galligena*), sarna (*Venturia inaequalis* (Cooke) Winter) e glomerela (*Glomerella cingulata* (Stoneman) Spaudling et Schrenk). No caso de pragas, os humanos começaram a se deparar com traça da fruta (*Carpocapsa pomonella* Linnaeus), ácaros diversos, pulgão lanígero (*Eriosoma lanigerum* Hausmann) ou cochonilha (*Quadaspidiotus perniciosus* Comstock) (Epagri, 2002).

Para muitos profissionais da fruticultura, o alento era a crença na tecnologia: "já que a gente não tem clima certo, o negócio é depender de produtos químicos e de tecnologia para torcer a natureza", diz o Técnico Agrícola #1 (2005), complementando curiosamente sua frase com os seguintes termos: "vivemos em guerra contra a natureza, e vivemos tendo que corrigir sempre as coisas por aqui, para conseguir produzir... vivemos construindo um microclima regional" (2004).

Em 1986, Fraiburgo faria a Primeira Festa Catarinense da Maçã, com um objetivo comercial claro, além de outros interesses, nos quais pontuo a crença na tecnologia e a ênfase no discurso técnico como justificador das intervenções no mundo natural para a produção de maçãs na região. A ABPM aproveitava a oportunidade para lançar a campanha "Maçã brasileira: o pecado que deu certo". Qualquer um poderia pensar que esse slogan teria relação com o mito da maçã como fruto proibido consumido por Adão e Eva no Éden judaico-cristão. Mas o trocadilho era, também, uma resposta dos produtores nacionais às afirmações agronômicas dos anos 1960 e 1970, que afirmavam ser impossível produzir maçãs em escala e qualidade comerciais no país, devido à inadequação edáfica e climática (Frey 1989; Schmidt 1990; Burke 1994). Não houve edições posteriores desta festa, todavia o investimento simbólico feito no evento pelas iniciativas públicas e privadas serviu para dar publicidade à vitória do conhecimento técnico, que se mostrou capaz de produzir frutas de clima temperado no contexto de natureza, clima e relevo impróprios ao cultivo de maçãs. Tudo estava correndo bem no mundo tecnificado da produção, onde o saber técnico pretensamente exalava certezas de um porvir sem maiores problemas no que diz respeito à fruticultura de clima temperado. Mesmo assim, lembremos o equilíbrio precário entre humanos e não humanos.

História ambiental no sul do Brasil   55

O triunfo da produção e da técnica brasileira no conduzir de pomares de macieira acabou sendo testado em 1989. Em meio a uma já eminente capacidade exportadora da fruta, e com um mercado interno consolidado, empresas do setor, principalmente em Fraiburgo (Fischer Fraiburgo Agrícola, Grupo VF, Renar Maçãs, Pomifrai Fruticultura, Portobello Alimentos e Pomigrai Frutas) comemoravam a safra de quase trezentas mil toneladas, colhida entre fevereiro e abril. Desde a metade daquela década, o sucesso econômico do setor fez com que pomicultores começassem a expandir os pomares para aumentar seu rendimento. O único espaço físico para isso, pelo menos em Fraiburgo, era o que restava da Mata Atlântica. Ao derrubar o que restava da floresta, os produtores fraiburguenses enfrentariam problemas como o ataque de fungos às raízes das macieiras, além de parasitas que, muitas vezes, seriam responsabilizados por diversos problemas de origem ecológica (necessidade de erradicação de plantações) e econômica (justificativa para os baixos salários pagos pelo setor).

Mas o cenário da pomicultura brasileira em 1989 parecia o melhor possível. O consumo per capita de maçã no Brasil passou de 1,9kg/ano, em 1979, para 2,8kg/ano, em 1988, e a safra de 31 mil toneladas de 1979 passou para trezentas mil toneladas em 1988-1989. Fraiburgo, Vacaria e São Joaquim (os três maiores produtores) concentravam as dez maiores empresas brasileiras de fruticultura de clima temperado e empregavam diretamente mais de vinte mil trabalhadores e outros tantos de maneira indireta (BRDE, 2005).

Apesar da euforia do período, houve um fato que acabou abalando a imagem pública da pomicultura. Entre os Estados do Paraná e de São Paulo, fiscais apreenderam uma carga de maçãs supostamente vindas de Guarapuava/PR e da Argentina, e foi constatado através de análise do Instituto de Tecnologia do Paraná (Tecpar) a contaminação da carga com o acaricida dicofol ($C14H9Cl5O$, resultante da hidrólise do diclorodifeniltricloretano – DDT e quimicamente conhecido como 2,2,2-tricloro-1,1--bis(4-clorofenil)etanol), proibido desde a portaria 329 do Ministério da Agricultura, de 2 de setembro de 1985. Essa notícia teve impacto direto sobre a comercialização de maçãs em nível nacional (Poglia 1989, p. 5).

Em 26 de julho de 1989 a revista *Exame Vip* publicou matéria de capa "O veneno vai à mesa", abordando o consumo das maçãs brasileiras contaminadas. Até então, eram raros os artigos de circulação nacional que tratavam dos riscos de toxicidade em frutas, e aquele afirmava que a culpa de a população brasileira estar consumindo frutas intoxicadas era dos produtores. Na reportagem, a contaminação das maçãs resultava de erros na dosagem de defensivos agrícolas, o que explicava a apreensão de um lote de trezentas toneladas de maçãs contaminadas com dicofol: "As maçãs vinham do Paraná e da Argentina e foram interceptadas – um bom sinal, sem dúvida. Só que muitas remessas foram e vêm sendo consumidas desde fevereiro, quando começaram a ser colhidas" (O veneno vai à mesa…, 26 jul. 1989, p. 40). De acordo com a revista, os responsáveis pela contaminação das maçãs eram os produtores paranaenses e argentinos. As autoridades do Paraná, por sua vez, eximiam-se de culpa atribuindo o problema à aquisição de frutas intoxicadas provenientes de Santa Catarina – praxe entre os pomicultores de Guarapuava/PR, que, para garantir a comercialização, recompunham o estoque com frutas de outras áreas. Por outro lado, os pomicultores dessa região do Paraná faziam parte da ABPM e estavam, por assim dizer, no mesmo barco, sofrendo a crise comercial e técnica por que passavam outros produtores.

Na mesma data, o jornal Gazeta Mercantil trazia a manchete "Agrotóxicos: Santa Catarina produziu maçã contaminada". A reportagem traçava o quadro da crise da fruticultura de clima temperado, expondo algumas reclamações dos antigos e tradicionais fornecedores de maçã para o Brasil, os argentinos.

O governo brasileiro, pressionado pelos produtores nacionais e temendo a comercialização de frutas contaminadas, embargou, na última semana de julho de 1989, a entrada de maçãs argentinas. Em 1 de agosto, a Argentina exigiu a normalização da venda de maçãs para o Brasil, uma vez que

os exportadores de maçãs da Argentina cumprem rigorosamente com a legislação sanitária estabelecida pelo Ministério da Saúde do Brasil, e as autoridades temem por uma queda nas importações brasileiras, trazendo como consequência um desequilíbrio na balança comercial entre os dois países (Produtores argentinos…, 1 ago. 1989, p. 9).

Ainda em 30 de julho, a ABPM rebatia as acusações de contaminação de frutas, com a manchete "Santa Catarina produz 58,47% da maçã nacional". Para Tarcísio Poglia (1989), o aumento da produção e da produtividade dos pomares brasileiros foi diretamente proporcional ao aumento da população nacional, mas o incremento do consumo e da produção de maçãs ficara prejudicado pela polêmica em torno do dicofol. O jornalista explicava que o dicofol era usado "em macieiras de vários países, como Estados Unidos, Alemanha Ocidental, França, Itália, Suécia e Argentina. Foi aplicado em pomares brasileiros até 1985, quando foi proibido. Porém, este agrotóxico continua liberado no Brasil para a laranja e o algodão" (Id.). O engenheiro agrônomo Luiz Borges Junior argumentava que a proibição do dicofol em macieiras existia, "mas o fato foi isolado e o nível de contaminação encontrado era vinte vezes menor do que o permitido pela Organização Mundial de Saúde" (Id.).

Na mesma matéria do *Diário Catarinense*, Luiz Borges Junior enfatizava que a polêmica em torno do dicofol estava enredada em uma espécie de teoria da conspiração:

> a notícia de contaminação das maçãs de Guarapuava ganhou repercussão nacional porque há setores interessados em que a produção brasileira seja prejudicada. À medida ... que a maçã nacional aumentou sua participação no mercado interno, nos últimos dez anos, empresas importadoras tiveram que reduzir sua ação no mercado (Id.).

"Precisamos desfazer esse mal-entendido sobre a contaminação das maçãs", declarou seu porta-voz à Gazeta Mercantil, em óbvia referência ao artigo publicado pelo mesmo jornal, em 26 de julho. A reportagem afirmava que "o dicofol foi usado em algumas lavouras do Paraná, mas em níveis muito inferiores ao aceitável em qualquer país desenvolvido. Parte deste montante [de maçãs] será perdido, se a situação do mercado não se reverter até setembro" (Agrotóxicos…, 26 jul. 1989, p. 13).

A Renar Maçãs S. A. publicou a matéria "Produtor catarinense afirma: 'Maçãs Renar não têm dicofol'" na Gazeta do Povo, de Curitiba/PR:

A propósito das recentes ocorrências envolvendo as maçãs brasileiras – até então consideradas frutas da melhor qualidade – de repente vedetes de noticiários que, divulgando o uso do dicofol, lançaram sobre elas o estigma de fruto proibido, a reportagem procurou ouvir uma das maiores autoridades no assunto. Willy Frey, pioneiro no cultivo do apreciado fruto em terras brasileiras, é o diretor-superintendente da Renar, empresa responsável pelo maior volume de maçãs produzidas em Santa Catarina... A empresa providenciou o enterro do dicofol com os maiores cuidados e precauções, e seu uso, a partir de então, foi rigorosamente proibido nos muitos quilômetros quadrados de área de cultivo da Renar (Produtor catarinense..., 3 ago. 1989, p. 11).

A ABPM lançava na revista *Veja*, no *Diário Catarinense* e no jornal *O Globo* matéria de página inteira reafirmando a qualidade das maçãs nacionais. Na revista *Veja* a matéria continha ilustrações, e sua chamada, em tom irônico, desafiava os concorrentes comerciais da fruta brasileira: "A maçã brasileira dá uma banana para a concorrência" (A maçã brasileira..., 9 ago. 1989, p. 68):

No Brasil a maçã nasce em berço esplêndido. Desde pequenininha ela recebe tudo do bom e do melhor. Desenvolvimento científico das espécies mais apropriadas, solo especialmente preparado, radares para controlar as condições meteorológicas associados a foguetes antigranizo. Tanto cuidado pode parecer um exagero. Mas nós não temos medo de mimar demais nossas maçãs. Quando elas crescem, não se tornam ingratas. Devolvem estes cuidados na forma de uma fruta saudável, bonita, cheia de vitaminas pra dar. Depois de grandes, elas correm o mundo inteiro e fazem a fama da agricultura nacional com sua qualidade. Maçã brasileira não tem medo de concorrer com ninguém. Porque ela sabe que é gostosa. (Id.).

Na mesma semana, outro anúncio da ABPM na mesma revista dirigia-se aos "difamadores" da produção nacional de maçãs. Dessa vez, o texto tinha mais detalhes sobre a produção da fruta e mesclava a crença no papel da tecnologia de produção com o Éden, simbolizado por uma serpente ladeada por Adão e Eva, no centro da página. A maçã ligava-se a lendas, preconceitos e desconhecimento. A ABPM negava os problemas resultantes do uso de produtos químicos proibidos no Brasil. Entretanto, técnicos agrícolas e engenheiros agrônomos, principalmente em Fraiburgo, afirmavam que o dicofol ainda era utilizado (Técnico Agrícola #2, 2005).

A única resposta possível para os produtores, no momento, era de reforçar o discurso técnico de correção da natureza, afirmando, não por linguagem técnica, mas apelativa em termos inclusive literários, que o país tinha capacidade técnica e conhecimento para controlar todos os processos relativos à cultura da macieira, e que a maçã nacional chegava aos mercados como produto não só das árvores frutíferas, mas da qualidade do trabalho técnico. Não é por coincidência que Willy Frey lança, no final de 1989, a obra *Fraiburgo: berço da maçã brasileira*, partindo de uma afirmação básica dessa característica da produção de maçãs de Fraiburgo, que representava a evolução de um território descrito pelo próprio autor em 1973 como "vasto campo experimental de fruticultura de clima temperado" para a "capital brasileira da maçã": "a macieira é dócil" (Frey, 1989).

Considerações finais

A publicidade dada ao evento da contaminação de maçãs brasileiras por dicofol constatada em julho de 1989 fez emergir a problematização de uma história da intervenção humana sobre o mundo natural em Fraiburgo que teve distintas consequências, podendo ser consideradas positivas se formos analisar o desenvolvimento econômico local e estadual à época. Já no que concerne as consequências socioambientais regionais, sem dúvida foram nefastas. Em um primeiro momento, diretamente ligado à ostensiva devastação de áreas da Mata Atlântica para plantio de pomares, e, depois, ao cada vez maior aporte de insumos para "corrigir a natureza" local com vistas à obtenção de boas safras de maçã. Construiu-se uma cidade baseada na tecnologia e nos discursos técnicos, na qual os "problemas da natureza" acabavam alcançando a vida cotidiana e as rotinas de trabalho.

Se doenças e pragas são ocorrências vinculadas ecologicamente às macieiras (num exemplo de relações entre não humanos numa história ambiental), a historicidade dessas mesmas ocorrências é composta por humanos, invisíveis porém indispensáveis no processo de constituição histórica das relações ecológicas como um todo. Expressões como "tragédia natural", "defeitos da natureza", "necessidade de corrigir o que a natureza tem por problema" são reflexos do que pode significar o termo paisagem. No final da década de 1980, a produção de macieiras no Brasil se afirmava como setor econômico eficiente, moderno, lucrativo e capaz de desenvolver áreas como Fraiburgo. Esse processo fetichizou a maçã, forçando a construção do município com base na vinculação indelével entre essa mercadoria e os rumos políticos, culturais e econômicos a ela inerentes. No processo de construção das histórias locais sobre a maçã, porém, um fantasma sistematicamente pairou sobre as narrativas: a despeito de ser considerada, em geral, "salvação" para a economia local, ela é caracterizada não pela solidez e superioridade de sua estrutura, mas sim como planta dócil, frágil, que precisa ser tratada, domesticada, controlada.

Tendo sido uma das primeiras culturas no Brasil a ser intensamente racionalizada, seguindo a perspectiva de uma agricultura convencional ostensiva voltada ao mercado nacional e depois internacional, representou uma das primeiras atividades de fruticultura de clima temperado lucrativas num país historicamente conhecido como tropical. Por seu caráter eminentemente racionalizado, a pomicultura do sul do Brasil foi território de intenso uso de insumos, especialmente de agroquímicos, mas também espaço de intervenção por meio de máquinas, sobre relevos, sobre fluxos aquíferos, sobre o céu e nuvens potenciais provocadoras de chuvas de granizo, sobre geadas em épocas de floração, tudo isso com reflexos positivos e negativos, plenamente vinculados à expectativas modernas e modernistas de agricultura.

História ambiental no sul do Brasil   61

Trabalhos citados

A maçã brasileira dá uma banana para a concorrência. *Veja*. São Paulo, 9 ago. 1989, p. 68.

ABPM. Associação Brasileira dos Produtores de Maçã. Disponível em: http://www.abpm.org.br.

Abreu, C. A. de. Histórico da Safra. In: Simonetti, B. *Processo de criação do Curso Técnico em Agropecuária da Escola de Segundo Grau Sedes Sapientiae*, Fraiburgo. Datil, 1973.

Agrotóxicos: Santa Catarina produziu maçã contaminada. *Gazeta mercantil*. São Paulo, 26 jul. 1989, p. 13.

Arnold, D. *La naturaleza como problema histórico*. México: FCE, 2002.

Autoridades argentinas querem normalização das vendas no Brasil. *Gazeta mercantil*. São Paulo, 1 ago. 1989, p. 9.

Biau, R. *Ofício aos técnicos 1*, 18 ago. 1975 e *2*, Agrícola Fraiburgo S. A., Fraiburgo, 18 ago. 1975.

Bleicher, J. *Entrevista concedida a Jó Klanovicz*. Florianópolis/SC, 15 maio 2002.

Brandt, M. Criação da sociedade agrícola fraiburgo e o início da pomicultura em Fraiburgo, na década de 1960. In: *Revista Discente Expressões Geográficas*, Florianópolis, nº 1, p. 27-41, 2005.

Brasil. Lei nº 5.106/1966.

BRDE. *Cadeia produtiva da maçã*. Porto Alegre: BRDE, mar. 2005.

Burke, T. J. *Fraiburgo:* do machado ao computador. Curitiba: Vicentina, 1994.

Delbard, G. *Jardinier du Monde*. Paris: Hachette, 1986.

Domesticar a natureza. *Veja*. São Paulo, 23 mar. 1983, p. 89.

EPAGRI. *A cultura da macieira*. Florianópolis: Epagri, 2002.

Evrard, H. *Entrevista concedida a Marlon Brandt*. Fraiburgo/SC, 13 dez. 2003.

62   Jó Klanovicz • Gilmar Arruda • Ely Bergo de Carvalho (orgs.)

Frey, W. Documentos. In: SIMONETTI, B. *Processo de criação do curso de segundo grau técnico em agropecuária da escola Sedes Sapientiae.* Fraiburgo, 1973.

_____. *Fraiburgo:* berço da maçã brasileira. Curitiba: Vicentina, 1989.

Klanovicz, J. *Natureza corrigida.* Tese, Universidade Federal de Santa Catarina, Florianópolis, 2007.

Klanovicz, J.; Nodari, E. S. *Das araucárias às macieiras.* Florianópolis: Insular, 2005.

Lopes, G. P. *Glória de pioneiros:* o Vale do Rio do Peixe (1934-1989). Curitiba: Lítero-técnica, 1989.

Meyer, T.; Popplow, M. "To employ each of Nature's products in the most favorable way possible"! In: *Historical Social Research* vol. 29, n° 4, p. 4-40, 2004.

Michels, I. L. *Crítica ao modelo catarinense de desenvolvimento:* do planejamento econômico (1956) aos precatórios (1997). Campo Grande: UFMS, 1998.

O veneno vai à mesa. *Exame Vip,* São Paulo, p. 40. 26 jul. 1989.

Produtor catarinense reafirma: maçãs Renar não têm dicofol. *Gazeta do Povo.* Curitiba, 3 ago. 1989, p. 11.

Técnico agrícola #1. *Entrevista concedida a Jó Klanovicz.* Fraiburgo/SC, 12 jan. 2005.

Técnico agrícola #2. *Entrevista concedida a Jó Klanovicz.* Fraiburgo/SC, 15 fev. 2005.

Ushirozawa, K. *A cultura da maçã.* Florianópolis: Acaresc, 1979.

Young, C. E. F. *Is deforestation a solution for economic growth in rural areas? Evidence from Brazilian Mata Atlântica.* 2002.

Transformação da natureza, urbanização e o abastecimento de água potável em Londrina, Paraná, Brasil (1970-1980)

por Gilmar Arruda

O SURGIMENTO DE LONDRINA, Paraná, atualmente a maior cidade da bacia do rio Tibagi, no início da década de 1930, está relacionado a um processo mais amplo iniciado no final do século 19. Uma das características desse processo foi a busca por novas áreas de produção e fornecimento de matéria-prima que levou os países centrais a "vasculhar" o mundo. Nesse momento, o imperialismo buscava suas potencialidades de lucro em todo o planeta. Como disse Eric J. Hobsbawm, todas as partes do mundo tornaram-se conhecidas e mapeadas. Com poucas exceções, já não se tratava de descobertas mas uma espécie de esforço atlético, com toques de desafios pessoais ou nacionais, que se tornou as tentativas de vencer a natureza dos ambientes mais inóspitos como o Ártico e a Antártica (Hobsbawm 29). Esse movimento afetaria a bacia do rio Tibagi, assim como afetou São Paulo/SP, com a expansão da cafeicultura impulsionada pelos novos tempos de ritmo acelerado (Sevcenko 1998). O acesso a novas áreas, a expansão da urbanização e da cafeicultura, bem como a presença de engenheiros e projetos ferroviários é uma das evidências desse processo no vale do Tibagi.

Tal como em diversas outras cidades, faz parte de um processo de re-ocupação da região promovida por uma companhia imobiliária de origem inglesa, em uma área superior a 500.000 alqueires (aproximadamente 1.200.000ha). Sobre esse processo foram realizadas ao longo das últimas décadas importantes pesquisas que procuraram desconstruir a ideia de região e "marcha do café" (Tomazi; Mota; Arruda). A presença desta companhia na região era resultado de uma política do governo do Estado do Paraná que pretendia conseguir recursos para o tesouro estadual ao mesmo tempo que promovia a transformação das imensas florestas do norte do Estado, ocupadas naquele momento, ainda, por alguns grupos indígenas não aldeados e moradores brancos esparsos. Lugares que comumente eram designados pelo termo de sertão, inexplorados, ou desabitados.

O que motivou a "ocupação" da bacia foi a terra, aquilo que Donald Worster, seguindo Karl Polanyi, chamou de "simplificação da natureza":

> Todas as forças e interações complexas, seres e processos que designamos como "natureza" (às vezes até elevada ao *status* honorífico de uma "natureza" capitalizada), foram reduzidas a uma simplificada abstração, "terra".[...]A terra tornou-se "mercantilizada"; ela veio a ser considerada como se fosse uma mercadoria e, por essa maneira de pensar, foi disponibilizada para ser comercializada sem restrição (Worster 12).

Somente a partir dos anos de 1920 a expansão da cafeicultura atinge a margem leste do rio Tibagi, embora já tivesse avançado até o espigão que separa os rios Cinza, afluente do Paranapanema, e o Tibagi. Na década de 1930 inicia-se a "moderna colonização" na margem oeste com o surgimento do núcleo urbano de Ibiporã e depois Londrina. Até a década de 1960, a cafeicultura representava a principal atividade agrícola e econômica desenvolvida na parte baixa da Bacia do Tibagi. Após esse período foi substituída rapidamente pela produção altamente tecnificada da soja, do trigo e do milho (1). O crescimento populacional de Londrina, conforme pode ser observado na tabela abaixo, nos dá uma ideia da radical transformação da natureza ocorrida no período que vai dos anos de 1930 até a atualidade. Mudança que praticamente eliminou a exuberante cobertura florestal, classificada como parte da mata atlântica, ou de floresta densa estacional, e a transformou em áreas de agricultura.

História ambiental no sul do Brasil 67

Tabela 1 – Evolução da População de Londrina – 1935 – 2000

Ano	Urbana		Rural		Total
	No	%	No	%	No
1935	4.000	27	11.000	73	15.000
1940	19.100	25,4	56.196	74,6	75.296
1950	34.230	47,9	37.182	52,1	71.412
1960	77.382	57,4	57.439	42,6	134.821
1970	163.528	71,7	64.573	28,3	228.101
1980	266.940	88,5	34.771	11,5	301.711
1991	366.676	94	23.424	6	390.100
2000	433.369	96,9	13.696	3,07	447.065

Fontes: Censos Demográficos de 1940, 1950, 1960, 1970, 1980, 1991, 2000- IBGE.

Um mural com ampliação de fotos realizadas no inicio da década de 1930 e dos anos de 1950, permitem "ver" com facilidade a radicalidade da transformação operada (ver imagem 1). Ali está descrita uma forma de interpretação do processo de incorporação do interior do país (sertão) à modernidade, uma "reorganização capitalista da natureza", diria Donald Worster. Nas imagens, encontramos estampada a radical transformação da paisagem, que fez surgir de centenas de pequenas cidades e provocada pela mudança das formas de apropriação da natureza, onde antes havia outros povos e uma extensa floresta.

Foto: Gilmar Arruda

Mas o que é testemunho do progresso na narrativa hegemônica da cidade de Londrina aparece, agora, para o historiador ambiental, como um documento da apropriação pela memória do processo de "reorganização capitalista da natureza" na região. As imagens dos murais documentam, também, a incorporação da floresta, transformada em madeira, na construção do urbano.

Este processo foi acompanhado pelo surgimento de centenas de cidades, que atualmente são identificadas, na sua maioria, como de atividade predominantemente agrícola. Seriam, na definição proposta por Worster, "[...] sistemas agroecológicos que, como o nome sugere, são ecossistemas reorganizados para propósitos agrícolas – ecossistemas domesticados" (7). Esta radicalidade de transformação da natureza em curto espaço de tempo, 50 anos, é um enorme desafio para a história ambiental e as possibilidades são inúmeras (Arruda).

Em Londrina, a constituição da "zona urbana" também foi resultado de conflitos e disputas pelo espaço conquistado da floresta, evidenciado na distribuição e classificação dos bairros populares e nobres. A história da transformação da floresta em "espaço urbano" revela as desigualdades de apropriação da natureza e dos recursos naturais. Com o crescimento populacional acelerado, a organização ou planejamento urbano tornou-se rapidamente uma das preocupações das autoridades públicas municipais. Era necessário defender a cidade contra a invasão da natureza: o mato, o barro, os animais, e ao mesmo tempo organizá-la em termos de classificação social. No início dos anos de 1950 foi aprovada uma legislação, Plano Diretor e depois um Código de Postura que indicava as regras de abertura de novos bairros bem como os estilos e requisitos para construção de novas residências. O sentido destas posturas legais eram, como afirmou Eder Souza em análise recente, profundamente segregadoras e excludentes: "Assim, o que ocorreu foi que, a partir da execução da legislação, as regiões da cidade foram sendo definidas como: áreas nobres, setores da classe média e setores populares" (Souza 40).

A segregação social, porém, não foi uma decorrência da legislação aprovada no início dos anos de 1950, ela está na própria origem da moderna sociedade urbana e burguesa. O surgimento do urbano na floresta é, para todos os efeitos, percebido e narrado como sendo a chegada da modernidade na selva (Arruda). Neste sentido, a exclusão social estava inserida na própria matriz da fundação da cidade:

> Desde a origem da cidade, entretanto, a parte centro-sul foi aquela onde se investiu mais na infraestrutura urbana onde se localizaram tanto as residências de alto padrão quanto as áreas verdes e, a parte norte, as de baixo padrão e ausência de espaços de lazer; esta segregação espacial foi fruto tanto da ação da companhia colonizadora quanto das empresas imobiliárias e se acentuou quanto mais a cidade cresceu (Mendonça 85).

A industrialização, ou "desenvolvimento a qualquer custo", acompanhado de suas repercussões na estrutura agrária e agrícola, resultou no aumento crescente do deslocamento populacional em direção às cidades. Nas regiões que, até a década de 1950, haviam sido consideradas como "fronteiras agrícolas", este processo foi vivenciado com a erradicação da cafeicultura e a introdução do complexo atualmente conhecido como "agrobusiness".

O processo de transformação da estrutura agrária foi denominado de "modernização conservadora". Os anos de 1960 e 1970 marcaram uma significativa mudança nas formas de utilização dos espaços naturais transformados em "terra", ocupados pela cafeicultura até então. Grandes áreas ao norte do Estado do Paraná, do oeste do Estado de São Paulo e outras regiões começaram a sofrer um processo de transformação nos processos produtivos que foram denominados de "modernização conservadora da agricultura", assim caracterizada:

> processo de integração técnica-agricultura-indústria, caracterizado de um lado pela mudança na base técnica de meios de produção utilizados pela agricultura, materializada na presença crescente de insumos industriais (fertilizantes, defensivos, corretivos do solo, sementes melhoradas e combustíveis líquidos etc.); e máquinas industriais (tratores, colhedeiras, implementos, equipamentos de injeção, entre outros (Delgado Guilherme 164).

Alguns dos resultados do processo de erradicação da cafeicultura, ou de "racionalização", como foi denominado pelo Instituto Brasileiro do Café, podem ser acompanhados mais detalhadamente através do exame da transformação da região e do espaço urbano da cidade de Londrina. Inicialmente, ocorre a acelerada destruição da estrutura socioagrária de produção que havia se constituído na região, na qual as pequenas propriedades familiares tinham um peso significativo. Esta agricultura foi substituída por uma lavoura tecnológica em grande escala com o uso intensivo de fertilizantes e herbicidas e com reduzido número de trabalhadores. Como consequência tivemos o que muitos designaram como "êxodo rural". Cabe lembrar que no Brasil, quase 40 milhões de pessoas trocaram o campo pela cidade, e a cidade pequena pela cidade grande entre 1960 e 1980 (Mello, Novais). O destino desta população foi, na região, em grande parte a cidade de Londrina. Na década de 1970, a população urbana da cidade cresceu mais de 100.000 habitantes (Cunha 50-2).

Nessa década, impulsionados pelo governo federal (2), surgem os conjuntos habitacionais, na zona norte da cidade, ultrapassando a vertente esquerda do ribeirão Quati, através da Companhia Habitacional de Londrina, criada em 1963, mas que teve impulso somente na metade da década seguinte. Em 1977 teve início a construção do conjunto Milton Gavetti, com 740 casas, seguido pelo o Conj. Parigot de Souza I e II com 1.170 casas. Nos anos seguintes vários outros conjuntos foram iniciados com mais de 5.000 casas. Entre 1970 e 1989 foram construídas 23.899 casas em conjuntos habitacionais, sendo que 13.946 na região norte da cidade (Silva). Esta região, hoje conhecida como "Cinco Conjuntos", foi ocupada por população de baixa renda e está localizada distante do centro da cidade (aproximadamente 10 a 15 quilômetros) (Cunha 59).

O acentuado crescimento da população urbana, consequência da política de transformação agrária/agrícola promovida pela ditadura militar, acirrou os conflitos em torno da apropriação da natureza no espaço urbano. O próprio espaço urbano deve ser considerado também como uma "mercadoria fictícia", nos termos de Karl Polanyi. Tentaremos explorar neste texto as relações existentes entre a transformação agrária/agrícola, a desigualdade social na apropriação da água potável no espaço urbano e para o surgimento da "era da ecologia" na cidade.

Não somente ocorreu um deslocamento de antigos moradores e suas formas de utilização dos recursos naturais, como também um aumento na especialização da produção e na separação entre o que denominamos "zona rural" e "zona urbana", na qual uns tornam-se consumidores e outros produtores de alimentos. Mas esta especialização e sua apropriação reproduzem as diferenças existentes no social. A própria diferenciação e acesso aos produtos naturais representam a forma como os indivíduos estão inseridos nas relações de produção. A água é um destes elementos naturais cuja utilização e apropriação serão afetadas pela transformação da natureza para fins agrícolas. A relação entre as cidades e os recursos do seu entorno, o que chamaríamos das relações entre "zona urbana" e "zona rural" é, para muitos, um dos maiores temas da história ambiental e da geografia histórica (Brannstrom). Para Christian Brannstrom, o fornecimento de combustível para a cidade é um dos temas que ilustram esta dependência, ou relação, entre a cidade e seu entorno.

Alguns estudiosos sobre a água no Brasil vêm apontando a relação entre a crescente urbanização das últimas décadas, sem planejamento, e a deterioração da qualidade da água disponível para consumo humano nas médias e grandes cidades. Um país considerado como tendo abundância de água doce, no entanto, possui uma distribuição de disponibilidade não proporcional à distribuição populacional, sendo que "[...] em três grandes unidades hidrográficas – Amazonas, São Francisco e Paraná – estão localizados cerca de 80% da nossa produção hídrica total", mas a "população é de menos de 2 a 5 hab/ km2 na Região Amazônica, onde a produção hídrica – Amazonas e Tocantis – é de 78% do total nacional. (…) é da ordem de 6% na bacia do rio Paraná, cuja densidade de população dominante varia entre 25 e mais de 100 hab/km2, com uma média de 53 hab/km2" (Rebouças 29).

Os problemas de abastecimento, no entanto, decorreriam mais da combinação do crescimento exagerado de algumas localidades e da degradação das águas, resultado da "expansão desordenada dos processos de urbanização e industrialização verificada a partir da década de 1950". Especialmente, esse quadro tende a aumentar nas áreas urbanas das médias e grandes cidades. Aldo Rebouças afirma que:

Como resultado do inusitado processo de urbanização no Brasil, teve-se um grande aumento das demandas de água para consumo doméstico, industrial e agrícola, principalmente. Além disso, a não coleta dos esgotos domésticos ou o seu lançamento *in natura* nos rios, principalmente, bem como de boa parte dos efluentes industriais, engendrou a degradação do ambiente em geral e da água dos rios, lagos e açudes, em particular, em níveis nunca imaginados (29).

Alguns pesquisadores, entre outros, Rosalva Loreto Lopes, Julián Alejandro Osório Osório, Blanca Estela Suárez Cortez e, no Brasil, Janes Jorge e Denise Sant'Anna nos dão mostras da diversidade de possibilidades para estudar o tema "água" dentro do campo da história e, especificamente, da história ambiental (López). Porém, neste texto, tentaremos nos aproximar de uma discussão proposta por Stephen Mosley, em um artigo de 2006, no qual conclamava os historiadores sociais a se voltarem para os problemas levantados pela história ambiental, incorporando a estes as contribuições que haviam conseguido anteriormente. Para ele, o mais importante desafio para a nova geração de historiadores sociais seria procurar um "chão comum entre a história social e a história ambiental" (916). Para Mosley, "Nós ainda temos muito que aprender sobre como conflitos, diferenças e o poder sobre o acesso a natureza e aos recursos naturais, assim como as práticas cotidianas e os hábitos de consumo, têm formatado as relações entre a sociedade e a natureza através do tempo e do espaço" (920). Entre outros temas, o estudo das classes populares, dos protestos sociais e das relações entre movimentos sociais e a natureza estariam na pauta de um "chão comum" entre a história social e a história ambiental. Os conflitos em torno do abastecimento de água na cidade de Londrina na década de 1970 e 1980 podem ser examinados a partir da proposição de Mosley. Não se está afirmando que os conflitos daí decorrentes tenham se constituído em movimentos sociais organizados. Tentaremos mostrar como a desigualdade social se reproduz nos processos e políticas públicas de distribuição/apropriação de um recurso natural, e como as transformações nos padrões de produção agrícola influenciaram os discursos e ações do emergente ambientalismo na cidade.

Em cidades como Londrina, que no final da década de 1970 contava já com quase 300 mil habitantes, sendo que no início do século 21 este número ultrapassou a casa dos 500 mil habitantes, aparecem outras inúmeras demandas e conflitos pela utilização da natureza, além da "reorganização da natureza para a agricultura.". O abastecimento de água potável aos seus habitantes foi sempre um problema e, em momentos de stress hídrico, uma luta em torno da "conquista da água", um dos feitos da urbanização moderna (Worster 116). Desde o início da década de 1970, vinham ocorrendo na cidade discussões e proposições de projetos com a finalidade de "resolver" o que era diagnosticado como o "problema do abastecimento".

Um dos planos consistia na construção de um sistema integrado de captação das águas do rio Tibagi, 40 km a leste de Londrina, pretendendo abastecer várias cidades da região. Este plano ficou conhecido como Projeto Tibagi. Porém, a sua implementação em uma conjuntura do início da transição democrática no Brasil, com a volta das eleições diretas para governador em 1982 e do surgimento da "era da ecologia", enfrentou a oposição de diversos setores dos habitantes da cidade, notadamente de sindicalistas e ambientalistas, mas que, em determinados momentos, encontrou apoio em empreiteiros locais.

As evidências de que os londrinenses entraram na "era da ecologia" podem ser percebidas na segunda metade da década de 1970, quando o abastecimento de água potável entrou em crise e o problema chegou na imprensa, nos movimentos sociais e na fundação da primeira associação ecológica na cidade (5). Podemos identificar três principais motivações dos atores sociais que se opunham ao projeto de captação das águas do rio Tibagi. A primeira provinha da Associação Paranaense de Proteção e Melhoria ao Meio Ambiente (APPEMMA), fundada em 1978 pelo engenheiro agrônomo Marcos Antonio Silveira Castanheira; a segunda originava-se nos empresários da construção civil da cidade de Londrina que haviam ficado de fora do processo licitatório devido às regras estabelecidas pelo governo do Estado; e em terceiro lugar, a defesa da captação das águas do Aquífero Guarani, veiculada, principalmente, pelo Sindicato dos Engenheiros de Londrina (SENGE), através do seu diretor Nelson Amanthea.

74   Jó Klanovicz • Gilmar Arruda • Ely Bergo de Carvalho (orgs.)

Embora os interesses dos grupos sociais envolvidos fossem diferenciados, por um breve momento, no final do ano de 1982 e início de 1983, estiveram reunidos na oposição ao projeto Tibagi, possibilitando o seu adiamento. Abordaremos, neste texto, apenas os argumentos da APPEMMA e do Sindicato dos Engenheiros.

A APPEMMA surgiu por iniciativa de Marco Antonio Castanheira. Nascido em Paulo de Farias, norte do Estado de São Paulo, formou-se em agronomia na Escola Superior de Agricultura Luiz de Queiroz em Piracicaba, em 1972. Transferiu-se para o Paraná em meados da década, tendo trabalhado no Banco do Brasil e, posteriormente, ingressado no Instituto Agronômico do Paraná, (IAPAR), de onde sairia no início dos anos de 1980 para fundar a Cooperativa do Vale do Tibagi (VALCOP). A inclinação pelo ambientalismo, segundo suas próprias memórias, se originou durante o período da graduação, no qual teve contato com alguns personagens e discussões que o levaram a pensar a natureza de forma diferenciada. Com seu deslocamento para o Paraná entrou em contato com a degradação dos solos provocada pela intensa atividade agrícola, especialmente numa época na qual os cafezais estavam sendo substituídos pela lavoura mecanizada da soja, trigo e milho.

A APPEMMA, através de seu diretor, Marco Castanheira, esteve presente em vários debates relacionados à questão ambiental do final da década de 1970 até o final dos anos de 1980. A primeira delas foi a denúncia sobre as condições do Lago Igapó, formado na década de 1950 pelo represamento de um dos ribeirões da cidade. Este lago tornou-se um dos seus "cartões postais" e, no final dos anos de 1970, estava bastante degradado. A APPEMMA, além de denunciar seu estado de poluição, elaborou um projeto de recuperação e urbanização de suas margens, conforme relatou Marcos Castanheira.

Mas a participação mais intensa e abrangente foi no debate sobre o sistema de água da cidade. Neste episódio, a postura de Marco Antonio Castanheira era, sobretudo, denunciar a situação das águas do rio poluídas por "organoclorados". Em entrevistas, cartas, artigos, conferências e debates, Castanheira expôs sua opinião sobre o rio. Como, por exemplo, a longa entrevista publicada por um jornal da cidade no início dos anos de 1980.

História ambiental no sul do Brasil

Fonte: *Folha de Londrina*, 03/08/1982. Centro de Documentação e Pesquisa Histórica/Coleção Nelson Amanthea. Foto: Gilmar Arruda

Nesta entrevista, expõe seus argumentos sobre a situação do rio Tibagi e as origens da poluição de suas águas. Resumidamente, ele argumentava que sua insistência em denunciar a qualidade da água do Tibagi não era gratuita. Tendo conhecimento de toda a bacia do rio, adquirido no tempo que trabalhara como fiscal do Banco do Brasil, e munido de um mapa, apontava para os focos da poluição. O primeiro deles estava no alto Tibagi, na região de Ponta Grossa e Castro, com a poluição derivada da agricultura. Mais abaixo no curso do rio, no município de Telêmaco Borba, encontra-se a empresa Klabin, produtora de celulose, onde vários acidentes ecológicos surgiram nos últimos anos, em consequência da terrível lixívia negra, lançada à água pela indústria local de papel. Ao descrever a região de Londrina, Marcos Castanheira optou por analisar as duas margens separadamente. Argumentavam que na margem direita havia o foco da produção algodoeira do Estado, envolvendo os municípios de São Jerônimo da Será, Santa Cecília do Pavão, Assai, Jataizinho, etc. Os afluentes do Tibagi que cortam estes municípios deságuam acima do ponto de captação previsto no projeto da Companhia de Saneamento do Paraná (SANEPAR). "Nesse foco são plantados 20 mil alqueires de algodão a cada safra. E cerca de 300 mil litros de inseticidas e herbicidas são despejados, sem contar mais 25 mil litros usados em 6 mil alqueires de soja [...]". Já na margem esquerda do rio, na qual encontra-se a cidade de Londrina, a situação não seria menos grave. Ali está o Ribeirão Limoeiro, "famoso pela poluição que recebe dos hospitais, indústrias e agricultura". Tem-se também a "bacia do Três Bocas, que tem como afluente o Cambezinho – que nada mais é que Lago Igapó" (Castanheira, *Folha de Londrina*, 3 ago. 1982, p. 4). Embora nesta entrevista Marco Castanheira já tivesse incorporado argumentos de outros setores, especialmente sobre os custos, o centro de sua argumentação era a poluição do rio.

O Sindicato dos Engenheiros de Londrina, através de dois de seus diretores, Nelson Amanthea e Osvaldo Barros, teve participação intensa na discussão ao longo de 1982 e, logo após a posse do prefeito Wilson Moreira no início de 1983, participou das discussões sobre as opções de fornecimento, assunto que abordaremos mais adiante. Porém, a presença de Nelson Amanthea nas discussões sobre o sistema de abastecimento de água data do final da década anterior.

Nelson Amanthea, engenheiro civil entrevistado pelo autor em 16 de janeiro de 2009 (Londrin), nasceu em Taquaritinga, Estado de São Paulo, onde cresceu e viveu até o início da década de 1970, quando se deslocou para São Carlos, também no oeste daquele Estado, onde ingressou no curso de engenharia civil da Universidade Estadual de São Paulo (USP). Em 1978, já graduado, veio para Londrina onde começou a trabalhar na Universidade Estadual de Londrina. Seu interesse pelas águas subterrâneas remonta a sua infância na cidade de Catanduva, interior do Estado de São Paulo, quando testemunhou a perfuração de um poço artesiano nas imediações de sua casa: "Aquilo foi importante para mim, chegou a ser publicado no jornal de Catanduva, aquela água que veio lá das profundezas, e tal. Talvez isso tenha despertado em mim um maior interesse e quando eu estava estudando engenharia fiz um projeto de abastecimento de uma cidade através de água subterrânea."

Quando chegou em Londrina, diariamente havia notícias sobre as tentativas de perfuração de um poço profundo que estava sendo realizada pela SANEPAR para atingir o Aquífero Botucatu. Segundo ele, aquilo lhe chamou a atenção e começou a se inteirar do assunto. Motivado pelo

História ambiental no sul do Brasil 77

seu interesse em águas profundas, procurou saber mais dos problemas daquele poço e passou a ler edições anteriores de jornais na Biblioteca Municipal. Nesta pesquisa, acabou entrando em contato com Marco Antonio Castanheira, o presidente da APPEMMA. Segundo Amanthea, Castanheira tinha um conhecimento muito grande sobre o rio Tibagi e a sua poluição, mas pouco sobre o Aquífero. Com as pesquisas que realizou, Amanthea conseguiu entrar em contato com o geólogo responsável pela perfuração e teve acesso ao relatório técnico da perfuração do primeiro poço que foi abandonado. A relação estabelecida entre Amanthea e Castanheira a partir das reuniões que estavam ocorrendo no período permitiu que as informações sobre o aquífero que Amanthea havia pesquisado chegasse ao público através da imprensa.

O seu envolvimento no debate ficou mais evidente após 1982 e, especialmente, em 1985 e 1986, quando o projeto Tibagi foi retomado. Neste momento, articulou um movimento denominado de "Pró-Água", através do Sindicato dos Engenheiros. Para ele, o envolvimento, desde o início, foi motivado muito mais por razões éticas e racionais do que por uma demanda ambientalista. A posição de Nelson Amanthea era a defesa do aproveitamento do Aquífero Guarani, em oposição ao projeto Tibagi. Seus argumentos caminhavam no sentido de demonstrar que a captação das águas do rio era uma decisão cara, demorada e arriscada.

A opção pelo Aquífero estava colocada desde meados da década de 1977, quando tinha ocorrido a primeira tentativa de perfuração de poços profundos na cidade, realizada pela então Agência de Recursos Hídricos. Após perfurar cerca de 900 metros, não foi atingido o Aquífero. O empreiteiro responsável pela obra sugeriu perfurar mais 250 metros para atingir o reservatório, mas as autoridades responsáveis consideraram inviável economicamente a continuidade dos trabalhos de perfuração (*Folha de Londrina*, 4 abr. 1977: 5). Em meados do ano se decidiu reiniciar a perfuração, o que só veio a ocorrer no final do ano. No início de 1979 a perfuração foi definitivamente abandonada porque, segundo a empresa, a perfuração anterior continha uma inclinação (curva) que impedia a continuidade dos trabalhos (*Folha de Londrina*, 3 jan. 1979: 5). Logo em seguida começaram a perfurar um segundo poço e após dois meses foi encontrado o Aquífero a 840m de profundidade (*Folha de Londrina*, 20 abr. 1979: 4). Entretanto, as análises indicaram uma presença de flúor acima do considerado adequado para consumo humano. Após mais quase dois anos, a empresa responsável, a SANEPAR, em meados de 1982, anunciava a suspensão dos trabalhos de estudos do Aquífero e a opção pela captação das águas do rio Tibagi. Os argumentos eram obscuros e associavam custos de perfuração, desconhecimento técnico sobre o Aquífero e a quantidade de flúor. Mas, aparentemente, a possibilidade de se viabilizar uma obra de grande porte com recursos volumosos teria sido o fator decisivo para a mudança de enfoque das autoridades responsáveis (*Folha de Londrina*, 27 jul. 1982)

Neste ano de 1982, estava em curso a campanha para governador, um dos marcos do processo de transição democrática, e foi o momento no qual houve uma conjunção dos atores sociais resenhados acima que conseguiram a suspensão do processo licitatório para a construção do sistema de captação de água do rio Tibagi.

No início de agosto, Marco Antonio Castanheira deu a longa entrevista mencionada acima e publicada pelo jornal *Folha de Londrina*. No início de outubro, o delegado do Sindicato das Empresas de Construção Civil sugere o adiamento do processo licitatório. No final do mês de novembro, o governador em exercício, Hosken de Novaes, informa a ACIL que os diretores da SANEPAR viriam a Londrina para prestar esclarecimentos sobre o projeto Tibagi. Na mesma página o jornal publicava uma "carta manifesto" de Marco Castanheira pedindo a suspensão do projeto (*Folha de Londrina* 30 nov. 1982).

A reunião dos diretores da SANEPAR ocorreu no dia 30 de novembro de 1982, à noite, no auditório da ACIL. Estavam presentes o prefeito eleito, Wilson Moreira, e mais de 80 lideres classistas. Segundo o relato publicado na *Folha de Londrina*, pressionado por mais de duas horas, "em alguns momentos repreendido com aspereza e em outros ironizado por risos incontidos dos assistentes", o diretor-presidente da SANEPAR, Ingo Hubert, acabou cedendo e concordou com o adiamento do processo licitatório (*Folha de Londrina*, 2 dez. 1982: 4). Já no número de dezembro do Jornal do Comércio, editado pela Associação Comercial de Londrina, a manchete principal era "Projeto Tibagi: Sanepar poderá adiar a licitação" (Jornal do Comércio, dez.

História ambiental no sul do Brasil

1982). Como resultado das articulações e reuniões ocorridas na ACIL, foi produzido um documento endereçado ao governador com algumas sugestões, assinado por diversas associações, sindicatos e entidades (6). O documento solicitava a adoção de 5 itens: suspensão da concorrência pública; reestudo dos termos da concorrência para facilitar a participação de empresas locais; convocar representantes do setor para discutir os termos da nova concorrência; reexaminar a viabilidade do Aquífero Botucatu sobre o projeto Tibagi; reexaminar o projeto técnico de abastecimento de água em Londrina (Jornal do Comércio 8).

Na reportagem do Jornal do Comércio, não aparece a menção à poluição das águas, mas na reportagem feita pela *Folha de Londrina*, a contaminação do rio por organoclorados é um dos problemas levantados no documento que seria entregue ao governador:

> A questão da qualidade da água é outro ponto destacado pelos signatários do documento. Entendem que a opção pelo rio Tibagi, apesar de ser um rio perene, de boa vazão, de manancial renovável, 'apresenta, em contrapartida, elevados índices de poluição, com a presença marcante de venenos clorados, como um dos venenos agrícolas largamente usados em todo o seu curso, os quais trazem, pela acumulação, consequências nefastas ao organismo humano (*Folha de Londrina* 16 dez. 1982: 5).

As diferenças de enfoque revelam os interesses que cada grupo tinha na mobilização. De qualquer forma, o documento não chegou a ser entregue ao governador, mas a licitação foi suspensa.

Além das articulações envolvendo as associações profissionais e políticas, a população também se manifestava. Em Cambe, município vizinho, a oeste, que também seria abastecido pelas águas do Tibagi, ainda no ano de 1982, um "movimento popular" colocou nas ruas um abaixo assinado que no dia 03 de dezembro, segundo a reportagem, contava já com 600 assinaturas. O manifesto dizia que a cidade contava com poços artesianos que supre a cidade com água pura [e] em contrapartida a SANEPAR e seus tecnocratas pretendem captar a água do rio Tibagi para Londrina e cidades vizinhas. Um projeto caríssimo e já contestado por entidades de utilidade pública, técnicos, urbanistas, ecologistas e agrônomos. Por que teríamos que beber das águas de um dos rios mais poluídos do Paraná..." (*Folha de Londrina* 3 dez. 1982: 7).

Não era mais apenas uma questão de se encontrar novas fontes de fornecimento, mas havia agora o problema da qualidade da água. O projeto proposto pela companhia concessionária previa a captação das águas do rio Tibagi, mas este rio era denunciado por ambientalistas e sindicalistas como sendo poluído. Propunham como alternativa a exploração do Aquífero Guarani, então chamado de Botucatu, cujas águas eram percebidas como puras. Havia entre os opositores ao Projeto Tibagi outros argumentos além da ecologia, como os custos e a exclusão dos empreiteiros locais, mas foi a poluição que deu o tom, no final do ano de 1982 da movimentação, e permitiu a articulação de setores tão distintos em uma posição momentânea, senão totalmente contra o projeto, mas pelo menos com sérias restrições.

A poluição denunciada das águas do rio Tibagi era uma das consequências diretas da transformação dos processos produtivos na agricultura, ocorridos, especialmente, ao longo da década de 1970. No nascente movimento ambientalista e na emergência da era da ecologia na cidade de Londrina aparecem, portanto, um duplo feixe de forças e influências: de um lado a realidade concreta do espaço vivido, o da cidade de fronteira, cidade agrícola, sentido os efeitos da "poluição por organoclorados" e, por outro lado, a ampliação da aceitação, ou percepção, da "consciência ecológica", que abria maiores espaços para estes tipos de argumentos.

Vejamos, a partir de agora, acompanhando a proposta de Mosley, como o conflito em torno do abastecimento de água no espaço urbano revela as desigualdades sociais. A população da periferia sofria muito mais com a falta de água do que as das áreas centrais e mais antigas da cidade. No final do ano de 1984, uma forte onda de calor e de temporada seca afetou o abastecimento da cidade. Os jornais falavam em "colapso do sistema de abastecimento". A captação de água no ribeirão Cafezal havia caído de 3.000 lt/s para 800 lt/s, o que afetava, especialmente, a população mais pobre da periferia. Os locais onde estava ocorrendo a falta de água com mais intensidade eram os conjuntos habitacionais: Vivi Xavier, Manoel Gonçalves, Chefe Newton Guimarães, Parigot de Souza e São Lourenço, Jardins Bandeirantes, Claudia, Arco Íris (*Folha de Londrina* 2 nov. 1984: 5). Estes conjuntos são aqueles surgidos na década de 1970, comentado acima, cuja população moradora era oriunda na sua maioria da zona rural ou das pequenas cidades, que migraram devido à erradicação da cafeicultura das décadas anteriores.

No final do ano seguinte e no começo de 1986, a seca e o calor provocaram novamente a falta de água, levando a SANEPAR a iniciar a captação de água do lago Igapó, tão denunciado como poluído desde os anos de 1970. Na periferia repetia-se o drama. O superintende regional da SANEPAR dizia em novembro de 1985 que "nos cinco conjuntos a falta de água tem se acentuado nos últimos dias, mas a situação será resolvida amanhã" (*Folha de Londrina* 19 nov. 1985, p. 4). A seca se prolongou no início do ano seguinte, aumentando as repercussões da falta de água. Duas reportagens publicadas com intervalo de 15 dias demonstram como as consequências da seca e da escassez de água potável afetam a população de forma diferenciada, dependendo de seu padrão aquisitivo e do local de moradia. Na primeira delas, publicada em 17 de abril, o título já indicava o sentido: "Racionamento: um drama nos bairros periféricos". No texto, escrito por Phoemix Finardi Martins, temos a descrição das dificuldades enfrentadas pelos moradores da periferia para se abastecer de água em tempos de racionamento. No Jardim Novo Amparo, tinham que recorrer a uma "poça de água parada, onde proliferam girinos e pequenos animais aquáticos." Longe dos locais de moradia, esta pequena mina era o único recurso para se obter um pouco de água, trabalho realizado normalmente pelas crianças. Uma moradora, Benedita de Carvalho, dizia que tinha medo de mandar o filho porque lá tinha muitas cobras e que "não dá para lavar roupa, que fica junto num canto da casa. Também não dá para tomar banho e se quiser cozinhar, tem que ser água da mina." Uma de suas filhas é que cozinha para os outros, oito no total, quando ela se ausenta. A menina, Maria Dulcelina, com dez anos de idade, conhece bem o caminho da mina. Quando a repórter perguntou sobre a água a menina deu de ombros e respondeu: "Ferver? Não fervo, não. Cozinho assim mesmo. Mas quando venho buscar água não levo os bichos junto, que é para não ter que beber essa porcaria" (*Folha de Londrina* 17 abr. 1986: 4).

Em contraste com o drama das periferias, o racionamento imposto pela Companhia concessionária era enfrentado de forma bastante diversa no centro da cidade, provocando o aumento do consumo de água mineral. A matéria publicada no início de junho de 1986 apontava também para outro desdobramento, a reação à qualidade da água captada do Lago Igapó, a solução encontrada pela SANEPAR para aliviar a falta de água. No subtítulo da matéria o significado da desigualdade: "Duvidando da qualidade da água captada no Igapó, a parcela da população de maior poder aquisitivo recorre à água mineral e aos filtros". Segundo a o texto, a população "temerosa de consumir a água captada do Lago Igapó, vem promovendo uma verdadeira 'caçada' nos supermercados em busca de água mineral." Esta caçada teria começado quatro meses antes quando a SANEPAR iniciou o racionamento e a captação da água do Lago. Segundo uma empresa de água mineral da cidade, a procura havia aumentado desde o início do ano: "Nossas vendas aumentaram em 80% depois do racionamento da água e da notícia que a SANEPAR estava utilizando a água do Igapó. Ninguém acredita que seja mesmo potável e por isto a opção pela mineral". Esta reação era confirmada nos supermercados. Uma consumidora declarou: "Tenho uma netinha de apenas quatro meses e depois que começaram a captar água do Igapó, passamos a usar água mineral. A gente não confia nem em água filtrada pois sabemos que o índice de poluição do lago é muito alto" (*Folha de Londrina*, 6 maio 1986: 4).

A comparação entre as duas matérias acima deixa evidente a reprodução da desigualdade na apropriação dos bens naturais e, quando eles se tornam escassos ou poluídos, aumenta ainda mais as diferenças entre os que podem se proteger da ameaça e aqueles a quem não restam alternativas senão incorporar a degradação ambiental como mais um "drama" em suas vidas (7).

Notas

(1) Existem pesquisas sobre a expansão da cafeicultura no norte do Paraná acerca dos aspectos econômicos, sociais, discursivos. Os mais importantes são Reinhard Maack, "A modificação da paisagem natural pela colonização e suas consequências no norte do Paraná", *Boletim Paranaense de Geografia*, (Curitiba), nº 2/3, (1961): 29-49; France Luz, "O fenômeno urbano numa zona pioneira" (Tese, USP, 1980); Ana Y. D. P. Lopes, "Pioneiros do capital: a colonização do norte novo do Paraná" (Dissertação, USP, 1982); Nadir A. Cancian, *Cafeicultura paranaense – 1900/1970* (Curitiba: Grafipar/SECEP, 1981); Nelson D. Tomazi, "Norte do Paraná": histórias e fantasmagorias" (Doutorado, UFPR, 1997).

(2) Souza, É. C. de. *Os excluídos do café: as classes populares e as transformações no espaço urbano de Londrina*. 1944 – 1969. p. 40. A segregação do espaço urbano, criando espaços privilegiados e determinados para padrões sociais específicos, é um processo contemporâneo ao crescimento das metrópoles no século 19 e os projetos de "reforma urbana", ou seja, do surgimento da cidade disciplinar da sociedade burguesa. No Brasil, várias cidades passaram por esse processo de reforma já no início do século 20, a exemplo do Rio de Janeiro. Ver Sevcenko, N. *A literatura como missão* e Rago, M. *Do cabaré ao lar*. As ideias de higienização e organização racional dos espaços urbanos não se limitavam aos "centros' do desenvolvimento capitalista e burguês naquele período. Ver Arruda, G. *Cidades e sertões: entre a história e a memória,* p. 189-219.

(3) Ver Alves, C. L. E. *Dinâmica espacial de produção e reprodução do capital e da força de trabalho em Londrina – os Conjuntos habitacionais,* p. 90-92. Entre 1977 e 1982 foram entregues 15 mil casas para compradores de baixa renda. Casas de 21, 35 e 43m², em terrenos de 215m². A autora foi uma das primeiras

a destacar o aspecto da segregação do espaço denominado de "Cinco Conjuntos", derivada da própria ordem capitalista: "Os conjuntos habitacionais são uma faceta dessa contradição e da segregação urbana existente em Londrina. Morar numa casa popular, em especial nos 'Cinco Conjuntos', é ser segregado espacial e socialmente." p. 104.

(4) A proposição de Worster para o estudo da transformação da natureza em um modo de produção agroecológico, ecoando as análises marxistas, aproxima-se muito de uma história social. Ver Worster, D. *A transformação da terra*. William Cronon considera a proposta de Worster bastante inspiradora, mas contém alguns problemas, entre eles o fato de parecer excessivamente materialista, pois é "essencial lembrar que *alimentos*, como a *natureza,* não são simplesmente um sistema enfeixado de calorias e nutrientes que sustentam a vida da comunidade humana[...] mas são também uma elaborada construção cultural" Cronon, W. Modes of prophecy and production: placing nature in History. *The Journal of American History*, vol. 76, nº 4, 1990, p. 1124 (1122-1131).

(5) Na oposição ao projeto Tibagi e em defesa da exploração do Aquífero Botucatu/Guarani destacaram-se Marco A. S. Castanheira e Nelson Amanthea. O primeiro por ter sido, provavelmente, o primeiro ambientalista, na acepção contemporânea do termo, na cidade de Londrina. O segundo por ter sido um dos fundadores do Sindicato dos Engenheiros de Londrina e por estar presente em diversas ações no processo. A atuação conjunta destes dois personagens é uma das evidências do entrecruzamento entre ambientalismo e movimento social no período.

(6) As associações que assinaram o documento eram: Associação Comercial e Industrial de Londrina; Clube de Engenharia e Arquitetura; Sindicato dos Engenheiros; Delegacia do Sindicato da Indústria da Construção Civil do Paraná; Associação Paranaense de Proteção e Melhoria do Meio Ambiente (Appemma); Associação dos Advogados; Associação Odontológica Norte do Paraná;

História ambiental no sul do Brasil · 85

Sindicato dos Empregados no Comércio; Instituto dos Arquitetos do Brasil; Clube dos Amigos da Rua Sergipe; Conselho de Diretores Industriais; Sindicato do Comércio Varejista; Metrópole do Norte do Paraná (Metronor).

(7) No início de 1986, quando a SANEPAR iniciou o racionamento e adotou medidas para captar água no Lago Igapó, a *Folha de Londrina* publicou uma matéria na qual aparecem os depoimentos de oito moradores da cidade. No quadro o subtítulo era: "Pior é ficar sem água". Diziam os entrevistados, entre outras coisas: "Quando a gente está com sede bebe água até de radiador [...], aquela água [do Igapó] tem muito esgoto", "Beber água do Igapó é bom, o que não é bom é ficar sem beber", "É muito suja [...] Ficar sem fogo dá, sem água...", "Vai ser uma dureza[...] O lago é muito sujo..."; "A opção para quem não quer beber essa água é comprar água mineral"; "Já estou providenciando um filtro de torneira[...] Para mim está tudo bem beber a água do Igapó. Não tem problema, desde que não falte."; "Acho um erro, porque o lago Igapó é muito poluído[...] O meu ponto de vista é que as águas do Tibagi, apesar de poluído, é a melhor solução"; "É péssimo, porque o lago tem muito esgoto das casas[...] Se faltar água vai ser a única solução...". *Folha de Londrina*. Londrina. Sanepar reativa racionamento. 08/01/1986, p. 5.

Trabalhos citados

Alves, C. L. E. Dinâmica espacial de produção e reprodução do capital e da força de trabalho em Londrina – os Conjuntos habitacionais

Amanthea, N. *Entrevista concendida a Gilmar Arruda*. Londrina/PR, 16 jan. 2009.

Arruda, G. "Ideias para uma História Ambiental das pequenas cidades do século XX". *Maquinações: ideias para o ensino de ciências*, Londrina-UEL, vol. 1, 2007, p. 18-20.

_____. Monumentos, semióforos e natureza nas fronteiras. In: Arruda, Gilmar (org.). *Natureza, fronteiras e territórios: imagens e narrativas*. Londrina: Eduel, 2005, p. 1-43.

_____. *Cidades e sertões: entre a história e a memória*. Bauru: Edusc, 2000.

Brannstrom, C. Was Brazilaim industrialisation fuelled by Wood? Evaluating the wood hypothesis, 1900-1960. *Environment and History*, 11, 2005, p. 395-430.

Cortez, Blanca Estela Suárez (coord.). *História de los usos dela água em México: oligarquías, empresas y ayuntamentos (1840-1940)*. México: Comisión Nacional del Água, CIESAS, IMTA, 1998.

Cronon, W. Modes of prophecy and production: placing nature in History. *The Journal of American History*, vol. 76, nº 4, 1990, p. 1122-1131.

Cunha, F. C. A. *Crescimento urbano e poluição hídrica na zona norte de Londrina* – PR. Mimeo (Dis. Mestrado em Geografia/Unesp), 1997, p. 50-2.

Delgado Guilherme, C. Expansão e modernização do setor agropecuário no pós-guerra: um estudo da reflexão agrária. *Estudos Avançados* 15 (43), 2001, p. 164.

Folha de Londrina, Londrina, Noel Lobo explica o abandono do poço: acabou o dinheiro. 14/04/1977, p. 5. CDPH/Coleção Nelson Amanthea.

_____. Cambé não quer água do Tibagi. 03/12/1982, p. 7.

_____. Cresce o consumo de água mineral. 06/05/1986, p. 4.

_____. Documento com pedidos não chegou a ser enviado. 16/12/1982, p. 5.

_____. Prefeito pensa em decretar estado de emergência. 19/11/1985, p. 5.

_____. Racionamento: um drama nos bairros periféricos. 17/4/1986, p. 4.

_____. Sanepar tentará atrasar início do Projeto Tibagi. 02/12/1982, p. 4.

História ambiental no sul do Brasil 87

_____. Sistema de Abastecimento de água entra em colapso. 02/11/1984, p. 05.

Hobsbawm, E. J. *A era dos impérios.* Rio de Janeiro: Paz e Terra, 1988.

Jornal do Comércio. Orgão official da ACIL, Editorial: Por uma solução democrática. Dezembro de 1982. p. 2.

López, R. L. *Una vista de ojos a una ciudad novohipana. La Puebla de Los Angeles del Siglo XVII.* Puebla de Los Angeles: Jesús Antonio Gonzáes Bernal (ed.), 2008.

Mendonça, F. A. *O clima e o planejamento urbano de cidades de porte médio e pequeno. São Paulo.* Mimeo (Tese de Doutoramento em Geografia- USP), 1994.

Mosley, S. *Common ground*: integrated social and environmental history.

Mota, L. T. A construção do vazio demográfico. In: *A guerra dos índios kaingang:* a história épica dos índios kaingang no Paraná (1796-1924). Maringá (PR): Eduem, 1994.

Osorio, Julían Alejandro Osório. *El rio Tunjelo en la história de Bogotá, 1900-1990.* Bogotá: Alcadia Mayor de Bogota D. C., 2007.

_____. Los cerros y la ciudad. Crisis ambiental y colapso de los rios em Bogotá al final del siglo XIX. *Anuário de Ecologia, Cultura y Sociedad.* Havana: Fundacion Antonio Nuñez Jimenez de La Naturaleza y el Hombre. Ano 5, nº 5, 2005, p. 129-143.

Rebouças, A. *et al* (orgs.). *Águas doces no Brasil:* capital ecológico, uso e conservação. 2ª ed. revisada e ampliada. São Paulo: Escrituras Editora, 2002.

Sevcenko, N. O prelúdio republicano, astúcias da ordem e ilusões do progresso. In: Novais, F. (org.). *História da vida privada no Brasil. República:* da Belle Époque à Era do Rádio. São Paulo: Companhia das Letras, 1998, p. 7-48.

88   Jó Klanovicz • Gilmar Arruda • Ely Bergo de Carvalho (orgs.)

Silva, W. R. da. Fragmentação do espaço urbano de Londrina. *Geografia: Revista do Departamento de Geociências*. Londrina, vol. 10, n° 1, jan/jun/2001, p. 5-15.

Souza, É. C. de. *Os excluídos do café: as classes populares e as transformações no espaço urbano de Londrina, 1944-1969*. Mimeo (Dis. mestrado em História – UEM), 2008.

Tomazi, N. D. *Norte do Paraná: história e fantasmagorias*. Curitiba, Mimeo (Tese de Doutoramento, Universidade Federal do Paraná), 1997.

Worster, D. Transformações da terra: para uma perspectiva agroecológica na história. *Ambiente & sociedade*. Campinas, vol. 5, n° 2, 2003.

Navegação e conquista
O Rio Iguaçu para a província do Paraná (1856)

por Cezar Karpinski

NESTE CAPÍTULO, apresento algumas reflexões sobre construção discursiva, representações e apropriações do rio Iguaçu em alguns documentos paranaenses do século 19. Com a emancipação política do Paraná em 1853, se constituiu um anseio/desejo governamental de tornar os rios da nova província navegáveis. Este fator fez com que se desencadeasse uma série de ações e políticas de dominação humana sobre estes ambientes hídricos. Sobre o rio Iguaçu, por exemplo, emergiu uma série de discursos voltados às especificidades estratégicas que ele poderia representar para a Província do Paraná, caso fosse nele possível a navegação, pois é um rio que corta todo o território paranaense no sentido leste a oeste. De Curitiba até sua foz no rio Paraná, o rio Iguaçu percorre mais de 1.200km recebendo inúmeros afluentes. O desejo de navegar por todo esse caminho percorrido pelo Iguaçu foi alimentado por discursos que idealizaram a navegação em todo o seu curso. Enquanto os rios Ivaí e Tibagi, situados ao norte da Província, eram mais visados pela política imperial devido às possibilidades de ligação entre as Províncias de São Paulo e Paraná com a de Mato Grosso, o rio Iguaçu passou a ser idealizado como a possível ligação entre a capital Curitiba e o interior da Província, desde que "mapeado" e "endireitado".

Sendo assim, procuro refletir sobre as primeiras representações sobre a navegação no rio Iguaçu em dois discursos de representantes governamentais da província do Paraná. Trata-se dos discursos de Zacarias de Góes e Vasconcellos, primeiro presidente da Província, e de seu vice-presidente Henrique de Beaurepaire Rohan, em relatórios de 1854 e 1856. Percebe-se o início das discussões sobre aproveitamento dos recursos do rio, bem como sobre mapear e transformar o rio Iguaçu num agente de crescimento e progresso da Província. Esses documentos possibilitam análises e reflexões sobre os tipos de formas de apropriação da época e

92 Jó Klanovicz • Gilmar Arruda • Ely Bergo de Carvalho (orgs.)

a construção de um desejo de dominar tudo o que, segundo estes governantes, a natureza "mimoseava" a Província do Paraná. Essas discussões foram inspiradas a partir das leituras de Holanda (1945), Leonardi
(1999) e Arruda (2004; 2008). Com a obra de Holanda (1945) percebe-se
que os rios sempre foram pensados como espaços de possibilidades para
locomoção, para ligação entre os centros governamentais e o chamado
"sertão brasileiro" nos séculos 17 e 18. Além disso, Holanda é um dos
primeiros autores a discutir as representações seculares sobre rios e navegação no Brasil em seu livro *Monções*. Com Leonardi (1999) e a obra
Os historiadores e os rios, tem-se uma rica discussão sobre o papel social
dos rios da Amazônia na história de dominação da natureza. Sobre os
rios paranaenses foram importantes as contribuições de Arruda (2004;
2008), que principiou os estudos sobre o papel dos rios nas relações entre
governo e apropriação/dominação/exploração da natureza no Estado do
Paraná a partir do século 18. Ao estabelecer essas relações históricas entre
governantes paranaenses e os rios do Paraná, Arruda elencou uma série de
possibilidades de utilização de fontes e metodologia que contribuíram de
forma significativa para as discussões presentes nesta pesquisa.

Rios, desafios e conquistas no discurso do primeiro presidente da Província do Paraná

Desde o primeiro discurso de Zacarias de Góes e Vasconcellos
(1815-1857) em 15 de julho de 1854, os rios aparecem como espaços que caracterizam a Província do Paraná. A antiga Comarca de
Curitiba, pertencente até 1853 à Província de São Paulo, foi elevada
à categoria de Província Imperial no dia 19 de dezembro de 1853 por
força da Lei Imperial nº 704 de 29 de Agosto de 1853, e, como tal,
passou a ser constituída, no discurso de seus dirigentes, através de
marcos que fornecessem identidade e distinção às outras províncias do
império. Assim, as características naturais paranaenses emergiram nos
discursos de seus representantes como elementos legitimadores tanto
da elevação do *status quo* quanto da esperança de crescimento e progresso econômico que tanto almejavam os detentores do poder político

imperial na segunda metade do século 19. Afinal, como relata o primeiro Presidente da Província do Paraná, a transformação da "antiga e atrazada comarca da Curityba, na esperançosa provincia do Paranã" não poderia ser retardada por mais tempo. Sendo assim, a construção da nova província deveria se consolidar naquilo que a diferenciava das outras, tanto em seus aspectos econômicos e sociais, quanto nas características de seu território físico, isto é, nas particularidades naturais.

A importância de localizar a Província do Paraná dentro de um espaço geográfico que possibilitaria o progresso está já nas primeiras frases do discurso de Góes e Vasconcellos. Além disso, ele fez questão de frisar como a natureza fora generosa com a nova província, tendo inserido em seus territórios agentes naturais que contribuiriam muito para seu desenvolvimento, tais como: mar, rios, clima saudável e solos férteis. O teor inicial de seu discurso apresenta bem essa caracterização da província:

> Banhada, de hum lado pelo Oceano, onde lhe não faltão bons portos, de outro pelo magestoso Paranã, cortada de rios consideraveis, no gozo de hum clima reconhecidamente saudavel, com terrenos fertilissimos, que prestão-se aos mais abundantes e variados productos, tinha a 5.ª comarca da província de S. Paulo direito e proporções para haver subido á hum elevado gráo na escala dos melhoramentos, que caracterisão a civilisação moderna. (Paraná, 1854, p. 1)

Segundo Góes e Vasconcellos, essas características atribuídas ao natural por si só já dariam direito e proporções para que esse espaço, antes pertencente à Província de São Paulo como mera Comarca, fosse instalada como uma província imperial. Os primeiros pontos positivos da província já iam se delimitando, principalmente sob os aspectos naturais. Nessa "fala" de Vasconcelos, percebe-se como os enunciados referentes à presença da água (oceano e rios) permeiam um discurso que busca legitimar a elevação política do Paraná no cenário imperial do Brasil oitocentista. É importante notarmos que o oceano e seus portos, o "majestoso" rio Paraná e os outros "consideráveis rios" sempre fizeram parte do espaço que outrora pertencia à Província de São Paulo, no entanto, esses fatores não eram suficientes para torná-lo independente até meados do Século 19. Contudo, neste discurso solene de abertura tanto da Assembleia como do próprio governo provincial, esses fatores ganham uma ênfase legitimadora de práticas políticas. Certamente, Góes e Vasconcellos sabiam da importância histórica que poderia representar seu primeiro pronunciamento como Presidente da Província do Paraná e, assim, há de se levar em conta a força retórica do discurso notavelmente político e carregado de intenções de se fazer histórico. Entretanto, é intrigante essa utilização das características naturais da *neo*-província como ponto de partida para outras associações referentes à civilização e modernidade.

O que significaria, para Góes e Vasconcellos, elevar-se na escala de melhoramentos? O que entender como caracterização da civilização moderna? Diante dos inúmeros problemas que a província encontrava, de ser enorme e sem vias de acesso, sem infraestrutura, seria a natureza mesmo tão benéfica a ponto de esconder todas as outras fragilidades? Preferimos pensar que, neste momento, o discurso que legitimava a existência da Província apontava as belezas naturais de forma ilustrativa, posto que, por essa exuberância natural, a Província encontraria enormes dificuldades para se manter política e economicamente. Há de se lembrar que foi por conta das imensas florestas que a imigração custou a se instalar na Província, foi por conta das águas revoltas dos rios que a navegação não conseguia adentrar o interior das terras paranaenses, tendo em vista que, pela falta de estradas abertas por entre as matas, o desejo era percorrer os rios fazendo deles as necessárias vias de acesso. Enfim, uma porção de fatores fazia esta abundante "Natureza" ser contraditória à tão sonhada "Civilização Moderna".

O certo é que, para Góes e Vasconcellos, essa característica natural da província, além de servir como marco identitário, representava um desafio aos governantes. Penetrar o interior paranaense, sulcar as águas de seus rios e transportar suas riquezas para outras localidades do império fornecia aos dirigentes a oportunidade de conquistar esse território. O discurso de que tudo ainda estava por fazer, que aquele era o início de um futuro e almejado desenvolvimento, atualizava os signos da "necessária" submissão da natureza à vitória do trabalho.

História ambiental no sul do Brasil   95

> E no entanto sabeis, e resultará do imperfeito trabalho, cuja
> leitura vou fazer, contando com vossa benevolencia, que, á
> muitos respeitos, tudo está por principiar, de sorte que se,
> por huma parte, grande jubilo toca-vos pela distincta honra
> de serdes os primeiros representantes da nova provincia, tam-
> bem, por outra, he assegnalada a responsabilidade, em que
> estaes os vossos comprovincianos, os quais anciosos, esperão
> que sua primeira assembléa com mão destra e afortunada
> lance as bases de seo progresso e indispensavel no presente,
> e ulterior desenvolvimento no futuro. (Paraná, 1854, p. 1)

Ao dirigir-se à Primeira Assembleia Constituinte Provincial, Góes e Vasconcellos lançou o desafio de fundamentar o progresso no presente e o desenvolvimento futuro e, como esse argumento se encontra na sequência do discurso sobre as características naturais da Província, entendemos que a base desta formação discursiva em torno do progresso e do desenvolvimento é a conquista, pelo trabalho, da natureza. De certa forma essa discussão remete a Thomas (31) que, ao analisar o predomínio humano sobre a natureza na Civilização Ocidental, nos diz que do Medievo à Modernidade, a expressão "civilização humana" era virtualmente sinonímia de conquista da natureza. Com um teor semelhante, entende-se que, para Góes e Vasconcellos, a responsabilidade de trabalhar "com mãos destras e afortunadas" a fim de fundamentar o crescimento econômico da província, tinha um objetivo bem delimitado: utilizar os recursos naturais, transformá-los em riqueza para a Província e garantir com isso o progresso e o desenvolvimento à custa de uma "implícita" conquista da natureza.

Desde o primeiro relatório de Presidentes da Província encontram-se narrativas que mostram o anseio de constituir a navegação no rio Iguaçu. No entanto, a falta de conhecimento sobre o rio impunha sérios limites para esta empresa. O que se tinha em 1854 eram ainda as antigas descrições feitas no período colonial e destas, poucas contribuíam para um estudo da viabilidade de navegação. O certo é que, segundo o relatório de 1854 de Góes e Vasconcellos, se tinha o conhecimento de que populares utilizavam uma parte do rio como via de transporte desde o Salto do Caiacanga (localidade que mais tarde fará parte de Porto Amazonas) até o

Porto da Vitória (enseada que ficava a algumas léguas abaixo da localidade que mais tarde chamar-se-á União da Vitória). "O Yguassú, que presta-se com grande proveito dos habitantes do interior à navegação de canôas em certa extensão desde Cahiacanga até o porto da Victória, he mal conhecido d'ahi em diante". (Paraná 77)

Segundo Maack (356) o Salto da Caiacanga é uma importante cachoeira com um desnível de nove metros e com volume médio de água de 54m³/seg. Está localizada nas proximidades do atual município de Porto Amazonas e sua formação é geologicamente devida à passagem do primeiro para o segundo planalto paranaense.

A falta de conhecimento sobre o rio é, desde o início da história da Província do Paraná, o fator que desencadeia uma série de questionamentos sobre as reais condições de navegação no Iguaçu. O certo é que o maior desejo político em torno deste rio no início dos anos de 1850 era transformá-lo num caminho viável que possibilitasse a ligação entre os campos de Curitiba e Palmas às fronteiras do Paraguai e da Argentina, visto que o Iguaçu deságua no rio Paraná bem abaixo do que, no século 19, se conhecia como o Salto Grande do Paraná (as hoje submersas Sete Quedas). Contudo, é interessante notar que em 1854 havia já um consenso quanto à impossibilidade de fazer grandes ligações na Província pelos rios por dois motivos: as cataratas do Iguaçu, cuja "descoberta" se deu ainda no século 16 por Cabeza de Vaca e pelo Salto Grande do rio Paraná (as hoje submersas Sete Quedas). Para entender melhor essa "geografia" imprópria para uma navegação que fosse capaz de unir as várias regiões da Província que possuía tantos rios, é importante ressaltar que, se não existissem esses empecilhos geológicos, poderia ser traçada, nos rios paranaenses, uma estratégia de transporte que seria capaz de unir todas as regiões da então Província. Ao norte, os Rios Ivaí e Tibagi poderiam servir de caminho até o rio Paraná, pois nele deságuam, contudo desembocam suas águas acima do Grande Salto, batizado mais tarde de Sete Quedas. Se não existisse esse "Grande Salto do Paraná", nem as Cataratas do Iguaçu, o caminho seria perfeito, pois do Norte chegariam ao Oeste, com grandes chances então de seguir pelo Iguaçu até o Caiacanga, região de Porto Amazonas, onde a navegação do Iguaçu já era realizada. Dali se estaria próximo de Curitiba e das vias de comunicação até o porto de Paranaguá.

História ambiental no sul do Brasil 97

Além disso, possibilitaria um acesso continuo entre as Províncias do Paraná e Mato Grosso, o que serviria em muito os anseios do Império de adentrar o chamado "sertão" mato-grossense. Contudo, tanto as cataratas do Iguaçu, na época provincial conhecida como "Grandes Saltos de Santa Maria do Yguassú", e as Sete Quedas, Salto Grande do rio Paraná – impossibilitavam essa rota idealizada pelos governantes do Império do Brasil. Sendo assim, o desconhecimento não era total sobre a geografia dos rios paranaenses, haja vista as descrições seculares das Sete Quedas e das Cataratas do Iguaçu. Era sabido que, mesmo que descobrissem alguns pontos possíveis de navegação, esta só poderia ser feita em trechos curtos e ligando o interior ao interior, o que não interessava à Província, já que esse "interior" era, para os governantes, uma região de floresta intransponível e reduto apenas de indígenas. Mesmo assim, o relato de Góes e Vasconcellos apresenta interessados em fazer uma expedição ao rio Iguaçu:

> Pedro de Siqueira Cortes, residente em Guarapuava, que a provincia conhece pela influencia que teve, a poucos annos, na descoberta dos campos de Palmas, offereceo-se á presidencia para, como parte de maior exploração, que se propõe a fazer, explorar também o Yguassú descendo por elle até sua confluencia com o Paranã, huma vez que receba dos cofres publicos o auxilio de 2:000U000. (Paraná 77)

Pedro de Siqueira Cortes era um conhecido bandeirante curitibano, cuja historiografia paranaense o aponta como um dos "desbravadores" dos campos de Palmas e, principalmente, o homem que "descobriu" o Vau do rio Iguaçu em 1842, espaço manso e raso por onde se fez, a partir de então, a travessia dos tropeiros que vinham do Sul em direção aos Campos Gerais de Curitiba. Pela quantia de 2:000U000 (dois contos de réis), Pedro de Siqueira Cortes se ofereceu à atividade típica dos bandeirantes oitocentistas de explorar o rio Iguaçu até sua confluência com o rio Paraná. Nesta empresa, não há como negar que os interesses de tal atividade não estavam mais relacionados apenas ao fato de descobrir "caminhos navegáveis", como perceberei adiante, mas uma forma de demarcar de uma vez por todas a presença branca nos perdidos territórios do Iguaçu.

Minhas fontes não apontam para a realização desta empresa, visto que, em outros relatórios, serão outros "aventureiros" que tentarão fazer essas viagens; contudo, é importante para nossa reflexão que, desde o primeiro ano de instalação da Província do Paraná, o rio Iguaçu e seus espaços e territórios representavam um desafio à política provincial. Havia a necessidade de explorar, conhecer, demarcar e delimitar o espaço que o rio banhava entre o que hoje chamamos de União da Vitória e as Cataratas, os grandes saltos cuja existência já se tinha consciência em 1854 e que inviabilizavam os sonhos de navegação.

> Apresso-me, porem, em declarar, que em meu conceito o plano de exploração, que, em parte, propõe-se reconhecer o Yguassú até sua confluência no Paranã, por mais satisfactorio resultado que obtenha, não hade achar-lhe as proporções de navegabilidade que serião para desejar, desde que he já constante, que, alem da extraordinaria rapidez da corrente desse rio, e de varios saltos, que conservão em grande agitação as suas águas, hum salto ha, entre outros, cerca de tres léguas de sua confluência com mais de 100 braças de largura e 170 pés de altura que estorva a sua navegação. (Paraná, 1854, p. 78)

Neste sentido é que questionamos os constantes discursos voltados à navegação para legitimar as explorações ao rio Iguaçu, pois, como vemos neste recorte, já se tinha consciência do insuperável salto existente a uma distância de três léguas acima da confluência com o Paraná. Sendo assim, tudo nos leva a crer que o desejo de descer as águas do Iguaçu era movido não apenas pela ânsia de estabelecer novas vias de transporte. Motivações como o fascínio em descobrir novos espaços e lugares para anexá-los à geografia da nova província, o prazer da "descoberta" e a consequente apropriação destes territórios naturais tidos como "virgens e intocados" certamente permeavam os objetivos de tais expedições. Além disso, "descobrir" e "possuir" os territórios até então só conhecidos e ocupados pelos indígenas são verbos que sempre estiveram no vocabulário político dos governantes e dos denominados "brancos" em geral. Enfim, uma série de objetivos está inclusa nestas "propostas" de expedições ao "desconhecido" rio Iguaçu.

Em outros relatórios, perceberemos que vários personagens aparecerão para "tomar posse" das terras banhadas pelo rio em questão, cujos discursos sempre dão às atividades exploratórias um aspecto de busca por lugares navegáveis. Entretanto, nenhuma delas conseguiu cruzar o Iguaçu de Leste a Oeste no período provincial, pois o rio foi implacável e insuperável em muitas tentativas. Vários relatos nos trarão o conhecimento de explorações terminadas antes do prazo ou impossibilitadas pelas desgraças causadas às expedições. Contudo, o pano de fundo para a legitimação de um processo exploratório e de apropriação do rio era sempre o de tornar o mesmo navegável.

O "Yguassú" e as primeiras formas de navegação: um espaço de sociabilidades

Em 1856, o vice-presidente em exercício ainda na gestão de Góes e Vasconcellos, Henrique de Beaurepaire Rohan (1812-1894), levava outras informações sobre a situação de navegabilidade nos rios paranaenses e entre eles uma realidade de navegação no rio Iguaçu:

> Yguassú. – Este rio, que tem sua origem próximo á serra do Mar, nos municípios de Curityba e São José dos Pinhaes, não é navegavel em todo o seu curso, por causa das rochas que o obstruem, e muito mais pelo magnifico salto que apresenta, poucas leguas antes de lançar-se no Paranã. Entretanto, no lugar chamado *Cahyacanga*, ou Portão, a 2 ou 3 léguas da freguezia da Palmeira, até o porto da União, no districto de Palmas, offerece navegação facil para canôas, e neste sentido tem já prestado serviços. Esta viagem, que se effeitua aguas abaixo em 5 a 6 dias, e aguas acima em 10 a 12, é um grande recurso para transporte de mercadorias pesadas que vão para Palmas. (Paraná 1856, p. 168)

Estas informações foram passadas ao presidente da província pelo coronel Joaquim José Pinto Bandeira, que possuía conhecimentos topográficos e havia navegado no Iguaçu desde o Salto *"Cahyacanga"* até o "Porto da União". Percebe-se que ao se passar dois anos desde a instalação da Província, o governo provincial procura noticiar à Assembleia Legislativa que a navegação no Iguaçu era um recurso importante para o transporte das mercadorias que se destinavam a Palmas e que de lá vinham para a Capital. Essas mercadorias pesadas, principalmente o sal, que saíam de Curitiba, tinham por destino as pequenas canoas que desciam o rio Iguaçu encurtando a viagem que rumava aos Campos de Palmas. Esse dado é importante para traçar todo um itinerário de destinos e viagens que se fazia no interior da Província. Dentre esses espaços constituídos por rudes estradas e/ou picadas por entre as matas, o rio Iguaçu representava, sem dúvida, uma trajetória de velocidade, principalmente nas viagens de Curitiba a Palmas, que tinham o "privilégio" da descida do rio que se fazia em cinco ou seis dias.

Além disso, por estes caminhos várias relações sociais foram se fortalecendo ao longo do tempo, fazendo com que indígenas, moradores ribeirinhos, canoeiros, comerciantes e políticos imperiais se encontrassem constantemente em espaços que iam se tornando comuns pelas constantes trajetórias feitas no transporte de mercadorias. Se fizermos as contas entre os dias de subida e descida do rio, perceberemos que tanto o rio como os outros itinerários foram constantemente percorridos naquela época, haja vista a constante necessidade dos bens e mercadorias que o interior necessitava. O sal, por exemplo, era um gênero imprescindível e que constantemente se fazia necessário às fazendas que se dedicavam à criação de gado.

A historiografia paranaense constantemente remete-nos à importância destes itinerários de transporte de mercadoria e gado na constituição dos pequenos lugarejos que foram se tornando vilas, freguesias e posteriormente as cidades que hoje conhecemos pelos nomes de Palmeira, Porto Amazonas, São Mateus do Sul, Porto União, União da Vitoria. Tais municípios, se atualmente não trazem as características culturais de cidades de passagem, pelo menos têm em comum o fato de terem se constituído nas relações realizadas principalmente nestes itinerários de transporte de cargas. Caminhos esses traçados a partir de um eixo muito específico cujo rio Iguaçu, ao mesmo tempo em que se fazia destino, constituía também os caminhos por onde os primeiros "paranaenses" brancos andaram e iniciaram um processo de povoamento nos antigos "territórios interioranos".

Desta forma, entendemos que o papel do rio Iguaçu na história do Paraná ultrapassa o da importância de suas águas para a navegação nestes primeiros anos da Província. Concordamos com a afirmação de Schöttler (2000, p. 9), quando da sua apresentação ao ensaio de Febvre (2000) sobre o rio Reno, de que "os rios também têm uma história". Contudo, entendemos que os rios, mais do que possuir "uma" história, são constituintes de várias histórias, pois muitas experiências de sociabilidade se deram ao longo do tempo a partir de uma rede de relações humanas nestes espaços denominados "rios". Nesta pesquisa, especificamente, seria muito óbvio afirmar que todos os caminhos que visavam o transporte de carga com mais velocidade aos destinos que não possuíam estradas fazem parte da história do rio Iguaçu. No entanto, outras relações se desenrolaram nestes espaços primeiramente destinados ao transporte e que também constituem várias histórias onde se entrelaçam e se emaranham não apenas os caminhos, mas o próprio rio enquanto signo, significado e significante de uma multiplicidade de experiências.

Quando percebemos as descrições geográficas sobre o rio Iguaçu, contidas nas fontes do período aqui analisado, elas o impõem como o signo "rio", cujos desdobramentos da própria palavra já levam ao entendimento de um curso de água que nasce em um lugar e que percorre certo caminho, às vezes longo, até se jogar no mar ou em outro rio cuja altitude lhe seja menor, possibilitando, assim, o escoamento de águas sempre regido do pela lei de que os rios devem descer e que os maiores serão aqueles que se fizeram mais baixos, em menor altitude que os outros. A este "rio-signo" se estabeleceram, ao longo da história, várias possibilidades de utilização. No caso do Iguaçu, a representação que se constrói é a de um caminho livre de florestas, mesmo correndo por entre elas, e que poderia ser capaz de ligar uma população à outra, uma cidade à outra, uma cultura à outra.

Neste ponto, pode-se pensar sobre as inúmeras trocas que se fizeram entre os humanos que se comunicaram ao longo do tempo. Lembramos de Diamond (2001), que chegou a afirmar que as desigualdades tecnológicas das sociedades humanas ao longo dos tempos se deram por dois motivos: a existência de um ambiente favorável à inventividade e criatividade humana e a possibilidade de troca de experiências científicas a respeito das formas de exploração dos recursos naturais em que estavam inseridas tais sociedades. Sendo assim, podemos inferir que todo e qualquer meio que permitiu o contato entre os humanos agregou às sociedades muito mais do que conflitos, pois em cada contato, aprimoravam-se as formas de dominação à natureza. Neste sentido, o rio acaba por colaborar nesse processo, visto que, ao facilitar a locomoção, sempre se faz presente nas relações de contato entre as comunidades humanas.

Em outros momentos, quando das fontes fazemos emergir as várias discussões sobre as aspirações em conhecer o rio Iguaçu, explorar suas águas, adentrar por sobre os caminhos percorridos e que os brancos não haviam ainda conhecido, mapeado, explorado, percebemos todos os significados do rio para a sociedade. No caso do Paraná oitocentista, cujos representantes já adotavam o anseio de progredir, crescer e enriquecer, mas que não dispunha de tecnologia suficiente para isso, o rio Iguaçu significou uma possibilidade e em torno deste significado se construiu uma série de representações de navegação, de velocidade, de agilidade no transporte das mercadorias. Neste momento, o "rio-significado" se impõe como um desafio que precisava ser vencido a fim de que sua natureza pudesse servir às necessidades daqueles que o desafiavam.

Consequentemente, nesse caminho entre signo e significado, percebemos que à medida em que os humanos vão se relacionado com o rio, fazendo uso dele e inserindo-o em suas atividades, sejam elas de navegação, expedição e qualquer outro tipo de exploração (pesqueira, utilização de suas águas para limpeza, lazer ou criação de animais), outras relações vão se estabelecendo, entre os próprios humanos. Nestas atividades, os humanos se encontram e tecem uma série de relações que, mesmo não estando diretamente ligadas ao rio, dele emergem. Imaginemos a construção de portos, de casas comerciais que surgem para suprir as necessidades dos navegantes, enfim, uma série de atividades que podemos ir intercalando a estas que fazem com que o rio passe a ser também aquilo que dá significado e que podemos estabelecer como uma história das pessoas que viveram de alguma forma às suas margens.

Sendo assim, entendemos que o "rio-significante" é aquele que dá condição de possibilidade à emergência de várias histórias. No caso do Iguaçu, podemos citar o estabelecimento de cidades às suas margens ou ao longo dos caminhos que levavam os paranaenses ao rio, aos encontros entre brancos e indígenas, à história de mapeamento regional com fins exploratórios, às novas formas de tecnologias que sugiram para suprir as dificuldades de acesso como pontes, pontilhões, balsas e outros tipos de embarcações. Enfim, entendemos que o rio Iguaçu, além de ter sua história, se confunde também com a própria história de toda a região da antiga Província e hoje Estado do Paraná, cujas terras ele serpenteia.

Entre todo esse emaranhado de discursos por onde se inscrevem essas noções de signo, significado e significante, não há como deixar de estabelecer as várias relações entre os seres humanos com um dado ambiente, neste caso o rio. Nos destaques ao rio Iguaçu e às possibilidades de exploração do mesmo, os discursos proferidos pelos presidentes de província nos possibilitam discutir práticas que se constituem diante de um desejo de dominação do "mundo natural". O rio não está apenas representando os acontecimentos e fatos narrados nestes relatórios, neste caso específico, a navegação. Ele passa a fazer parte, neste momento, de uma prática que busca constituir relações bem delimitadas entre homem e natureza, pois ao discursar sobre os projetos ou as realidades de navegação, tanto Góes e Vasconcellos quanto Beaurepaire Rohan estão confirmando uma relação de domínio entre os paranaenses e as águas do Iguaçu. Juntamente com esse domínio, se estabelece todo um jogo de interconexões com outros tantos interesses, sejam eles de relatar o trabalho do governo, de noticiar as conquistas da nova província ou um possível aumento de riqueza para a coroa nestas "melhorias" nos transportes. A constituição, no discurso, da navegabilidade do rio Iguaçu neste período de 1854-1856, quer passar a imagem do Iguaçu como o rio que possibilitaria progresso e, além disso, o construiu como um objeto cuja posse pertencia à Província do Paraná. Ao tratar o rio Iguaçu quase como um "objeto de desejo", os discursos dos dois governantes aqui analisados constroem também a necessidade de dominá-lo e, consequentemente, vão surgir políticas e ações incisivas para essa prática dominadora. Primeiramente as visitas, as explorações, as viagens, mas, posteriormente, o desmatamento de suas margens, a construção de barragens e tantas outras atividades que transformaram as paisagens do rio Iguaçu e do território percorrido por ele.

Considerações Finais

Embora a produção historiográfica sobre as relações/interações entre humanos e meio ambiente tenha crescido significativamente nas últimas décadas, em grande parte graças aos trabalhos de historiadores ligados à História Ambiental, ainda são desafiadoras as abordagens neste campo de análise, pois muitas vezes novas metodologias e perspectivas se impõem para dar conta das discussões. Olhares muitas vezes "viciados" precisam ser "destreinados" para ver em fontes há tanto utilizadas, como foi o caso dos relatórios de presidentes de província, novas formas de compreender as relações humanas com seu ambiente. Desta forma, o caminho que percorremos nessa pesquisa sobre a história de discursos e representações sobre o rio Iguaçu é, assim como ele, repleto de barreiras e limites, de saltos e de remansos, onde por vezes, os argumentos fluem com rapidez e agilidade e em outras circulam e rodopiam com dificuldade de avançar.

No entanto, pelo menos neste artigo, as reflexões nos fazem perceber o rio Iguaçu como um agente que, ao mesmo tempo em que constitui discursos e representações, é também por estes constituído. As fontes, assim como teias, vão amarrando um significado a outro, uma ação à outra, sempre no intuito de transformar o rio num agente útil às necessidades da Província do Paraná. As práticas de exploração e conhecimento da espacialidade e características do rio Iguaçu no início da província deslindam um começo, um principiar de ações voltadas ao domínio e à conquista da natureza em benefício de fatores *a priori* primeiramente construídos com as categorias "povoamento" e "riqueza" e, posteriormente, "crescimento", "progresso" e "desenvolvimento". Além disso, por mais que as intenções e ações dos governantes sejam as de domínio, não podemos estar alheios às consequências das relações sociais desencadeadas por estas práticas. Através destas, os encontros entre brancos e indígenas, canoeiros e exploradores, moradores locais e os que navegavam pelo menos algumas partes do rio, construíram pequenas redes de sociabilidade ao longo do tempo e às margens do rio.

História ambiental no sul do Brasil   105

É importante ressaltar que a navegação almejada nos discursos analisados limitou-se à distancia entre Porto Amazonas (um pouco abaixo do Salto Caiacanga) e Porto da Vitória (mais tarde União da Vitória/PR e Porto União/SC). Contudo, o desejo de unir as terras paranaenses de Leste a Oeste fez emergir inúmeros discursos sobre a importância do rio Iguaçu para a província e, a partir de então, as discussões não mais deixaram a pauta dos governos seguintes. Se a navegação não pôde ser realizada como sonhada na segunda metade do Século 19, outras foram as formas de domínio do rio ao longo dos anos, como atrativo turístico por causa das Cataratas que forma e, principalmente, como força geradora de hidroeletricidade através das sete obras de aproveitamento hidroelétrico construídas a partir da segunda metade do Século 20.

Trabalhos citados

Paraná. Presidente da Província do Paraná, o Conselheiro Zacarias de Góes e Vasconcellos, na abertura da Assemblea Legislativa Provincial em 15 de julho de 1854. Curityba: Typ. Paranaense de Candido Martins Lopes, 1854. Arquivo Público do Paraná.

Paraná. Osório apresentado a Assembléa Legislativa Provincial do Paraná no dia 1º de março de 1856 pelo vice-presidente em exercício Henrique de Beaurepaire Rohan. Curityba: Typ. Paranaense de C. Martins Lopes, 1856. Arquivo Público do Paraná.

Arruda, G. Rios e governos no Estado do Paraná: pontes, "força hidraúlica" e a era das barragens (1853-1940). *Varia história*, Belo Horizonte, vol. 24, nº 39, jun. 2008, p. 153-175.

_____. O governo estadual e os rios paranaenses: da ocupação do território a produção de energia. In. *Anais Eletrônicos do II Simposio Internacional de Historia Ambiental Americana: "Hacia una historia ambiental de América Latina y el Caribe.* Havana: UNESCO, 2004.

Cabeza de Vaca, A. N. *Naufrágios e comentários*. Porto Alegre: L&PM, 1999.

106 Jó Klanovicz • Gilmar Arruda • Ely Bergo de Carvalho (orgs.)

Carneorp, David. *Historia de Palmeira em seu*, [1938?].

Diamond, J. M. *Armas, germes e aço*: os destinos das sociedades humanas. Rio de Janeiro: Record, 2001.

Febvre, L. *O reno: história, mitos e realidades*. Rio de Janeiro: Civilização Brasileira, 2000.

Holanda, S. B. de. *Monções*. Rio de Janeiro: Casa de Estudante do Brasil, 1945.

Ingenito, L. F. da S.; Duboc, L. F.; Abilhoa, V. Contribuição ao conhecimento da ictiofauna da bacia do alto rio Iguaçu. *Arquivos de Ciências Veterinárias e Zoologia da UNIPAR*, vol. 7, nº 1, p. 23-36, 2004.

Leonardi, V. *Os historiadores e os rios*: natureza e ruína na Amazônia brasileira. Brasília: Paralelo 15, Editora Universidade de Brasília, 1999.

Lopes, J. C. V. *Raízes da Palmeira*. 2. ed. Curitiba: O autor, 2000a.

_____. *Antecedentes históricos de Porto Amazonas*. Curitiba: O autor, 2000b.

Maack, R. *Geografia física do Estado do Paraná*. 2ª ed. Rio de Janeiro: José Olympio; Curitiba: Secretaria da Cultura e do Esporte do Governo do Estado do Paraná, 1981.

Martins, W. *A invenção do Paraná*. Curitiba: Imprensa Oficial, 1999.

Riesemberg, A. *A instalação humana no vale do Iguaçu*. [S. l. s. nº].

Silva, C. da. *Apontamentos históricos de União da Vitória*. [S. l.]: M. Oesner, 1933.

Soares, O. *O andarilho das Américas:* Cabeza de Vaca. Ponta Grossa: Editora da UEPG, 1981.

Straube, K. V. K. *A estruturação sócio-espacial do sistema tropeiro*: o caso do caminho das tropas entre Palmas e União da Vitória/PR, 2007, 118 f. Dissertação (Mestrado em Geografia), Universidade Federal do Paraná.

Thomas, K. *O homem e o mundo natural:* mudanças de atitude em relação às plantas e aos animais, 1500-1800. São Paulo: Companhia das Letras, 1988.

Desmatar e reflorestar

A implementação do *Pinus elliottii*
no planalto de Santa Catarina, Brasil

por Samira Peruchi Moretto

O município de Lages, Santa Catarina, Brasil, passou por grandes transformações ambientais, econômicas e socioculturais durante o século 20. A floresta que ocupava a região foi derrubada e utilizada como matéria-prima para o setor madeireiro. A densa floresta que compunha a paisagem local foi fragmentada e na década de 1960, Lages enfrentou consequências das derrubadas desenfreadas. Para suprir a falta de madeira, foram realizados projetos de reflorestamento, financiados por órgãos governamentais. A espécie escolhida para recomposição das áreas desmatadas foi uma espécie exótica invasora: o *Pinus elliottii*. Assim, Lages passou por um processo de perda na identidade florestal e por diversas mudanças consequentes da perda da floresta nativa.

Os Campos de Lages estão localizados no planalto catarinense e caracterizam-se pela presença de um relevo com média de elevação de 1.000 metros acima do nível do mar, formando um "degrau" entre o Alto Rio Itajaí e o Planalto dos Campos Gerais. O município era coberto pela Floresta de Araucária, um conjunto vegetacional com fisionomia diferenciada, recebendo denominações diversas: floresta de pinheiros, pinhais, zona de pinhais, mata de araucária, entre outras. Emprego a terminologia proposta pelo IBGE: Floresta Ombrófila Mista (FOM), que é adequada a um sistema de classificação da vegetação intertropical e faz parte do mosaico de formações florestais da Mata Atlântica (Medeiros 9).

A região de Lages foi anteriormente habitada por grupos indígenas, principalmente Xokleng e Kaingang, com no máximo 300 habitantes que eram, em sua essência, caçadores coletores (Ramos 12). Os campos que existiam na região de Lages serviram de grande atrativo para a instalação de fazendas e pousos de gado. São Paulo, Rio de Janeiro e Minas Gerais, necessitavam não só de gado, como também do transporte de tração, e o Rio Grande do Sul era o grande revendedor de mulas (Machado 54).

Fazer o transporte de animais pelo litoral era difícil tanto pela ameaça dos ataques espanhóis quanto pela falta de pasto; o mais plausível seria transportá-los pelo planalto; e assim foram traçados os Caminhos da Serra:

> A vantagem do caminho da Serra sobre o litoral também se devia a grandes extensões de campos naturais, local ideal para descanso e invernada das tropas de mulas. O fato de a mula ser um produto híbrido de asininos e equinos, sem descendência fértil, obrigava os tropeiros do centro do país a, periodicamente, renovar seu rebanho de animais de transporte e tração através da aquisição de mais mulas do Sul (61).

O gado, que existia em abundância, servia para alimentação e garantia o sustento da população que o comercializava. Quando os primeiros tropeiros estabeleceram pouso definitivo em Lages, sua maior preocupação agrícola era a subsistência. Havia pequenas roças de milho, mandioca, feijão e trigo. Muitos outros produtos, necessários para a sobrevivência dos habitantes locais, eram trazidos de São Paulo, como sal, açúcar e temperos (Costa 745).

O século 20 trouxe muitas mudanças para o Planalto. Por volta de 1905, inicia-se o assentamento de colonos ítalos em Lages, deslocados de suas colônias mães, principalmente do Rio Grande do Sul, atraídos pelas vastas terras (Bloemer 35). Os colonos que chegaram a Lages encontraram uma extensa área de campos dominada pelos pecuaristas, pequenos lotes de terras habitadas pelos caboclos e uma imensa área de floresta. No entender dos novos habitantes, para dar início às atividades agrícolas, a floresta tinha de ser derrubada. A derrubada das matas poderia ser feita pelas famílias que se estabeleciam na região. Havia muitas maneiras de praticar o desmatamento; o mais comum era utilizarem machados nas árvores mais finas, enquanto nas mais grossas, faziam-se anéis que propiciavam a secagem e o apodrecimento da madeira (Costa 907).

Na década de 1940, as serrarias se deslocavam de Lages para perto do município de Curitibanos, em busca de grandes pinheiros.

História ambiental no sul do Brasil   111

Foi nesta mesma década que as serrarias tomaram grande força. As derrubadas, com intuito de impulsionar a agropecuária no planalto, estavam avançando nas regiões ainda cobertas por florestas. Com a instalação de diversas serrarias movidas a vapor, os ganhos da indústria madeireira ultrapassaram os lucros da pecuária (Departamento Estadual de Estatística 1968). A derrubada da Floresta de Araucária proporcionou desenvolvimento econômico para Lages e para todo o planalto. Houve grande mudança no modo de vida das pessoas em função das transformações ambientais, especificamente na derrubada da floresta, já que com o corte da floresta originou-se um novo grupo em ascendência, formado pelos donos de madeireiras (Goulartti 143).

A instalação de madeireiras em Lages foi responsável pela alteração sociocultural no município. A principal atividade econômica deixou de ser a pecuária, que continuou existindo, mas não com tamanha representatividade. O peão-da-fazenda passou a trabalhar no setor madeireiro e ser assalariado (145). A região recebeu migrantes do Rio Grande de Sul e do Oeste catarinense atraídos pela instalação das serrarias que geravam empregos.

A partir da segunda metade do século 20, apareceram os primeiros sinais do declínio da indústria madeireira em Lages. Alguns distritos emanciparam-se, como São José do Cerrito, Anita Garibaldi e Campo Belo do Sul. O fechamento das serrarias ocasionou desempregos e déficit nas exportações do Estado de Santa Catarina (Estudo sobre delimitação... set. 1975).

Após a década de 1960 iniciam-se os incentivos ao reflorestamento com *Pinus ssp*. A seguir constataremos como a paisagem de Lages foi modificada e, paralelamente a tais transformações, como os remanescentes da FOM foram sendo esmagados pelas espécies exóticas, legitimadas por uma série de interesses e até mesmo apoiada por governantes.

A crise no setor madeireiro, que ocorreu no Estado de Santa Catarina na década de 1960, foi resultado da exploração exacerbada dos recursos florestais nas décadas anteriores. O Instituto Nacional do Pinho (INP), criado na década de 1940, já realizava estudos e com bases estatísticas previa a exaustão das florestas para a década de 1980. Por isso, buscava solução para o problema.

As primeiras medidas foram reflorestar o sul do Brasil utilizando espécies nativas, como a araucária. Mas o plantio de araucária não se mostrou satisfatório para o setor madeireiro, considerado o longo período de crescimento dessa espécie (Simões e Lino 49). O reflorestamento com araucária foi implementado pelo Governo Federal e foram poucas as empresas privadas que aderiram à prática. Cerca de 90.000 hectares de floresta nativa foram plantados até 1979, declinando drasticamente até uma taxa inferior a 300 hectares por ano, no início da década de 1980. Segundo Miguel Guerra, não existem, hoje, dados precisos sobre a área remanescente desses reflorestamentos, mas se estima que parte ínfima dessa área progrediu. Ele ainda afirma que na década de 1970, os cálculos sobre o reflorestamento não foram precisos e, "hoje, sabe-se que esses reflorestamentos foram planejados e conduzidos de maneira incorreta" (48).

Diversas questões estão ligadas à terminologia do reflorestamento, algumas delas práticas, outras gramaticais. Inicialmente, quando se fala em reflorestar, há uma conotação positiva, já que reflorestar deveria significar na íntegra: "florestar novamente". Mas nem sempre o reflorestamento é feito em áreas onde antes havia floresta, ou mesmo é feito com espécies nativas, o que leva a repensar a importância de tal ato.

No Brasil o reflorestamento foi praticado principalmente com espécies exóticas invasoras, preferíveis pelo rápido crescimento e adaptação. Durante muito tempo as espécies exóticas foram avaliadas como salvadoras da silvicultura. Atualmente, a Convenção sobre Diversidade Biológica (CDB), criada pela Conferência das Nações Unidas para o Meio Ambiente e o Desenvolvimento – CNUMAD (Rio 92), considera espécie exótica toda aquela que se encontra fora de sua área de distribuição natural. A "espécie exótica invasora" é a que ameaça ecossistemas, habitats ou espécies (CDB 2009).

Algumas características permitem que as espécies exóticas se tornem potenciais invasoras. As prerrogativas para classificação de exóticas como invasoras são: alta taxa de crescimento, grande produção de sementes pequenas e de fácil dispersão, alta longevidade das sementes no solo, alta taxa de germinação dessas sementes, maturação precoce das plantas já estabelecidas, floração e frutificação mais prolongadas, alto potencial reprodutivo por brotação, pioneirismo, alelopatia (1) e ausência de inimigos (Parker, Simberloff et al, 3-19).

O *Pinus elliottii* tem sementes anemocóricas, isto é, são dispersas pelo vento, dificultando o controle, podendo propagar-se por centenas e até milhares de metros, ocupar o espaço de outras espécies e não gerar alimento para a fauna (Richardson 260). O gênero Pinus ocupa a segunda maior área com florestas plantadas entre espécies exóticas para fins madeiráveis, sendo superada apenas pelo *Eucalyptus*, com cerca de três milhões de hectares. A região Sul do Brasil concentra 57,6% dos plantios de *Pinus ssp*, distribuídos nos Estados do Paraná (605 mil ha), Santa Catarina (318 mil ha) e Rio Grande do Sul (137 mil ha), totalizando 1.060 mil hectares (Rodigheri e Iede 2004). Tamanho é o potencial de algumas espécies exóticas de modificar sistemas naturais que as plantas exóticas invasoras são atualmente consideradas a segunda maior ameaça mundial à biodiversidade, perdendo apenas para a destruição de habitats pela exploração humana direta (Ziller 2001).

É plausível reconsiderar a ideia de que seja necessário reflorestar, não apenas para a conservação e preservação do meio ambiente, mas também para a exploração e uso pragmático. A necessidade de consumo de materiais derivados da madeira, ainda não substituídos por materiais sintéticos, faz com que haja procura e existência de um mercado que produza tal gênero. No entanto, o ato de reflorestar extrapolou os limites da necessidade e, novamente, a busca exacerbada por lucros colocou o mundo natural em risco. Com a legislação voltada para o setor econômico e sem a preocupação da conservação dos ecossistemas naturais, a prática do reflorestamento se tornou predatória e intensa até a década de 1990.

No Relatório da Federação das Associações Rurais do Estado de Santa Catarina, em janeiro de 1956, foram apresentadas as principais atividades dos municípios catarinenses. Na descrição feita pela Associação Rural de Lages, o município que contava com aproximadamente 59.900 habitantes se destacava na produção de milho, trigo e feijão e a sua produção industrial de destaque se restringia à exploração madeireira (Relatório da Faresc 1956).

As atividades do Serviço Florestal de Santa Catarina, em 1950, apontavam medidas para garantir o abastecimento de madeira e contavam os experimentos com espécies exóticas. As espécies exóticas foram avaliadas como "grandes salvadoras" da economia por seu rápido crescimento

114   Jó Klanovicz • Gilmar Arruda • Ely Bergo de Carvalho (orgs.)

(Kronka, Bentorlani e Ponce 12). Dois fatores complementares contribuíram para a implementação do *Pinus ssp* no Brasil e em Lages. O primeiro deles está ligado diretamente à crise no setor madeireiro, ocasionada pela falta de matéria-prima. O segundo foi a necessidade de abortar imediatamente a crise, evitando assim a debanda de empresas madeireiras. A situação caminhou para uma solução imediatista naquele momento: o reflorestamento com espécies exóticas.

Quando o Código Florestal Brasileiro de 1965 entrou em vigor, segundo estatísticas oficiais, a área de reflorestamento com espécies exóticas no país era de 1.050.000 hectares; desses, 471.000 eram de *Pinus ssp* (Mattos 7). Os recursos florestais catarinenses foram avaliados, na década de 1970, à beira de extinção devido à exploração doméstica e comercial. Foi constatado que nas primeiras décadas do século 20, "houve eliminação das espécies nativas para atender as necessidades de massa lenhosa ou simplesmente para dar lugar a áreas de atividades agrícola e criatória" (Lago 52).

As buscas por novas espécies geraram incentivos a estudos e experiência com árvores exóticas. O primordial para sua introdução eram "as vantagens econômicas provenientes da exploração da matéria prima produzidas por florestas plantadas" (Koscinski 31). Diversos experimentos foram realizados e três espécies exóticas se destacaram quanto à rentabilidade: o eucalipto, o *Pinus ssp* e a acácia-negra.

Em função das condições climáticas, fisiológicas e da melhor adaptação, o sul do país foi reflorestado com *Pinus ssp* e eucaliptos.

Estudos pioneiros referentes a resultados de espécie de *Pinus ssp* no Brasil foram apresentados por Albert Löfgren, na obra *Notas sobre plantas exóticas introduzidas em São Paulo*, em 1906. No texto são relatadas experiências com 16 espécies de *Pinus ssp* e 55 espécies de Eucaliptos. Löfgren descreveu alguns aspectos sobre as coníferas, como "a distribuição, seu valor utilitário, suas exigências de clima e solo, breves indicações, seu valor utilitário, suas exigências de clima e solo e, finalmente, breves indicações sobre o cultivo e reprodução" (17). Já havia notícia da existência de *Pinus canariensis*, proveniente das Ilhas Canárias, no Rio Grande do Sul, em torno de 1880 (Shimizu 2009), todavia sua utilização era paisagística.

Em 1958 iniciaram os primeiros experimentos com *Pinus elliottii* e o *Pinus taeda* em Lages. Pequenas quantidades de sementes desses vegetais foram semeadas no ano de 1959, o que gerou cerca de 1.500 mudas transplantadas no mesmo ano. Os experimentos foram aperfeiçoados, e no ano de 1960 já havia uma produção de 50 mil mudas. Aliadas ao plantio foram feitas análises da fertilidade do solo e adicionados adubos químicos. Para reduzir a acidez provocada pelo *Pinus ssp* no solo, foi adicionado calcário. A introdução do fungo *mycorrhizae* (2) foi avaliada como excelente e levou a resultados extraordinários (Lages Reflorestamento 4).

Empresários buscaram novas técnicas de viveiro e plantio para melhorar a qualidade da madeira. Por atingirem competitividade, as florestas homogêneas, que serviam exclusivamente para o abastecimento da indústria de papel e celulose, passaram a ser consideradas um bom negócio. Com aumento no excedente da produção, que era voltado para a indústria de celulose, iniciaram os primeiros comércios mobiliários utilizando o *Pinus ssp*. Assim, o pinus, em Lages, na década de 1970 (Goulartti 36), passou a ser direcionado tanto para a indústria de papel e celulose, quanto para a produção de toras para o setor mobiliário. As indústrias madeireiras e de papel e celulose de Lages haviam se preparado para receber a nova espécie, pois os que não adotassem o Pinus, por falta de outra madeira teriam que sair do mercado. Foi necessário adequar o maquinário para receber as toras de pinus, que eram mais finas. Os financiamentos não eram apenas para o manejo do reflorestamento, como também para o investimento tecnológico.

No ano de 1962, já havia 1,2 milhão de mudas produzidas no município e prontas para semeadura. Na década de 1970, o *Pinus* era a espécie mais utilizada para o reflorestamento no Estado de Santa Catarina, como podemos observar na tabela 1:

116   Jó Klanovicz • Gilmar Arruda • Ely Bergo de Carvalho (orgs.)

Tabela 1: Espécies plantadas em Santa Catarina até 1976

Espécie	Número de árvores	Hectares
Pinus ssp	471.371.645	215.397,4
Eucalipto	30.597.601	13.982,6
Araucária	49.069.955	20.168,2
Kiri	433.275	468,7
Outras nativas	33.662.482	14.622,9
Total	585.124.958	264.639,9

Fonte: IBDF – SC, 1977.

Na década de 1960, o Grupo Klabin desenvolveu o Projeto II, que previa a criação de uma moderna fábrica de papel Kraft e celulose de fibra longa em Lages. Assim foi constituída, em 28 de novembro de 1961, a Papel e Celulose Catarinense Ltda. A unidade Lages II foi inaugurada em 1968, pela Bates do Brasil. A Klabin adquiriu a unidade em 11 de junho de 1986. A companhia comprou 80% das ações da Bates do Brasil (antiga proprietária), ampliando e expandindo sua participação no mercado da sua linha de produção de sacos industriais, já iniciada com a fábrica da CELUCAT na mesma cidade, em 1973. A empresa movimentou a economia e gerou uma série de empregos. Empregou cerca de 1.500 funcionários na década de 1970, que dividiam suas funções na fabricação de papel e no reflorestamento (Ribeiro 129).

Foram recebidos incentivos financeiros do Banco Interamericano do Desenvolvimento (BID), na ordem de 26 milhões de dólares. Em 1969, a empresa já produzia 16.000 toneladas. Em 1963, foram realizados os primeiros experimentos junto da instalação de viveiros para a produção de *Pinus elliotti e Pinus taeda*. Uma nova fábrica foi construída em 1967 e dois anos depois, a Papel e Celulose Catarinense Ltda. entrou em operação com a produção de celulose e papel Kraft natural, sendo pioneira no país no branqueamento de papel. Entre 1962 e 1963 foram instalados laboratórios florestais com plantio de várias espécies de pínus e eucalipto para descobrir qual se adaptaria melhor à região. Em 1968 foi dado início ao plantio em escala industrial de florestas com *Pinus taeda* e *Pinus elliotti* em fazendas próprias, arrendadas e contratadas. No ano de 1967, a área reflorestada era de trezentos hectares (130). As consequências da implementação de espécies exóticas não eram elencadas na década de 1970. As madeiras exóticas representavam uma alavanca no setor madeireiro e na indústria de celulose que estavam instaladas na região. Em sete anos o Pinus plantado em solo lageano estava pronto para o desbaste e para ser utilizado na obtenção de papel. Com vinte anos de idade as árvores estavam prontas para servir o setor moveleiro e madeireiro (Hoff e Simoni 196).

O setor madeireiro era atuante e presente em Lages, mesmo assim muitos empresários sentiam-se inseguros quanto a algumas questões relacionadas ao reflorestamento. As principais críticas estavam relacionadas à burocracia do Instituto Brasileiro de Desenvolvimento Florestal (IBDF). Frequentes oposições foram feitas aos mecanismos de captação dos incentivos fiscais, que, no entender dos reflorestadores, deveriam seguir o modelo aplicado pelo SEDENE e SUDAM, que facilitavam a aquisição de financiamentos e ampliação dos programas de créditos (Codesul 40). Para superar a insegurança e defender os interesses dos reflorestadores, empresários do setor fundaram, em 28 de setembro de 1977, a Associação Catarinense dos Reflorestadores (ACR). A criação da ACR, em Santa Catarina, mostrava a importância e representatividade do setor para o Estado. Na data de fundação já havia 17 empresas cadastradas e seis eram do planalto catarinense. A sede e o foro da Associação foram instalados inicialmente em Lages.

Poderiam integrar a Associação, na qualidade de sócio, reflorestadores, florestadores, empresas especializadas em florestamento, tanto pessoas físicas ou jurídicas, com sede e residência no Estado de Santa Catarina, bem como em caráter eventual, pessoas e empresas de outros Estados ou territórios. A associação Catarinense dos Reflorestadores era também filiada à Associação Brasileira das Empresas de Reflorestamento (ARBRA), e suas atividades eram avaliadas e fiscalizadas por este órgão. Com a criação da Associação aumentava a segurança e o número de reflorestadores com *Pinus elliottii*

118 Jó Klanovicz • Gilmar Arruda • Ely Bergo de Carvalho (orgs.)

As áreas muitas vezes eram desmatadas para o plantio do *Pinus ssp*, isto é, os financiamentos para o reflorestamento eram para a inserção de florestas homogêneas voltadas para a indústria. As perdas para a floresta nativa, neste caso, são inenarráveis. Segundo Túlio Pádua (869-878), que realizou estudos analisando a baixa mobilidade de corretivo em solos de *Pinus ssp* e *Eucalipytus ssp*, nessas áreas há reduzida disponibilidade de ânions estáveis. Assim, de acordo com Pádua, a possibilidade de uma baixa quantidade ou inexistência de ânions inorgânicos no solo e a ausência de ânions orgânicos provenientes de resíduos vegetais dessas coberturas, capazes de se ligarem ao Cálcio (Ca), poderiam limitar a movimentação do nutriente no solo. Além disso, onde estão plantados *Pinus elliottii* a disponibilidade de matéria orgânica é menor do que o solo de uma Floresta Tropical, como é caso de Lages, composto pela FOM.

Entre as décadas de 1960 e 1990, houve mudanças significativas na legislação ambiental brasileira, reflexo de discussões nacionais e internacionais. Na década de 1980, as concepções sobre o meio ambiente são alteradas e os recursos naturais não são mais apenas signo de lucros. Prova disso é a própria Constituição de 1988, que afirma: "Floresta Amazônica brasileira, a Mata Atlântica, a Serra do Mar, o Pantanal Mato-Grossense e a Zona Costeira são patrimônios nacionais". Outra medida importante foi a criação, em 1989, do Instituto Brasileiro do Meio Ambiente e dos Recursos Naturais Renováveis (IBAMA), pela Lei nº 7.737, de 22 de fevereiro daquele ano. As empresas reflorestadoras necessitaram se adequar à legislação vigente.

Com a fusão da Olinkraft, a grande empresa presente atualmente em Lages é a Klabin, que passou por uma série de adequações e hoje tem projetos aprovados em detrimento de rígidas fiscalizações governamentais. A empresa, em parceria com a Associação de Preservação do Meio Ambiente do Alto Vale do Itajaí (APREMAVI), implantou, em 2005, o Programa *Matas Legais*. De acordo com o material de divulgação da empresa, o programa tem por objetivo aumentar as áreas de mata nativa no Estado de Santa Catarina e conscientizar os pequenos proprietários rurais sobre a importância da prática do desenvolvimento sustentável e da conservação do meio ambiente, estimulando

História ambiental no sul do Brasil   119

o planejamento da propriedade rural, o cumprimento da legislação ambiental, a recuperação e a conservação das áreas de preservação permanente (Projetos de reflorestamento Klabin 2009).

De acordo com a Klabin, o programa *Matas Legais* coloca-se como incentivador da silvicultura com florestas plantadas, tanto com Pinus e eucalipto como com espécies nativas, o enriquecimento de florestas secundárias, agricultura orgânica e ecoturismo. O Programa foi voltado principalmente para os produtores integrantes do Programa de Fomento Florestal da Klabin. O projeto-piloto foi implantado em Otacílio Costa, em 2005, abrangendo cerca de 40 propriedades que variam de 25 a 50 hectares, e até agora já se estendeu aos municípios de Palmeiras e do Alto Vale do Itajaí, mas ainda não atingiu outras localidades, como o município de Lages que, em função da inserção do Pinus, perdeu grande parte da mata nativa. No momento da implementação do *Pinus ssp* em Lages, o ato de reflorestar era primordial para manter o mercado madeireiro na região e não para manutenção da flora e da fauna.

O pensamento de uma época pode ser medido através de termômetros, como a publicidade. Por isso, ao realizar a análise de anúncios publicitários de reflorestamento, o que podemos perceber é que reflorestar era sinônimo de benfeitoria à natureza. Na década de 1970, quando eram discutidas as questões sobre o "reflorestar", raramente discutia-se a importância do reflorestamento com espécies nativas.

Quando uma floresta tropical é reflorestada com espécies nativas, sua biodiversidade nunca mais voltará a ser a mesma. Quando uma área que foi degradada ou desmatada é replantada, após muitas décadas de evolução do ambiente, pode-se ali ser restabelecida uma floresta. Entretanto, tanto a fauna quanto a flora serão diferenciadas do ecossistema pioneiro daquele ambiente. Assim, é absolutamente impossível recuperar uma floresta perdida pelo desmatamento. A região de Lages foi transformada em função do reflorestamento, e perdeu elementos característicos da floresta nativa. "Quando uma área é reflorestada, uma nova história natural se inicia" (Almeida 41).

Trabalhos citados

Almeida, A. F. de. *Interdependência das Florestas Plantadas com A Fauna Silvestre.* Série Técnica IPEF, Piracicaba, vol. 10, n° 29, p. 36. 44 Nov. 1996.

Bloemer, N. M. S. *Brava gente brasileira:* migrantes italianos e caboclos nos campos de Lages. Florianópolis: Cidade Futura, 2000.

CODESUL. *Reflorestamento.* Situação e Perspectiva em Santa Catarina. Florianópolis: CODESUL. 1969.

Convenção sobre Diversidade Biológica – CDB.

Costa, L. *O continente das Lagens:* sua história e influência no sertão da terra firme. Florianópolis: Fundação Catarinense de Cultura, 1982, vol. 3.

Departamento Estadual de Estatística. *Produção Extrativa Vegetal e Animal,* 1968. Arquivo Público do Estado de Santa Catarina.

Diário Oficial de Santa Catarina, n° 10.825, 23 de setembro de 1977.

Estatuto da Associação Catarinense de Reflorestadores. Cartório de Registro Civil Yeda de Menezes, 28 de setembro de 1977.

Estudo sobre a delimitação e implantação do Distrito Florestal do Estado de Santa Catarina, setembro de 1975.

Goulartti, A. *Formação econômica de Santa Catarina.* 2ª ed. revista. Florianópolis: Editora da UFSC, 2007.

Histórico Klabin. Disponível em http://www.klabin.com.br/pt-br/home/Default.aspx. Acesso em: 15 dez. 2009.

Hoff, D. N.; Simoni, F. J. *O setor de base florestal na serra catarinense.* Lages: Editora da UNIPLAC, 2004.

Koscinski, M. E. *Reflorestamento.* 3ª ed. São Paulo: Melhoramentos, 1946.

Kronka, F. J. N.; Bertolani, F.; Ponce, R. H. *A cultura do Pinus no Brasil.* São Paulo: Sociedade Brasileira de Silvicultura, 2005.

Lages Reflorestamento Ltda. *Primeira Convenção Anual da Associação Técnica Brasileira de Reflorestamento para o Brasil Meridional.* São Paulo, 26 a 29 de novembro de 1968.

Lago, P. F. *A consciência ecológica:* a luta pelo futuro. Florianópolis: Ed. da UFSC, UDESC, 1986.

Machado, P. P. *Lideranças do Contestado.* A formação e atuação das chefias caboclas (1912-1916). São Paulo: Editora da Unicamp, 2005.

Mattos, J. R. *Espécies de Pinus ssp cultivados no Brasil.* São Paulo: Chácaras e Quintais, s. d.

Medeiros, J. de D. Introdução. *Revista Floresta com Araucárias:* um símbolo da mata a ser salvo da extinção. APREMAVI, 2004.

Pádua, T. R. P. de; Silva, C. A.; Melo, L. C. A. *Calagem em latossolo sob influência de coberturas vegetais:* neutralização da acidez. *Rev. Bras. Ciênc. Solo,* vol. 30, n° 5, 2006.

Parker, I. M.; Simberloff, D.; Lonsdale, W. M.; Goodell, K.; Won-ham, M.; Kareiva, P. M.; Williamson, M. H.; Holle, B. V.; Moyle, P. B.; Byers, J. E.; Goldwasser, L. Impact: toward a framework for understanding the ecological effects of invaders. *Biological In-vasions,* 1: 3-19, 1999.

Projetos de reflorestamento Klabin. Acesso em 10 de dezembro de 2009. Disponível em: http://www.klabin.com.br/pt-br/home/Default.aspx.

Ramos, V. *Notas para a historia da fundação de Lages,* 1766-1783. Florianópolis: Imprensa Oficial, 1948.

Reflorestamento. *Jornal de Caçador.* 24 de setembro de 1950, ano 10, n° 23. p. 2.

Relatório da FARESC (Federação das Associações Rurais do Estado de Santa Catarina), jan. 1956. Acervo APESC.

Relatório das Atividades do Serviço Florestal de 1950. Acervo APESC.

Ribeiro, C. R. A. *A História do Município de Correia Pinto.* Santa Catarina: Lunardelli, 2004.

122 Jó Klanovicz • Gilmar Arruda • Ely Bergo de Carvalho (orgs.)

Richardson, D. M. *Ecology and Biogeography of Pinus.* Cambridge University Press,1998.

Rodigheri, H. R.; Iede, E. T. *Avaliação ambiental, econômica e social dos danos causados pela armilariose em plantios de Pinus no Sul do Brasil.* Comunicado Técnico. Colombo, 2004.

Simões, L. L.; Lino, C. F. (orgs.). *Sustentável Mata Atlântica: a exploração de seus recursos florestais.* São Paulo: Ed. SENAC, 2002.

Ziller, S. Os processos de degradação ambiental originados por plantas exóticas invasoras. *Revista Ciência Hoje,* São Paulo, 2001.

Araucária, o símbolo de uma Era

A atuação da Southern Brazil Lumber and Colonization Company na história da devastação das Florestas de Araucária

por Miguel Mundstock Xavier de Carvalho e Eunice Sueli Nodari

SHAWN WILLIAM MILLER, em *An Environmental History of Latin America,* argumenta que "continuamos a pensar a respeito da nossa história tal como pensavam os nossos conquistadores, uma série de eventos culturais que parecem ocorrer independentes inteiramente da natureza" (Miller 2). Para ele, a história sem a discussão da natureza não é somente prepotente: ela é imprecisa, imprevidente, e potencialmente arriscada para a história da espécie humana. Uma das tarefas da história é expandir a memória humana para além de uma geração. Utilizando o aspecto geracional e de memória, ele observa que são poucas as pessoas que têm vivido mais do que um século; além disso, dificilmente nós podemos descrever como era a paisagem na época do nosso nascimento. Pelo fato de uma transformação rápida das paisagens em todas as partes do mundo, aliado ao de que uma boa parte da população se tornou migrante, indo de um local a outro, em busca de uma vida melhor, poucos conseguem imaginar como era a paisagem do local que, atualmente, chamavam de lar 20 anos atrás (Miller 5).

Para Miller, um dos objetivos da Historia Ambiental é restabelecer, de certo modo, o que havia sido perdido e torná-lo precioso à nossa consciência histórica. Concordamos com Miller, e sabemos que este é um processo gradativo, que, por muito tempo, foi ignorado por grande parte dos historiadores. Como exemplo podemos citar a história da atuação e do papel desempenhado pela Southern Brazil Lumber and Colonization Company, no sul do Brasil, que é tema sob as mais diferentes abordagens, mas nenhuma delas se deteve na história da empresa e no seu envolvimento com a devastação da floresta de araucária na primeira metade do século 20 (Carvalho 2006).

A Southern Brazil Lumber and Colonization Company, ou simplesmente Lumber, é conhecida na historiografia regional catarinense e

126   Jó Klanovicz • Gilmar Arruda • Ely Bergo de Carvalho (orgs.)

paranaense especialmente pela grande popularidade que o tema da Guerra do Contestado (1912-1916) tem despertado no interesse do público tanto acadêmico como de memorialistas e leitores diversos. A história da Lumber no planalto sul-brasileiro está estreitamente ligada à construção da ferrovia São Paulo-Rio Grande, que ligaria Itararé/SP, cortando o Paraná, Santa Catarina e o Rio Grande do Sul até a cidade de Santa Maria/RS. Essa ferrovia significou a possibilidade de vastas regiões do interior dos Estados do sul, bem como Porto Alegre e Montevidéu, terem uma conexão ferroviária com São Paulo e Rio de Janeiro. A ferrovia cortou extensas áreas coloniais do sul do Paraná e fomentou a colonização de vastas regiões do oeste de Santa Catarina, onde há poucos anos – até 1895 – terras eram disputadas com a Argentina na chamada Questão de Palmas ou Missiones (Nodari 2009).

O engenheiro João Teixeira Soares adquire em 1889 a concessão para a construção da ferrovia, mediante garantia de juros e terras devolutas em até 30 km nas margens das linhas. Após uma série de transferências na concessão da ferrovia, e de decretos estipulando os ramais que deveriam ser construídos, em 1906 é fundada em Portland, no Estado de Oregon (EUA), a Brazil Railway Company, do Grand Trust Farquhar, liderado pelo empresário norte-americano Percival Farquhar, que se torna responsável pela construção da linha férrea. Na época, uma série de decretos já havia reduzido a cessão gratuita das terras laterais à ferrovia "para o equivalente ao produto da multiplicação da extensão da linha por 18 km, nove para cada lado, até o limite máximo de 15 km em cada direção" (Thomé 53).

O Trust Farquhar atuava em várias partes do mundo. Sua atuação no Brasil se dava em várias regiões e em diversos ramos de atividade, como o fornecimento de energia, de navegação, de construção de portos, colonização, frigoríficos, inúmeras ferrovias e outras (Gauld 2006; Thomé 71-77). Para Nilson Thomé (75), somente em terras o Trust Farquhar chegou a adquirir 250.000 km² no Brasil.

Na época em que a Brazil Railway assumiu a construção da ferrovia, a construção do trecho de União da Vitória ao Rio Uruguai estava iniciando, assim como praticamente todo o ramal de União da Vitória a São Francisco do Sul/SC (83, 110-1). Essas regiões, hoje pertencentes ao Estado de Santa Catarina, estavam em disputa com o governo do

Paraná, e possuíam amplas extensões de florestas de araucária praticamente inexploradas.

Antes da Brazil Railway, a Companhia Estrada de Ferro São Paulo-Rio Grande já havia recebido, em 1903, a autorização do governo federal para a exploração madeireira das florestas nas áreas marginais à ferrovia. Mas a iniciativa concreta parte do Sindicato Farquhar, que em 1909 organiza em Miami (EUA) a Southern Brazil Lumber and Colonization Company, para desenvolver os serviços de colonização das terras ao longo da estrada de ferro, e para explorar os grandes pinhais existentes na região dos vales dos rios Negro, Iguaçu, Timbó, do Peixe e Canoinhas, dentre os principais que atravessavam a zona contestada por Santa Catarina e pelo Paraná (123).

Além de explorar a araucária (*Araucaria angustifolia*), a Lumber comercializava a imbuia, o cedro e a canela. Durante a década de 1910 a companhia possuía glebas no planalto Contestado, cujas terras tinham sido todas legitimadas junto ao governo do Paraná. Até 1913, de acordo com Nilson Thomé, a empresa já havia adquirido cerca de 3.248 km² (ou 324.800 hectares) de terras nas regiões marginais à ferrovia a preços compensadores. Desse total, 1.800 km² (180.000 hectares) se localizavam na região do atual município de Três Barras/SC, onde instalou "o maior complexo industrial de exploração madeireira da América do Sul, nunca igualado em toda a história, com equipamento trazido diretamente da Europa e dos Estados Unidos, e importando a tecnologia canadense" (125). De acordo com o historiador estadunidense Charles Gauld (279), se tratava da maior serraria da América Latina, grandeza que também era ressaltada em artigos da imprensa local da época. Cerca de 517 km² (51.700 hectares) foram adquiridos na região da estação ferroviária de Calmon, em terras que, após o acordo de limites entre Paraná e Santa Catarina, passaram a pertencer a Porto União/SC. Ali a Lumber construiu outra serraria para fornecer dormentes e madeira para as instalações da ferrovia em construção. De acordo com Charles Gauld, essa serraria tinha uma capacidade de produção cerca de dez vezes menor que a serraria de Três Barras. A serraria junto à estação de Calmon é frequentemente lembrada nos livros de história por ter sido incendiada pelos "rebeldes" em 1914, demonstrando o envolvimento da Lumber na Guerra do Contestado. Um ano depois, a serraria foi reconstruída (Thomé 137; Gauld 280).

O restante das terras (931 km²) adquiridas na região se dividia em diversas glebas que, após o acordo de limites, pertenciam aos municípios de Canoinhas, Mafra e Porto União. A Lumber ainda adquiriu dois terrenos na região de Jaguariaíva/PR, próximos da divisa com São Paulo e da Estrada de Ferro São Paulo – Rio Grande, onde montou duas serrarias (Engenho de Cachoeirinha e Engenho de Sengés) destinadas a explorar a floresta de araucária, e uma propriedade menor (898 ha) em Guarapuava/PR. Os dois terrenos da região de Jaguariaíva somavam 104.632 ha, ou 1.046 km², cuja existência sequer é mencionada pela historiografia do Contestado (Bishop 8, 27).

A exuberância da paisagem no planalto Contestado antes da chegada da Lumber

A floresta de araucária, ou FOM, ocupava até o final do século 19 cerca de 200 mil km², distribuídos entre o Paraná, Santa Catarina e Rio Grande do Sul e algumas áreas menores no Sul de São Paulo e na Serra da Mantiqueira, chegando a Missiones, Argentina (fronteira com Santa Catarina), e alguns pontos de Minas Gerais. Essas áreas se localizam em altitudes entre 500 e 1200m nos planaltos do Sul e em altitudes ainda mais elevadas na Serra da Mantiqueira. A presença da Araucária com tronco reto e copa característica imprime uma fisionomia inconfundível a esse tipo florestal. Espécies como a Imbuia (*Ocotea porosa*), a Canela lageana (*Ocotea pulchella*), a Erva mate (*Ilex paraguariensis*), o Butiá (*Butia eriospatha*), a Bracatinga (*Mimosa scabrella*), o Xaxim (*Dicksonia sellowiana*) contribuem para a caracterização do ecossistema. A grande complexidade da formação florestal, com variadas composições vegetais conforme a região, e os muitos pontos de contato entre ela e as florestas "vizinhas", ou os ecossistemas em seu entorno, tornam a caracterização da floresta de araucária algo bastante complicado. Dessa forma, "a delimitação deste bioma é definida exclusivamente pela presença da Araucária" (Castella, Britez 7).

História ambiental no sul do Brasil 129

Originalmente, a FOM era a floresta mais rica em volume madeirável, conforme o *RADAMBRASIL*. Nos remanescentes florestais da região de Caçador/SC, encontrou-se uma média de 516 m^3/ha de madeira, sendo que 428 m^3/ha eram de pinheiros com diâmetro acima de 25 cm e 60 m^3 de imbuias (Ruschel 5).

A *Araucaria angustifolia* é classificada na família das Araucariáceas, representadas no mundo todo por 2 gêneros (Araucaria, Agathis), com um total de 32 espécies. Na América do Sul, ocorrem somente duas espécies, a *Araucaria angustifolia* e a *Araucaria araucana*, esta característica da região de Valdívia, no Chile. O próprio nome araucária provém, segundo Klein e Reitz, da região de Arauco, no Chile, *habitat* da *Araucaria araucana*. A árvore se destaca na floresta de araucária por ser a árvore mais alta do ecossistema, geralmente com troncos retos medindo de 20 a 50 metros de altura. O diâmetro das árvores adultas e velhas mede normalmente de 1 a 2 metros, mas há registros de árvores maiores. A espécie é geralmente dioica, ou seja, as flores masculinas e femininas não se localizam na mesma árvore. "Durante os primeiros 20 a 40 anos e principalmente nas árvores novas, a copa dos pinheiros possui forma cônica, que se distingue das formas das árvores adultas e velhas, que transgridem paulatinamente para copas em forma de umbela" (Reitz, Klein 27). Embora desde cedo (entre os 10 a 20 anos de idade) já produza as pinhas e as sementes (pinhões), a idade média de um pinheiro adulto, de acordo com Klein e Reitz, é de 140 a 200 anos, "passando dificilmente da idade dos 300 anos os pinheiros mais velhos, cujas alturas estão acima dos 40 metros e cujos diâmetros passam dos 150 cm." (Reitz, Klein 28; Sanqueta, Tetto 81). A época do amadurecimento dos pinhões, mais comumente em abril e maio, é importante para a alimentação de diversas espécies de aves e mamíferos, bem como para a própria araucária, que se beneficia da dispersão das sementes levadas pelos animais.

Interferências humanas na paisagem antes da chegada da ferrovia

A região do planalto Contestado, atual planalto norte-catarinense, passou por transformações aceleradas após a chegada da ferrovia e da

Lumber, com a valorização das terras, intensificação da colonização, difusão de toda uma série de hábitos e costumes estranhos ao sertanejo que ali vivia e a devastação da floresta de araucária. A rebelião do Contestado (1912-1916) foi uma expressão da tensão social e das súbitas transformações por que passou aquela sociedade e aquela paisagem. Com a ferrovia e a valorização das terras, a especulação na região ganhou ímpeto, gerando uma série de conflitos e problemas de legitimação, que por sua vez ficaram mais complicados pelo fato de ser um território em disputa entre as autoridades políticas paranaenses e catarinenses.

A história de ocupação humana na região é bem antiga. Após séculos de presença de povos indígenas na região, tropeiros começaram a se estabelecer a partir do início do século 19, principalmente mais próximos a Rio Negro e nos campos de São João (atual Matos Costa), onde era mais propícia a criação de gado. Desde o século 18, a rota dos tropeiros que partia do Rio Grande do Sul passava pela região de Rio Negro, a cerca de 50 km da futura cidade de Três Barras, para atingir a feira de Sorocaba/SP, com o intuito de comercializar animais (Machado 60-64).

Muitos dos tropeiros, fazendeiros e peões que passavam pela região acabaram tomando posse sem se importar com os títulos legais de domínio e medições ou mesmo legitimando juntamente ao governo do Paraná, pois no período Republicano as terras devolutas passaram a ser responsabilidade dos governos estaduais. Com a lei de terras de 1850, o sistema de concessão de sesmarias havia sido extinto, e agora as terras deveriam ser compradas. Através dos processos de terras referentes ao início do século 20, observa-se um pouco desse processo de ocupação e legalização da terra, bem como resquícios das práticas agrícolas, pecuárias e extrativas. A comparação desse período anterior à ferrovia e à Lumber com o período posterior serve para termos uma visão das transformações que aconteceram na região no início do século 20.

A análise dos processos de terra sugere uma ocupação bastante expressiva das terras do planalto (Carvalho 117). A descrição das atividades agropecuárias e extrativas indica que algum nível de desmatamento já havia ocorrido para formar "campos de criar" e "roças" de subsistência. No entanto, não podemos exagerar sobre o impacto de tais atividades no meio ambiente. Um indício de que tal processo

História ambiental no sul do Brasil   131

de (re)ocupação causou uma alteração ambiental pequena na região é o fato de a exploração da erva-mate ser considerada como a principal atividade econômica da região, o que revela que a pecuária não era uma atividade tão disseminada assim. Além do mais, a extração de erva-mate é uma atividade de baixo impacto ambiental, pois o que se praticava era uma espécie de manejo (poda) dos ervais nativos, sem uma plantação sistemática e desmatamentos, uma vez que a própria *Ilex paraguariensis* se adapta muito bem aos ambientes sombreados. É importante também registrar que, dos processos de terra analisados, não foram encontrados documentos sobre a atividade madeireira na região anterior a chegada da Lumber. Um artigo de 1916 do jornal *O Imparcial*, de Canoinhas, revela um pouco desse quadro de uma quase nula exploração madeireira na região e a importância da erva-mate:

> O nosso município, pelas suas opulentas riquezas naturaes assás fáceis de serem exploradas, está fadado a occupar um logar de destaque na communhão catharinense. A herva-matte, ora cotada a ínfimos preços, é o seu único ramo de negócio, hoje. É o seu dinheiro, podemos dizer. É a roupa e o pão do povo. E, tão extensos e abundantes são os nossos hervaes, que, nem por isso, serão aproveitados, na presente safra, siquer pela terça parte. – Extensos, abundantes e de optima qualidade, basta esse inestimável thesouro, de futuro inegavelmente promissor, como seguro penhor d'aquella nossa asserção. Mas não se pense que a riqueza florestal d'este município paira nos seus hervaes, apenas; ahi estão, para attestar ao contrario, gigantescas imbuias e soberbos pinheiraes, que, em breve, hão de constituir um grande e lucrativo ramo da sua industria extractiva. [...] (Imparcial 1916: 1).

Embora existissem alguns posseiros extraindo uma quantia significativa de erva-mate e criando uma quantidade de bois e porcos que poderíamos considerar como pequena, as florestas de araucária estavam ainda quase intactas, se formos julgar as florestas primárias como o estado desejável de conservação de uma floresta. Também animais

132 Jó Klanovicz • Gilmar Arruda • Ely Bergo de Carvalho (orgs.)

hoje extintos da região, como a anta (*Tapirus terrestris*), viviam em abundância na região, demonstrando a grande quantidade e diversidade de animais selvagens ali existentes.

A caça era considerada uma atividade de "lazer", não só entre os sertanejos pobres como entre os coronéis, os grandes proprietários de terra da região. Além disso, a carne de animais selvagens era aproveitada na alimentação, sendo comuns os "charques de anta". As peles de anta (os chamados couros de anta) também eram aproveitadas para os mesmos fins dos couros de boi, tendo valor comercial. E não só a pele da anta, mas de outros animais como jaguatiricas, caetetus, queixadas, veados e capivaras eram bastante valorizados no comércio e inclusive eram exportados para países como EUA, Inglaterra e Suécia (Carvalho 172,173; Tomporoski 75).

Em poucas décadas, com a devastação das florestas, essa grande diversidade e quantidade de fauna silvestre seria diminuída drasticamente, e em seu lugar a presença humana seria ampliada, bem como dos animais domésticos. Essa grande quantidade de vida animal e vegetal, aos olhos das autoridades governamentais e dos empreendedores locais e estrangeiros como Farquhar, precisava ser desbravada, ou seja, estava aberta ao desmatamento das florestas e ao extermínio da fauna. Assim como na legislação, esperava-se que a presença humana se ampliasse e as atividades econômicas se expandissem, pois o sertão não tinha utilidade, valor ou sentido algum por si mesmo. Tal postura favorável ao desbravamento dos sertões ganhava ainda mais respaldo no fato de que a região havia sido palco de uma série de roubos e conflitos violentos como resultado da instabilidade social da guerra do Contestado, sendo que a própria vila de Canoinhas chegou a ser cercada pelos rebeldes. O alegado "fanatismo" dos sertanejos era associado à rusticidade e à "precariedade" do sertão. A solução, como sempre, era o "desenvolvimento" e o "progresso", através da colonização dos sertões com pessoas de origem europeia.

O redesenho da paisagem do planalto Contestado: as serrarias da Lumber

Num contexto de baixa produção madeireira do início do século 20, a instalação da Lumber no planalto Contestado começa no ano de

História ambiental no sul do Brasil   133

1910. Nesse ano foi inaugurada a primeira serraria da Lumber na estação de Calmon, 47 km em linha reta ao sul do rio Iguaçu (Gauld 280). Nessa época, as obras para a construção do ramal de São Francisco ainda estavam em seu início, por isso as grandes e pesadas maquinarias da serraria principal (a de Três Barras), trazidos dos EUA e da Europa, foram transportados de trem até Porto Amazonas, no início do trecho navegável do rio Iguaçu, e dali, com o auxílio de chatas até a foz do rio Negro e por fim rebocados por vapores até Três Barras (Comércio 1). Essa serraria, a maior da América do Sul, começou a funcionar em novembro de 1911, um ano após a conclusão da linha tronco São Paulo–Rio Grande e seis anos antes da conclusão do ramal de São Francisco.

Três Barras, nessa época, era administrativamente apenas um quarteirão ligado ao município de Rio Negro/PR. A empresa se beneficiou da proximidade da colônia Antônio Olinto, na margem do rio Negro, de onde pode recrutar mão de obra para o funcionamento do engenho (Tomporoski 21). A serraria da Lumber em Três Barras se destacava pelos sofisticados processos técnicos que empregava. De acordo com Charles Gauld, essa serraria tinha capacidade de produção de 470 m³ de madeira serrada por dia, e chegou a ter cerca de 2 mil operários (Gauld 280; Thomé 125; Southern Brazil Lumber and Colonization Company 1920-23; Comércio 1). Numa época em que inexistiam caminhões para o transporte das toras até as serrarias, a Lumber investiu na construção de vários quilômetros de ferrovias particulares dentro de suas propriedades, e contava com grandes guinchos movidos a vapor para puxar as toras distantes até 300 metros da ferrovia (Thomé 125, 126). Toda essa tecnologia foi exibida em um filme-documentário de 45 minutos, de 1911, por uma empresa de propaganda argentina e encomendado pela Lumber para divulgar a empresa no Brasil e no exterior (Tomporoski 40). Para operar e dirigir tão complexa estrutura e alta tecnologia para a época, a Lumber ofereceu altos salários a trabalhadores especializados vindos dos EUA.

Em razão do alto custo de manutenção e transporte do maquinário para a construção do engenho, como já foi mencionado, do transporte de toras por grandes distâncias para suprir a grande capacidade produtiva da serraria, a construção de ferrovias particulares e o alto custo da mão de obra norte-americana, era percebido pelos diretores o elevado custo de

134   Jó Klanovicz • Gilmar Arruda • Ely Bergo de Carvalho (orgs.)

produção do empreendimento. Em várias ocasiões foi sugerida a divisão do engenho de Três Barras em engenhos menores, que seriam mais fáceis de serem desmontados e reinstalados em outros locais após o esgotamento da madeira. No relatório da empresa de abril de 1917, um alto funcionário da companhia, W. T. Nolting, apresentou diversos dados para mostrar como a serraria de Cachoeirinha, em Jaguariaíva/PR, bem menor do que a de Três Barras, era muito mais lucrativa do que esta, pois envolvia um custo de produção muito menor (Nolting 4).

A serraria de Cachoeirinha começou a funcionar em 1916 e era localizada no km 34 da linha Paranapanema, em Jaguariaíva. No primeiro ano de funcionamento, a serraria estava serrando uma média de 70 m³ por dia e toda a produção era destinada a São Paulo e Rio de Janeiro. A empresa estava localizada em uma propriedade que era atravessada numa extensão de 15 km pela linha férrea Paranapanema, o que facilitava consideravelmente o transporte de toras até o engenho. Devido à ausência de maquinários complexos para o arraste das toras como em Três Barras, operava com um custo de produção bem mais baixo. Em abril de 1917, a serraria já tinha lucrado 300% em relação ao investimento total (Bishop 9,10):

> Enquanto que eu devo admitir que Cachoeirinha tem concorrido com toda sua parte para augmentar os nosso lucros geraes e deve receber credito para a maioria da porcentagem, este não era o meu intento quando fazia o meu Relatório para o mez de Abril. O que eu desejava demonstrar era o que uma serraria daquelle typo poderia fazer em circumstancias ordinárias quando não está sobrecarregada com pezadas despezas de administração e geraes. Infelizmente para Cachoeirinha, enquanto ella precisa suportar a sua proporção de nossas despezas geraes, nossa intervenção não é necessária para o seu sucesso. [...] A serraria de Cachoeirinha foi construída para o fim de reforçar a posição da de Três Barras, e devo dizer que ella tem feito tudo o que podia esperar della (Bishop 4).

História ambiental no sul do Brasil 135

Bishop apontou que a serraria de Cachoeirinha, embora construída como um apêndice da grande serraria de Três Barras, acabou se mostrando mais lucrativa, e a sua lucratividade poderia ainda ser maior se as despesas gerais da companhia não fossem tão altas. Além dos elogios à eficiência e lucratividade da Cachoeirinha, superiores a de Três Barras, Bishop também elogia as condições da propriedade da qual fazia parte o engenho. "O terreno em Cachoeirinha é de muito boa qualidade e poderá ser vendido por um preço maior do que pagamos mesmo depois de ter removido a madeira" (Bishop 10). Tal afirmação de Bishop revela, além da qualidade do terreno, o baixo valor que a madeira não beneficiada tinha naquele contexto, pois algumas décadas mais tarde as florestas passaram a ter um valor monetário significativo, o que pode ser comprovado pelo grande número de negócios envolvendo apenas as árvores das propriedades (Carvalho 154). Não muito distante de Cachoeirinha, próximo às margens do rio Itararé e da divisa com o estado de São Paulo, a Lumber havia adquirido a propriedade de Morungava, no município de Sengés, onde construiu uma serraria próxima à serra do Paranapiacaba, numa região dominada pela floresta de araucária (Bishop 39; Fundação IBGE 486).

Quanto aos altos custos de produção do engenho de Três Barras, Bishop sugeriu como poderia ser feita a subdivisão desse engenho, como demonstrou no relatório de abril de 1917. Além disso, nesse relatório observamos o quanto eram ousados os projetos da companhia na região do vale do Iguaçu, onde o ramal ferroviário de São Francisco só seria inaugurado em setembro daquele ano:

> Propriedade Vallões... Com referência a propriedade de Vallões que consiste de títulos para os terrenos de Moças, Cruzes, Rio Preto, Vallões e Escada, e que contém, segundo os títulos um total 21.600 alqueires, estes terrenos custaram 700.133,59 francos e como a Linha de São Francisco da Estrada de Ferro passa por dentro dessa propriedade numa extensão de mais de cincoenta kilometros, as facilidades para operações são excelentes, visto que a Estrada de Ferro acompanha o rio Iguassú e as mattas estão situadas sobre o mesmo num planalto gradual, facilitando a puxada de

136   Jó Klanovicz • Gilmar Arruda • Ely Bergo de Carvalho (orgs.)

toras. Esta propriedade contém no mínimo um bilhão de pés de madeira em toras para serra com uma boa porcentagem de imbuia que é de grande valor. O valor do "stumpage" em taes condições desta qualidade seria muito barata á Rs.1$500 por mil pés o que importaria em 1:500$000 mais ou menos (Bishop 1917a, p. 1, 2).

O representante da Lumber, pensando nos custos, alerta aos seus superiores que o retorno está garantido tendo em vista a fertilidade da área:

> O solo é muito fértil e nas proximidades do rio Iguassú não há logar melhor para a locação de uma prospera colônia. Nessa propriedade seria fácil a venda de lotes á 50$000 por alqueire. Por ahi realizareis que esta propriedade é de grande valor e deverá ser retida á todo custo. Visto que é uma das propriedades das quaes esta Companhia depende em tirar maiores proveitos pecuniários. Recomendamos e temos as melhores intenções de, se formos autorizados, dividir o grande engenho de Três Barras e estabelecer duas serrarias nesta propriedade depois que o engenho de Três Barras cortar toda a madeira em Três Barras e vizinhanças. A propriedade de Vallões dista mais ou menos 100 kilometros do engenho de Três Barras, cuja distancia é muito grande para se pagar frete sobre as toras. Porém estes 100 kilometros addicionados ao nosso já longo percurso não importará em muito mais. Devido á excellência do pinho e imbuia nesta propriedade e a grande quantidade dos mesmos, derivaremos um lucro extraordinariamente grande de operações alli (Bishop 1, 2).

A intenção do diretor de dividir a serraria de Três Barras e construir uma em Vallões não foi concretizada, mas a Lumber adotou um sistema de empreitada em que as pequenas serrarias que surgiram na década de 1920 naquela região passaram a vender madeira beneficiada para a companhia a partir da madeira retirada de suas propriedades (Weinmeister

História ambiental no sul do Brasil

4). A Lumber tinha a intenção de construir uma serraria na localidade de Jararaca, antiga Felipe Schmidt, entre Canoinhas e Porto União, pois no relatório de dezembro de 1919 aparecem nas contas de capital "despesas preliminares de exploração da nova serraria em Jararaca" (Bishop 1919: 8). Não temos dados até o momento se a serraria foi construída.

No relatório de abril de 1917, consta que a produção total (em toras) da serraria de Três Barras nos cinco primeiros anos de funcionamento foi de pouco mais de 107 milhões de pés cúbicos (ou 249.000m³), o que significou a devastação de 2.484 alqueires (6.011ha), rendendo uma média de 41,4m³ por ha (Bishop 1917: 4). A maior parte da madeira explorada era de araucária, que além de ser a árvore mais abundante na mata era também a mais valorizada no mercado. Mas também era aproveitada em escala bem menor a imbuia, a canela e o cedro, as chamadas madeiras de lei. A araucária era classificada em diferentes tipos de madeira, de acordo com a sua qualidade. Em valores monetários, o lucro líquido das vendas de madeira do ano de 1919 alcançou 1.995 contos de réis, enquanto o lucro líquido das vendas de caixas atingiu os 371 contos (Bishop 1919: 10).

Neste mesmo relatório se observa que o total vendido para Buenos Aires correspondia a mais de 40% de todas as vendas da companhia. A madeira beneficiada em Cachoeirinha era enviada para São Paulo e Rio de Janeiro, e provavelmente a da serraria de Sengés (Morungava) também, pois a maior proximidade dessa região com São Paulo reduzia consideravelmente os custos com fretes. Assim, todas essas vendas para Buenos Aires eram provavelmente com madeira beneficiada em Três Barras e Calmon (Bishop 1919: 2). No entanto, a serraria de Calmon, antes da inauguração do ramal de São Francisco, tinha a desvantagem de se encontrar a uma grande distância tanto de São Paulo como dos portos de Paranaguá e São Francisco, o que deveria acarretar em custos elevados de fretes. Das vendas efetuadas para São Paulo e Rio de Janeiro, os relatórios mostram que a companhia tinha vários clientes compradores de madeira em diversas cidades do interior de São Paulo e Minas Gerais, principalmente (Bishop 1917: 25-27; Bishop 1917b: 23-25).

Entre novembro de 1911 e abril de 1913, quando o ramal de São Francisco chegou a Marcílio Dias, próximo a Canoinhas e Três Barras, não consta na documentação analisada se houve transporte de madeira da serraria de Três Barras. Pode ser questionado se no período em questão houve somente a produção e estocagem de madeira. Isto pode ter acontecido pois, em 1913, a exportação de pinho do Brasil apresenta um grande salto em relação aos dois anos anteriores (Thomé 115). Para a exportação da madeira para Buenos Aires e Montevidéu a empresa utilizava o porto de Paranaguá/PR, mas em junho de 1917 as operações foram totalmente transferidas para o porto de São Francisco, a cerca de 220 km de Três Barras por via férrea. A Lumber mantinha E. C. Dearing em Buenos Aires como superintendente de vendas e negociações com a empresa compradora da produção, a Devoto Carbone & Co. Pelos relatórios analisados, essa empresa comprava a quase totalidade da produção da empresa encaminhada para a Argentina e o Uruguai e revendia a outros compradores (Bishop 1917a: 27; Bishop 1917c: 4; Thomé 115).

Além da ferrovia e do transporte marítimo, a Lumber também comprou dois vapores (o Três Barras e o Porto Velho) para auxiliar no transporte de madeira e erva-mate, que a partir de 1920 também se tornou uma das fontes de receita da empresa, inclusive com a exportação para o Rio da Prata. Os vapores navegavam pelos rios Negro e Iguaçu (Bishop 1919: 3).

Todo esse complexo sistema de transporte de madeira da Lumber, que envolvia altos custos de manutenção e fretes, apresentava, de acordo com o diretor, frequentes problemas. O transporte marítimo passou por crises de falta de embarcações e greves de estivadores em Buenos Aires, os vapores apresentavam frequentes problemas técnicos e de necessidade de reparos e o sistema ferroviário apresentava falta de vagões, o que chegava a limitar o ritmo da produção (Bishop 1917a: 8). Além disso, a linha de São Francisco sofreu várias sabotagens nos anos de 1913 a 1915 pelos rebeldes do Contestado, que causaram um atraso na construção do trecho entre Canoinhas e Porto União, o que certamente prejudicou os negócios da companhia (Bishop 1917c: 2; Thomé 115).

Para tentar driblar o problema do transporte marítimo, a Lumber passou, após a conclusão do ramal de São Francisco em setembro de 1917, a transportar toda a madeira para Montevidéu e Buenos Aires inteiramente pela ferrovia. Sobre a questão da falta de vagões, não só a Lumber, mas vários outros madeireiros, se queixavam desse problema para as suas indústrias e que significou grande deterioração da qualidade de madeira e

História ambiental no sul do Brasil 139

desperdício da mesma por excesso de produção. Eram constantes as queixas de madeireiros de que a empresa administradora da ferrovia (a Brazil Railway Company) favorecia o transporte da produção da Lumber em detrimento de outros madeireiros. O Centro dos Industriais de Madeira do Paraná, um órgão representante da classe madeireira naquele Estado, sintetizou o problema da falta de vagões e a acusação de favorecimento a Lumber: "Grandes eram os entraves creados ao transporte ferroviário ao reassumir a direcção do Centro, em janeiro. Só se ouvia fallar no transporte das madeiras da Lumber Co. e os nossos industriaes com os seus enormes stocks apodrecendo" (Marques 11).

Por outro lado, o diretor da Lumber também reclamava da falta de vagões no relatório da companhia:

> Nós desejamos mencionar novamente a seriedade da situação dos vagões e pedir para que você faça todo o possível para manter-nos supridos com o necessário número de vagões para transportar nossa produção. Nós estamos recusando pedidos diariamente simplesmente por que nós não podemos assegurar vagões para o transporte. Com os preços que nós estamos agora recebendo por nossos produtos, nós estamos em uma posição de satisfazer alguns dos benefícios dos nossos trabalhadores mas a menos que nós possamos assegurar facilidades de transporte nosso progresso nos preços fará muito pouco (BISHOP, 1917d, p. 8).

Apesar das dificuldades de transporte e dos custos de produção, a Lumber explorou as florestas de araucária intensamente no planalto norte catarinense e nos campos do Paraná. Ela também passou a fazer contratos com pequenas serrarias em Valões, que cortavam as árvores da propriedade da companhia e vendiam toda a madeira beneficiada para a mesma (Weinmeister 4).

Outra fonte de lucro da empresa era a colonização ou loteamento das áreas já desmatadas, que completava o processo de devastação iniciado pelas atividades madeireiras, não permitindo em sua maioria a regeneração natural. Se as madeiras mais valiosas não haviam sido ainda

140   Jó Klanovicz • Gilmar Arruda • Ely Bergo de Carvalho (orgs.)

totalmente removidas, a empresa deixava estabelecido no contrato de venda do lote a garantia dos direitos de exploração de tais madeiras (Southern Brazil Lumber and Colonization Company 1933: 35, 36). Para manter a disciplina em toda a estrutura montada pela empresa e garantir a posse da terra através da expulsão dos posseiros, a empresa dispunha de um corpo de segurança de mais de 300 guardas (Machado 152). A Lumber se aliou aos coronéis locais e lideranças políticas do Paraná e Santa Catarina no intuito de administrar os negócios sem maiores problemas:

> A Brazil Railway e sua subsidiária Lumber desenvolveram um cuidadoso processo de cooptação das lideranças políticas dos respectivos estados para evitar embaraços legais e obter facilidades administrativas. O vice-presidente do Paraná, Affonso Camargo, foi advogado da Lumber enquanto exercia este cargo público. [...] O jovem advogado lageano Nereu Ramos, filho do ex-governador Vidal Ramos, era, em 1916, representante oficial dos interesses da Lumber junto ao governo de Santa Catarina (149).

Em 1940 acabou o prazo dado pelo governo de 50 anos para a colonização e exploração das terras. O governo Vargas estatizou os bens da Lumber, e todas as empresas do sindicato Farquhar. O governo, através da Superintendência das Empresas Incorporadas ao Patrimônio Nacional, "continuou a administrar a Lumber por mais alguns anos, desativando-a gradativamente" (Thomé 138, 139). Todas as terras e equipamentos da empresa foram vendidos a particulares, com exceção de uma área de 2.000 hectares que abrangia a serraria de Três Barras, que passou para o controle do exército, onde foi criado o Campo de Instrução Marechal Hermes (139). Charles Gauld (281) afirma que ainda em 1953, na "decadente serraria", trabalhavam 100 homens sob a administração do Ministério da Guerra. No entanto, "em maio de 1954, este autor foi até lá de trem e a encontrou fechada. Aparentemente, nunca mais foi reaberta."

A Lumber como protagonista na devastação das florestas de Araucária no século 20

É na historiografia da Guerra do Contestado que a Lumber emerge nas abordagens acadêmicas, com informações geralmente escassas, revelando muito pouco de si (Auras 1995; Machado 2004; Queiroz 1966; Serpa 1999; Thomé 1992). Independentemente dessa historiografia, a Lumber merece ser estudada com outros enfoques. É evidente que não se pode separar mecanicamente a Lumber e a Guerra do Contestado. A empresa estrangeira está ligada a uma dinâmica e fenômeno de longo prazo, e de importância e interesse igualmente crescente na atualidade, que é a questão da devastação das florestas de araucária no Sul do Brasil no século 20. A empresa atuou violentamente contra a população sertaneja, gerando condições para a rebelião cabocla quanto no ecossistema que sustentava essa população, iniciando um processo de alteração dramática da paisagem.

As florestas de araucária foram habitadas por séculos por indígenas de diversas etnias, causando poucos "impactos nocivos" às florestas (Balée 35-37) (4). Em muitos locais, por alguns decênios imediatamente anteriores à chegada da colonização oficial, também se estabeleceram sob as matas populações caboclas, cultivando pequenos roçados, extraindo erva-mate, usando o pinhão como alimento para eles e para os porcos de sua criação.

O momento decisivo para o início da devastação das florestas de araucária no Sul do Brasil foi o final do século 19, com a instalação das primeiras serrarias no Paraná, a construção da ferrovia Paranaguá-Curitiba em 1885, e a imigração europeia incipiente, promovendo a "abertura" de terras para a agricultura e pecuária. A partir daí, a construção de novas ferrovias, a crescente migração, tanto de europeus quanto dos descendentes destes das colônias mais antigas do Rio Grande do Sul, Santa Catarina e Paraná, promoveram um avanço crescente em direção às florestas nativas de araucária em todo o planalto sul-brasileiro. Ao mesmo tempo, proliferaram serrarias, principalmente a partir da Primeira Guerra Mundial, passando a ser um fator de grandes oportunidades de negócio frente à

142   Jó Klanovicz • Gilmar Arruda • Ely Bergo de Carvalho (orgs.)

crescente demanda por madeira em outras regiões do país e no exterior.
Todo esse processo esgotou as florestas de araucária por volta da década de
1970, quando a indústria madeireira passou a realizar plantios de espécies
exóticas de rápido crescimento para garantir a continuidade da atividade
(Carvalho 2006; Moretto 2010).

Nesse quadro geral da devastação da floresta de araucária, a Lumber
teve um papel preponderante. Se compararmos os dados de diferentes relatórios, nota-se a produção significativa das serrarias da Lumber em comparação às mais de 200 serrarias existentes no Paraná e em Santa Catarina
em 1919 (Marques 7). Em Santa Catarina, por exemplo a produção madeireira da Lumber representava 50% do total. A maior parte dessa produção provinha da grande serraria de Três Barras, pois de acordo com os
números apresentados por Charles Gauld (280), é possível concluir que a
serraria de Calmon tinha uma capacidade de produção cerca de dez vezes
menor que a de Três Barras.

A atividade madeireira estava dando os seus primeiros passos, e
muito pouco do conjunto das florestas havia sido alterado. Nesse contexto, a Lumber surge como uma grande empresa em um ramo novo da
economia regional e nacional, quando as técnicas de produção e o volume
de produção das serrarias eram ainda extremamente limitados, e a madeira
do pinheiro brasileiro tinha conquistado poucos mercados. Assim, acredi-
tamos que a empresa foi, considerando o caráter mais artesanal e local dos
engenhos de serra existentes, uma espécie de pioneira da indústria madeireira, que consolidou a trajetória e a utilização das florestas de araucária
no planalto sul-brasileiro. Essa hipótese ganha sustentação em um artigo
do jornal *A Semana*, de Três Barras, de 15 de julho de 1920, onde o autor
do texto faz elogios ao diretor geral da Lumber à época, o norte-americano
Sherman A. Bishop:

> Atravessando períodos de dificuldades comerciais, soube
> sempre o Sr. S. A. Bishop manter, apesar as grandes despe-
> zas que pesavam sobre a sua mercancia, em pouco tempo,
> de modo verdadeiramente prodigiozo introduziu nas praças
> principais do nosso país e em Buenos Aires ganhando de

todo em todo grande cotação o *Pinho Paraná*, marca registrada da Companhia (Semana 1920).

Um exemplo da capacidade industrial da Lumber pode ser encontrado nos dados de exportação de madeira para Buenos Aires no período anterior e posterior à sua instalação. Em 1906, as exportações de madeira do estado do Paraná para Buenos Aires, na Argentina, e Montevidéu, no Uruguai, somavam cerca de 60 mil tábuas de pinho e imbuia e cerca de 8 mil unidades de outros tipos de peças de madeira (vigas, dormentes, pranchões). Podemos comparar com os dados de venda da Lumber para os mesmos locais poucos anos depois, que alcançavam, tomando como base o ano de 1916, cerca de 15 milhões de pés (34.950 m³) (Martins 1909: 10; Nolting 1917: 2).

Considerações Finais

Embora a exportação de araucária tivesse frequentes altos e baixos, observa-se um espantoso crescimento a partir de 1915, e que tenderá a crescer mais e se manter em patamares elevados até as décadas de 1960 e 1970. Toda essa produção representou, ainda por muitas décadas, na economia do Paraná e de Santa Catarina, o principal produto de exportação. Em nível nacional, a araucária representou por muitas décadas, a principal madeira exportada pelo país (Hueck 1972). Se a ferrovia e o aparecimento dos caminhões (principalmente a partir da década de 1930) permitiram o desenvolvimento da indústria madeireira sulina, incluindo aí a Lumber, é preciso mencionar que a capacidade limitada da quantidade de vagões que a empresa ferroviária fornecia, assim como as péssimas estradas de rodagem, colocou um freio ao ritmo do desmatamento, que poderia ter sido ainda mais intenso.

Toda essa discussão da devastação das Florestas de Araucária nos leva a algumas reflexões baseadas nas palavras introdutórias do nosso capítulo, remetendo-nos a Miller, que afirma que "atitudes culturais em relação à natureza definem o tom das relações humanas com o meio ambiente e podem ser potencialmente o mais importante fator numa cultura de sustentabilidade". (Miller 4). Infelizmente, a história da Southern Brazil Lumber and Colonization Company, assim como tantas outras que acontecem atualmente, nos leva para o oposto dessa sustentabilidade e mostra mais uma vez que "independente da cultura religiosa ou de visões científicas da natureza, nós da raça humana temos juntado as mãos para reformular e devastar a terra, sua diversidade e vitalidade" (Miller 4).

Concluímos com as observações feitas por John Muir, o "pai dos parques nacionais" dos EUA e um dos seus maiores conservacionistas. Em viagem ao Brasil (1911), tinha como um dos sonhos conhecer as florestas de Araucária, das quais havia ouvido falar. O sonho foi realizado quando passou uma semana no estado do Paraná, aproveitando todas as horas do dia para observá-las e desenhá-las, e declarou afetuosamente a floresta de araucária como "um lugar de acordo com o meu coração" (Muir 71). Muir escreveu em seu diário, em 24 de outubro de 1911: "a floresta mais interessante que eu vi em toda a minha vida" (Muir 88). Por ocasião da sua viagem, "a araucária *angustifolia,* hoje uma das espécies em situação mais crítica de extinção do mundo, podia ser encontrada crescendo aos milhares nos campos gerais do Estado do Paraná" (Worster 443). As paisagens percorridas mostravam o início dessa devastação, pois parte das medições e anotações feitas por ele se deram no interior de uma indústria madeireira, em um "cenário onde estavam sendo derrubadas e serradas intensamente" (443). As mesmas araucárias que ele tanto elogiava e que sonhou conhecer e guardar no seu coração estavam no início do seu esgotamento como Floresta, restando hoje somente fragmentos e alguns parques.

Trabalhos citados

Auras, M. *Guerra do contestado:* a organização da irmandade cabocla. 2ª ed. Florianopolis: Ed. da UFSC, 1995.

Balée, W. People of the Fallow: a historical ecology of foraging in Lowland South America. In: Redford, K. H.; Padoch, C. (eds.). *Conservation of Neotropical Forests.* New York: Columbia University Press, 1992.

Bishop, S. *Relatório da Southern Brazil Lumber and Colonization Company*. 1917a (Abril). Arquivo Público do Estado de Santa Catarina.

_____. *Relatório da Southern Brazil Lumber and Colonization Company*. 1917b (Maio). Arquivo Público do Estado de Santa Catarina.

_____. *Relatório da Southern Brazil Lumber and Colonization Company*. 1917c (Agosto). Arquivo Público do Estado de Santa Catarina.

_____. *Relatório da Southern Brazil Lumber and Colonization Company*. 1917d (Setembro). Arquivo Público do Estado de Santa Catarina.

_____. *Relatório da Southern Brazil Lumber and Colonization Company*. 1919 (Dezembro). Arquivo Público do Estado de Santa Catarina.

Carvalho, M. M. X. de. *O desmatamento das florestas de araucária e o Médio Vale do Iguaçu:* uma história de riqueza madeireira e colonizações. Dissertação (Mestrado em História). Florianópolis Universidade Federal de Santa Catarina, 2006.

Castella, P. R.; Britez, R. M. de. *A floresta com araucária no Paraná:* conservação e diagnóstico dos remanescentes florestais. Fundação de Pesquisas Florestais do Paraná. Brasília: Ministério do Meio Ambiente, 2004.

Comércio. *Southern Brazil Lumber & Colonisation Co.* Porto União, 29/03. 1936. Biblioteca Pública do Estado de Santa Catarina.

IBGE. *Enciclopédia dos municípios brasileiros*. Rio de Janeiro: s. nº, 1957, vol. 31.

Gauld, C. *Farquhar, o último Titã*: um empreendedor americano na América Latina. São Paulo: Editora de Cultura, 2006.

Hueck, K. *As florestas da América do Sul:* Ecologia, composição e importância econômica. UnB/Polígono, 1972.

Imparcial. Canoinhas. Canoinhas, 13/08, nº 34. 1916. Biblioteca Pública do Estado de Santa Catarina.

INP. Quadros Estatísticos. Anuário Brasileiro de Economia Florestal, nº 1. Rio de Janeiro, 1948.

146   Jó Klanovicz • Gilmar Arruda • Ely Bergo de Carvalho (orgs.)

INP. Quadros Estatísticos. Anuário Brasileiro de Economia Florestal. Rio de Janeiro, 1958.

INP. Quadros Estatísticos. Anuário Brasileiro de Economia Florestal. Rio de Janeiro, 1968.

Lavalle, A. M. *A madeira na economia paranaense.* Curitiba: GRAFIPAR, 1981.

Machado, P. P. *Lideranças do Contestado:* a formação e a atuação das chefias caboclas (1912-1916). Campinas: Editora da Unicamp, 2004.

Martins, R. *O Pinho do Paraná e as suas necessidades.* Curitiba: Tipografia da Livraria Econômica, 1909.

Marques, E. *Relatório apresentado em sessão ordinária do Conselho Director em 31 de março de 1919.* Curitiba: Livraria Mundial, 1919.

Moretto, S. P. *Remontando a floresta:* a implementação do Pinus e as práticas de reflorestamento na região de Lages (1960-1990). Dissertação (mestrado em História) – Programa de Pós Graduação em História. Florianópolis: Universidade Federal de Santa Catarina, 2010.

Muir, J. (Edited by Michael P. Branch). *Last Journey.* South to the Amazon and East África. Washington: Island Press, 2001.

Nodari, E. S. *Etnicidades renegociadas:* práticas socioculturais no oeste de Santa Catarina. Florianópolis: Ed da UFSC, 2009.

Nolting, W. T. *Relatório da Southern Brazil Lumber and Colonization Company.* 1917 (Abril).

Queiroz, M. V. de. *Messianismo e conflito social:* a guerra sertaneja do contestado: 1912-1916. Rio de Janeiro: Civilização Brasileira, 1966.

Reitz, R.; Klein, R. M. *Araucariáceas.* Flora Ilustrada Catarinense. Itajaí, 1966.

Ruschel, A. R. *Avaliação e valoração das espécies madeiráveis da floresta estacional decidual do Alto-Uruguai.* Dissertação de Mestrado em Recursos Genéticos Vegetais. Florianópolis, Universidade Federal de Santa Catarina, 2000. Sanqueta, C. R.; Tetto, A. F.

Pinheiro-do-Paraná: lendas & realidades. Curitiba: Fundação de Pesquisas Florestais do Paraná, 1999.

Semana. *Volta dos Estados Unidos o Director Geral da Lumber Company.* Três Barras, 15/07. A.1, n°12. 1920.

Serpa, E. C. *A guerra do contestado* (1912-1916). Florianópolis: Ed. da UFSC, 1999.

Southern Brazil Lumber and Colonization Company. Balancete. Folha de Pagamento. 1920-23.

_____. Memorial da Southern Brazil Lumber and Colonization Company. Curitiba: Papelaria Universal, 1933. Arquivo Público do Estado de Santa Catarina.

Thomé, N. *Ciclo da Madeira:* história da devastação da Floresta da Araucária e do desenvolvimento da indústria madeireira em Caçador e na região do contestado no século XX. Caçador: Imprensa Universal, 1995.

_____. *Sangue, suor e lágrimas no chão contestado:* o homem do contestado, as causas do conflito, a guerra do contestado. Caçador: UnC, 1992.

_____. *Trem de Ferro:* história da ferrovia no contestado. 2ª ed. Florianópolis: Lunardelli, 1983.

Tomporoski, A. A. *O pessoal da Lumber!*: um estudo acerca dos trabalhadores da Southern Brazil Lumber and Colonization Company e sua atuação no planalto norte de Santa Catarina,1910-1929. Dissertação (Mestrado em História). Florianópolis, Universidade Federal de Santa Catarina, 2006.

Weinmeister, H. *Relatório da Southern Brazil Lumber and Colonization Company.* 1931 (Dezembro).

Worster, D. *A passion for nature:* the life of John Muir. New York: Oxford University Press, 2008.

O estado jardineiro e a gestão das florestas

Uma história do Departamento de Geografia, Terras e Colonização na gestão do sertão paranaense (1934-1964)

por Ely Bergo de Carvalho

APESAR DE NORMAS JURÍDICAS que regulam o acesso aos recursos florestais já existirem no Império Português desde antes da sua expansão para a América, uma legislação florestal moderna, ou talvez fosse melhor chamá-la contemporânea, que rompe com o liberalismo e traz para o Estado a responsabilidade de gerir os recursos florestais, bem como a economia em geral, data da era Vargas (1930-1945). Embora o Paraná tenha sido o pioneiro na produção de um moderno Código Florestal no Brasil, o código aprovado em 1907 era pouco restritivo quanto à derrubada das matas e cioso quanto ao direito de "usar e abusar" dos bens privados. Mesmo assim, um dos seus elaboradores, Romário Martins, afirmou que tal código "ficou constituindo mera decoração da legislação paranaense" (Martins 101). O primeiro Código Florestal federal, de 1934, foi um dos marcos legislativos do rompimento com a postura liberal da Primeira República, indicando a intervenção estatal na economia, a qual marcaria os anos subsequentes com a ampliação de atuação da esfera estatal e a emergência no Brasil de um Estado fordista periférico. Apesar de tal código florestal apresentar alguns elementos preservacionistas (1), ele era fundamentalmente conservacionista, buscava racionalizar a utilização de recursos florestais, de forma produtivista. Os trabalhos de história ambiental, muitas vezes, acabam avaliando esses códigos pelo signo da ausência, entendendo-os como uma legislação ambiental imperfeita ou pensando no motivo pelo qual eles não cumpriram os anseios de alguns "defensores da natureza", que lutaram por sua instalação. Assim, concluíram que tal legislação foi apenas letra morta. Em vez de se procurar perceber qual o projeto maior em que tal legislação estava inserida, para além dos "defensores da natureza" da época, e como a lei foi interpretada e aplicada pelos

152   Jó Klanovicz • Gilmar Arruda • Ely Bergo de Carvalho (orgs.)

agentes responsáveis pela sua efetivação, busca-se aqui justamente entender a aplicação da legislação florestal durante o *boom* do processo de avanço da fronteira agrícola, no século 20, no Paraná.

Como argumenta Dean, não foi o Governo Federal o principal responsável pela fiscalização da aplicação do Código Florestal, e sim os Governos Estaduais, pois um aparato federal de fiscalização previsto na lei não foi efetivamente criado (Dean 20). No *Relatório dos Serviços e Ocorrências da Secretaria de Fazenda e Obras Públicas*, de 1934, é informado que o Decreto Estadual nº 2.569, de 11 de dezembro de 1934, já mandava adotar, no Paraná, o Código Florestal Nacional, sendo confiado ao Departamento de Terras e Colonização (DTC), posteriormente Departamento de Geografia, Terras e Colonização, (DGTC), "a maior responsabilidade na execução do Código Florestal" (2). Por isso, o DTC iria "iniciar uma campanha pela defesa das mattas, [sic.] principiando pela educação do industrial e do lavrador, antes de aplicar as penalidades da lei" (Paraná 1934: 34). Contudo, são escassos os relatórios governamentais a esse respeito. Apesar disso, em 1945, a 5ª Inspetoria de Terras elaborou um relatório referente a suas atividades nos anos de 1940 a 1945. Tal órgão fazia parte do DTC e abrangia 43.000 km², com sede na cidade de Guarapuava. No item "Serviço Florestal", informa-se que

> foram feitas contínuas inspeções in-lóco [sic.] em toda a zona de sua jurisdição. [...] Verificou-se então a grande e criminosa invasão nas terras devolutas existentes nas diversas zonas, pelos *sertanejos* amparados pelos celebres safristas que só se aproveitam das mesmas. [...] *Para por termo a esse abuso solicitou a Inspetoria, em 1942, a nomeação de Guardas Florestais,* a fim de executar as determinações do Código Florestal e impedir a invasão e queima desordenada das florestas de domínio público (destaque do autor) (Departamento de Terras e Colonização).

A aplicação da lei florestal procurava pôr fim na "abusiva colonização espontânea", ou seja, na ação dos milhares de posseiros vindos de várias partes do Brasil que pressionavam o Estado ao adentrarem o "sertão" para fazer posse. Eram, fundamentalmente, os homens e as mulheres pobres do campo, os quais, ao tentar produzir uma posse, eram chamados nos relatórios governamentais de "intrusos" e criticados como os grandes destruidores da floresta. Segundo o citado relatório, a nomeação de guardas florestais tinha justamente o objetivo de controlar a ação do "sertanejo". Como diria Da Matta, esses eram os "indivíduos" para quem cabia a letra fria da lei. Da Matta afirma que, no Brasil, há duas formas de se conceber: o que ele chama de "indivíduo", ou seja, mais um na multidão (para esses, cabe a aplicação da letra fria da lei); e o que ele chama de "pessoas", aqueles que exigem, pela sua posição social, um tratamento diferenciado (para os quais sempre é possível dar um "jeitinho"). "Em outras palavras, *as leis só se aplicam aos indivíduos e nunca às pessoas*; ou, melhor ainda, receber a letra fria e dura da lei é tornar-se imediatamente um indivíduo. Poder personalizar a lei é sinal de que se é uma pessoa" (Da Matta 194).

Deve-se considerar, entretanto, que, pelo menos oficialmente, os guardas florestais tinham uma função propedêutica; assim, segundo o citado relatório, eles atendiam "as queimas de roças e orienta[vam] os sertanejos da maneira como devem preparar os aceros para impedir a propagação do fogo nas florestas vizinhas" (Departamento de Terras e Colonização 21). E, oficialmente, não se limitavam à repressão ao "intruso", mas também à conservação da natureza, pois "impedem, também, a derrubada das margens dos rios e ribeirões de pequeno curso e nas nascentes para conservar o regime de águas" (21).

Obviamente as condições de fiscalização eram bastante precárias. No relatório, reclama-se dos baixos salários dos "rapazes abnegados" que defendem o "patrimônio público", "passando privações e arriscando às vezes a própria vida" (21). Ademais, os guardas florestais, que eram "em número muito reduzido para atender a vasta extensão territorial da Inspetoria, foram aumentando no correr dos anos", chegando na época, a 9, os quais estavam "espalhados em lugares diversos nos distritos" (21).

No relatório de 1947, constam apenas quatro guardas florestais na 5ª Inspetoria, tendo, em todo o Estado, 11 guardas florestais (Relatório apresentado... 1948). É compreensível que, nessas condições, os relatórios reivindicassem que se "atribua autoridade maior" aos guardas florestais "para a repressão, quiçá permitindo-se-lhes a faculdade de requisição

154 Jó Klanovicz • Gilmar Arruda • Ely Bergo de Carvalho (orgs.)

imediata de força armada para solução dos casos constantes de obstinação" (id.). Pois mesmo o Decreto Estadual, nº 2.567, de 3 de dezembro de 1934, previa que os funcionários poderiam "recorrer ao auxílio das autoridades policiais que lhes prestarão o necessário apoio moral e material". Não havia apoio de todos os órgãos e agentes estatais, como transparece no caso da 5ª Inspetoria de Terras:

> Os infratores são autuados e os respectivos autos de infração
> são remetidos à sede da Inspetoria, que solicita a abertura
> de inquérito às autoridades policiais. [...] Infelizmente esses inquéritos cujo maior número foi remetido à Delegacia
> de Pitanga, não mereceram a atenção dos delegados de polícia por insinuação do Tenente da Força Pública, Abílio
> Antunes Rodrigues, que ao envês [sic.] de dar apoio moral e
> material aos Guardas Florestais, sempre procurou diminuir
> a autoridade dos mesmos (Departamento de Terras 21).

As terras devolutas eram, aparentemente, o principal alvo da ação dos guardas florestais, apontando uma ação efetiva de controle do território, mesmo que pouco eficiente do ponto de vista da proteção da floresta. Sendo a ação da Guarda Florestal voltada contra os "indivíduos", provavelmente, pouco atingia a ação das "pessoas", como os donos de colonizadoras e fazendeiros. Todavia, o citado relatório apresenta uma apreciação bastante positiva da ação dos guardas florestais.

> Com a fiscalização por parte dos Guardas Florestais, que
> recebem instruções e ordens diretas da Inspetoria de Terra,
> calcula-se que em mais de 60% foram reduzidas as invasões e queimadas desordenadas das florestas de domínio
> do Estado. [...] Todos os ocupantes e requerentes de terras
> de domínio do Estado, ainda não legalizadas, são obrigados a tirarem todos os anos uma licença para fazerem suas
> derrubadas e roças. [...] Essas licenças são expedidas pelos
> Guardas Florestais. [...] No período de 1942 a 1945, foram
> expedidas 24.460 licenças para feitio de roças abrangendo a

área total de 343.068 hectares, sendo 132.348 hectares para derrubada de mata virgem e 210.720 hectares para derrubada de capoeiras. [...] Além desse número de licenças e área, presume-se que tenha sido derrubado muito mais, levando-se em conta às zonas mais distantes que escapam à fiscalização dos Guardas Florestais (21).

Os números otimistas apresentados reforçam a hipótese de uma tentativa de controle efetivo sobre um território que, 30 anos antes, aparecia nos mapas como "sertão desconhecido" ou "sertão desabitado", pois indicava que, durante quatro anos, foi autorizada a derrubada de "mata virgem" de 3,5% do território da Inspetoria, ou uma média de 0,76% por ano. Mesmo considerando que, antes da instalação do Território do Iguaçu, a área da Inspetoria era de 73 mil km^2 e que o índice de desflorestamento deveria ser bem mais alto que isso, como reconhece o próprio relatório, tais números indicam a efetividade da ação do Estado, mesmo em condições precárias. Reforça tal hipótese o Relatório do exercício de 1947, no qual informa-se que, para todo o Estado do Paraná, a arrecadação com "multas decorrentes de infração florestal" alcançou C$ 100.700,00, ou 3,1% das receitas do DGTC (Relatório apresentado... 1948). Todavia, antes de se proteger a floresta tal ação era voltada para controlar o território, procurando manter sob controle a ação dos "intrusos" ou, pelo menos, daqueles que eram "indivíduos". Assim, a legislação era usada para excluir homens e mulheres pobres do campo do acesso à terra, ao mesmo tempo em que o Estado facilitava o acesso a ela, por parte das empresas colonizadoras e dos fazendeiros, através de meios lícitos e ilícitos (Serra 1991).

No Relatório de 1948 do Departamento de Geografia, Terras e Colonização, afirmou-se o seguinte a respeito da ação dos guardas florestais:

> No afan [sic.] de salvar o patrimônio florestal remanescente, em terras de domínio público, da *fúria iconoclasta dos devastadores*, muito têm feito esses funcionários, [...] aconselhando e advertindo *os sertanejos* incautos dos prejuízos decorrentes das derrubadas criminosas e do respeito devido

às leis(destaque do autor) (Departamento de Geografia, Terras e Colonização 1948).

Os relatórios do DGTC são implacáveis em denunciar a "fúria iconoclasta dos devastadores", revelando, a partir de dados certamente impressionistas, no Relatório provavelmente de 1946, que mais "de dois terças partes [sic] das terras de domínio do Estado se acham invadidas e grande área devastada." (19).

A crítica não se dirigia apenas aos "intrusos", mas a todos que não faziam a terra "produzir", como o latifúndio improdutivo ou as sociedades indígenas. A respeito das terras indígenas, o Relatório do exercício de 1941 do DGTC, assinado pelo seu Engenheiro Diretor, Antonio Baptista Ribas, se opõe ao fato das "reservas de terras para localização e fixação de silvícolas neste estado" atingirem "uma área imensa, que equivale à extensão territorial de alguns países europeus de densidade populosa bem significativa, ou seja, 200.000 hectares". No mapa da localização anexo ao citado relatório, constam 11 terras reservadas para índios e 6 reservas, nas quais consta o decreto de criação, datados de 1900 a 1915.

Antonio B. Ribas, em relação ao conjunto de terras reservadas aos indígenas, afirma que "essa imensa área que [...] permanece improdutiva, como reserva destinada à proteção e perpetuação de uma raça que já se encontra em degenerescência", pelo seu reduzido número e pelo cruzamento "com o nosso caboclo e de outros tipos étnicos oriundos das correntes imigratórias que se internaram pelo sertão", poderia ser justificada "quando o território do Estado era constituído pelo sertão virgem e despovoado". Todavia, tais terras reservadas não se justificavam mais quando "as terras uberrimas e ferazes do território paranaense" são "assoladas por uma avalanche de colonos de outros estados, que na sua espantosa produtividade, buscam auferir a compensação merecida do seu trabalho [...] fecundo". A pretensão do diretor do DGTC era eliminar estes "entraves ao desenvolvimento", passando a terra novamente ao controle do Estado para formar "núcleos progressistas que concorreriam para o engrandecimento e desenvolvimento econômico não só do Estado como da União." (Departamento de Terras e Colonização, 1941: 186). E acrescenta que

História ambiental no sul do Brasil   157

> Não é somente este o prejuízo que resulta da liberalidade consubstanciada na *reserva que constitui uma grande série de glebas improdutivas*, que tolhe o incremento do seu respectivo povoamento, mas também a resultante da *intrusão clandestina que produz a devastação criminosa depauperadora e desvalorizadora das terras*, sem que, a administração estadual, possa fazer sentir os efeitos consubstanciais nas medidas coercitivas de tão pernicioso abuso (destaque do autor) (Id.)

Por todos esses motivos, afirma Antonio B. Ribas que, para garantir o "progresso e o desenvolvimento", não se pode, "por sentimentalismo", esquecer da questão das terras reservadas para indígenas, a qual vinha sendo tratada em outros relatórios do DGTC, sendo solicitado um entendimento com o Governo Federal, "a-fim-de que fosse medida e demarcada, uma única área, capaz de abrigar suficientemente os poucos índios sobreviventes que aí seriam localizados de maneira a poder ser assistidos, material e moralmente, mais direta e eficientemente" (186). Dessa forma, para Antonio B. Ribas, o território paranaense seria ordenado em nome dos princípios da eficiência e da produtividade, ou seja, seria racionalizado.

Apesar dessa visão de mundo racionalizadora,(3) a produção da paisagem era fruto de um conjunto de relações e forças maiores, nas quais as sociedades indígenas não eram meras vítimas, mas agentes ativos. As reservas para indígenas não eram o fruto da mera "liberalidade" ou planejamento do Estado, mas de resistência, negociação e colaboração das populações indígenas em sua relação com a sociedade nacional (Mota 1994), por mais que tal relação tenha sido e seja em condições extremamente desiguais (Onofre 46-7).

As colocações do engenheiro diretor do DGTC reforçam, também, outras posições presentes nos relatórios, como o horror a tudo que não seja produtivo e à percepção negativa em relação aos grupos populares, um povo inadequado; no caso dos indígenas, literalmente "degenerado". Já no caso dos "intrusos", deveriam ser tirados da passividade de sua contumaz tradição de "devastação criminosa depauperadora e desvalorizadora das terras", cabendo à "administração estadual" coibir "tão pernicioso abuso".

158 Jó Klanovicz • Gilmar Arruda • Ely Bergo de Carvalho (orgs.)

Algumas vezes os relatos não ficavam apenas na crítica ao "intruso" e à "colonização espontânea", sendo possível perceber outras motivações para o ataque à floresta: "Lamentavelmente é vultosa a devastação criminosa das florestas mercê da irrefletida e gananciosa ambição de quantos objetivam somente a acumulação indevida de lucros com prejuízos múltiplos para toda uma coletividade" (Departamento de Geografia, Terras e Colonização 1948). Entretanto, as atribuições do DTC/DGTC, determinadas pelo Decreto Estadual nº 39, de 9 de janeiro de 1934, já indicavam o sentido do projeto a que estava associado, ou seja, zelar "pela conservação das matas, impedindo por todos os meios a devastação oriunda das derrubadas criminosas; promover a fixação do homem ao solo" (Id.) Segundo Lenharo, fixar o "homem no solo" era "impedir o livre movimento dos sem terra, isto é, dificultar e cercar o posseiro, e acima de tudo, criar o 'novo' trabalhador rural brasileiro, ordeiro, produtivo, voltado para o lucro, distante do seu meio natural, da sua tradição e do seu passado" (Lenharo 14). O resultado almejado era afastá-los do seu modo de vida e da sua agricultura de coivara, que "devorava as florestas".

Há inclusive cientistas contemporâneos que criticavam a "colonização espontânea" e a "coivara", apontando os esforços do DGTC em impedi-los. Como pode-se observar neste comentário de Bernardes, o DGTC, logo após o primeiro governo Lupion, (03/1945-01/1951)

> punindo a apropriação indevida das terras e a devastação das florestas e proibindo a cessão de direitos e venda de benfeitorias nas colônias, salvo casos de necessidade imediata, procurou o Departamento de Terras e Colonização *impedir que se continuasse o velho sistema já tradicional entre colonos e caboclos, de abandonar depois de alguns anos de roças e queimadas os lotes por eles ocupados* (Bernardes 21) (destaque do autor).

Deslocar-se fazia parte de um acoplamento estrutural a um dado tipo de ecossistema. Longe de ser o carrasco das florestas tropicais e subtropicais, a agricultura de coivara é uma técnica que se mostrou viável a longo prazo em dadas condições socioambientais. O adensamento populacional e a exploração mercantil colocam em cheque a viabilidade ecológica de tal prática; o momento em que isto acontece é algo bem controvertido (Worster 1991). Mas, nos relatórios, não é tal debate que estava em tela, e sim a condenação de uma agricultura tradicional em nome das novas tecnologias, da modernização. É importante destacar duas concepções acerca da produtividade da terra. Na agricultura de coivara, a terra é algo que se esgota inexoravelmente; apenas o crescimento da floresta permite a regeneração da capacidade produtiva do solo. Já na agricultura "moderna", uma propriedade rural é um elo em uma cadeia de produção. Nela criou-se a necessidade da entrada de inúmeros insumos para a posterior saída da produção. Como certa vez me explicou um agricultor da região que passou a usar tratores e fertilizantes no final da década de 1960: "a terra é que nem banco, tem que colocar para depois tirar", mas antes ele não pensava assim.

Tais concepções aparecem em um texto datado de 1948, assinado pelo "agrimensor licenciado" João Ryses referindo-se à Parte 2, da Gleba 7, da Colônia Piquiri:

> As terras desta parte da gleba acham-se bastante devastadas, apresentando na sua maior extensão principalmente capoeiras baixas, existindo somente nos lugares menos acessíveis alguns capões de mato branco e restinga de pinheiros pouco numerosos. Entretanto, devido a qualidade boa do seu solo, fértil por natureza, os trabalhos agrícolas regulares, com o possivelmente emprego de queimadas, com a aplicação do arado e do sistema de rotações de cultura, estas terras continuarão por muitos anos produzir satisfatoriamente, compensando plenamente o trabalho do agricultor (DGTC 1954: 50).

Em tal enxerto aparece a concepção edênica da terra "fértil por natureza", porém, agora estava vinculada a uma outra concepção moderna: a tecnologia como responsável por garantir a produtividade. Mesmo que os elementos tecnológicos não fossem, então, amplamente utilizados, como o arado, ou que fossem elementos mais identificados com uma agricultura tradicional do que com a moderna, como no caso das "queimadas", de toda a forma era o elemento técnico/tecnológico que iria garantir a produção.

Segundo Gilmar Arruda, no final do século 19 e início do 20 houve um deslocamento na percepção da natureza: de exuberante/paradisíaca para uma natureza também exuberante, mas na qual deve ser integrado o progresso, mediada pela tecnociência, a qual levaria a ver a natureza como recurso natural (Arruda 43-66). De forma semelhante, segundo Araújo, houve uma passagem do "mecanicismo clássico" para o "mecanicismo termodinâmico" no século 19, ou seja, de uma natureza como uma máquina inesgotável, movimentada por Deus, para uma natureza como máquina inesgotável, mas movimentada pelo homem, ou, talvez, fosse melhor dizer movida pela tecnologia. Para tal autor, entretanto, houve uma persistência do "mecanicismo clássico", no Brasil, com a hegemonia da ideia de um "país essencialmente agrícola" por parte da elite ligada aos interesses agrários, no qual caberia aos seres humanos apenas gerir a riqueza produzida pela natureza e não ser o motor produtor da riqueza (Araújo 2001).

Ao menos nas fronteiras de colonização, aparentemente, a imagem de uma natureza como motor do progresso parece ter sido mais persistente. Romanello afirma que, somente nos anos 1940/1950, houve uma "transição discursiva" em relação à terra, no Vale do Paranapanema paulista: "durante a década de 1940, [...] imagem de riqueza começa a ceder espaço para um discurso de fundo, mais técnico; a terra rica passa a não ser mais necessariamente a fonte da riqueza, pois faz-se necessário que a agricultura aplique 'cuidados científicos' ao solo, para que ele possa produzir, mais e melhor" (Romanello 15).

Se nos relatórios do DGTC a tecnologia moderna era a garantia da "produção", a falta de tecnologia ou as técnicas arcaicas eram apontadas como as responsáveis pela degradação. A agricultura de coivara ou tradicional era percebida como a fonte de degradação ambiental; já a moderna era percebida como a solução para os problemas gerados pela "devastação das florestas". Já no século 19, os poucos intelectuais que formaram, segundo José Augusto Pádua, uma "tradição intelectual" de "crítica ambiental" no Brasil escravista, projetavam em uma agricultura moderna, sendo o "atraso" entendido como a principal fonte da degradação ambiental no Brasil:

História ambiental no sul do Brasil   161

O modelo ideal de sociedade passava por um rural modernizado, inclusive com a introdução de máquinas e produtos químicos. Essa agricultura modernizada não era vista como fonte de destruição ambiental, mas sim como o caminho mais direto para a salvação do território e para a construção de um país efetivamente civilizado (Pádua 19).

A parcela não hegemônica da elite agrária, na República Velha, que propôs, por meio do Ministério de Agricultura, uma política de constituição de colônias de pequenos agricultores como forma de disciplinar homens e mulheres livres e pobres do campo para o trabalho, também pensava na modernização dos agricultores (Mendonça 1997). Por mais que as tecnologias identificadas como "modernas" tenham se alterado, o desejo de "modernização" permanece, sendo a "modernização" a solução para os problemas gerados com a "devastação florestal".

O DGTC tinha como objetivo modernizar o "sertão". Para tal, era necessário disciplinar a população, o que se expressava na máxima de "fixar o homem no solo". Contudo, também era seu objetivo disciplinar a floresta, eliminando a caótica floresta e a substituindo por uma disciplinada e produtiva floresta artificial. Como afirma Acrício L. Marques, "Engenheiro Diretor" do DGTC, no Relatório do exercício de 1947, era imprescindível uma "reflorestação racional que já não pode ser retardada" (DGTC 1948). O diretor reproduz, no citado relatório, um projeto apresentado por ele ao Secretário de Viação e Obras Públicas, a quem o DGTC estava subordinado, para conter o desflorestamento, justificando a proposta nos seguintes termos:

> É do vosso conhecimento, Exmo. Sr. Dr. Secretário, o quanto é desolador o mal resultante das derrubadas; o quanto prejudicial tem sido a ação nefasta do fogo, do machado e das traçadeiras, desnudando e tornando imprestáveis extensas glebas de terras que outrora ostentavam o esplendor verde das florestas nativas; a miséria acabrunhante do solo devastado, onde calcinado jaz o húmus fertilizante da vida vegetal e, onde morta à fauna microscópica, não mais

subsistem os compostos amoniacais, elementos preponderantes ao crescimento das árvores; em suma e como consequência: a seca; a erosão destruidora de toda a feracidade; o desequilíbrio climático, a esterilidade e a miséria da terra, imprópria para a agricultura e para a criação e inabitável pelo homem (DGTC 1948).

Apesar das graves consequências do desflorestamento chegando até mesmo a um certo catastrofismo, apontado pelo diretor, a proposta de Acrício L. Marques, para a "defesa do patrimônio florestal paranaense", consistia em estabelecer em lei que a "exploração intensiva e extensiva de pinheiros, para fins industriais, somente se fará mediante autorização prévia, do Governo do Estado" (Id.). Tal como na legislação florestal então vigente, a proposta era conservar apenas a floreta ombrofila mista, ou melhor, apenas a *Araucária angustifólia*, afinal, a mata de araucária era o tipo de floresta de exploração mais rentável economicamente devido à relativa homogeneidade de espécies. Ademais, apenas a exploração para "fins industriais" seria atingida pela norma, sendo, portanto, desobrigada de tal taxa a exploração para fins agropecuários, pois o DGTC visava a "colonização" da terra. A proposta do diretor previa ainda que se cobraria uma taxa prévia ao corte, por número de árvores abatidas, a qual poderia ser posteriormente restituída caso "o interessado" comprovasse o "reflorestamento da área devastada ou o florestamento de área equivalente na proporção de dois pinheiros para cada um utilizado" (id.), havendo assim um adensamento de "material lenhoso" e na produtividade da floresta, o que parece ser o que os legisladores entendiam por uma "melhoria". Para ocorrer a devolução da taxa, as árvores deveriam ter pelo menos dois anos e deveriam ser inspecionadas *in loco*; caso isso não fosse constatado, o Estado deveria destinar o valor da taxa para executar tais serviços. Deveria ainda ser instituído um Departamento Florestal, o qual criaria hortos florestais para servirem como "estações experimentais e multiplicadoras", com a criação de viveiros para o "início imediato dos trabalhos de florestamento e reflorestamento" (Id.). Tal proposta não foi colocada em prática, mas uma série de órgãos foram criados naqueles anos. Em 1946, foi criado o Serviço Florestal do Paraná (INP 1954: 105) e, em 1955, foi instituída uma Polícia Florestal e um Fundo Florestal, sendo também criado o Conselho de Defesa do Patrimônio Natural do Paraná. Voltados fundamentalmente para o reflorestamento, a "caótica floresta" necessitava ser substituída por algo ordenado e produtivo (Ramos 74).

Tal projeto, que hoje parece draconiano em relação à floresta, é melhor compreendido à luz do imaginário da época. Ao procurar compreender o imaginário regional sobre o "verde", nas cidades de Campo Mourão e Maringá, por meio da imprensa, entre 1954 e 1970, argumentei, em pesquisa anterior, que houve até finais da década de 1970 um discurso de "civilizadores", e toda a área "verde", descontrolada e caótica, era vista pejorativamente (4). Havia algumas vozes dissonantes nos periódicos, mas, quando surgem tais críticas ao desflorestamento, elas são feitas em termos estritamente conservacionistas, ressaltando a racionalização da utilização do recurso. Todavia, mais representativo da posição hegemônica é um artigo elogioso ao diretor do DGTC, que pretendia adquirir "máquinas agrícolas mais modernas", para, com isso, acelerar "consideravelmente os trabalhos de derrubadas das matas, limpeza e lavra da terra em uma tarefa de *alargamento de Horizontes* para as primeiras e grandes colheitas a serem realizadas" (destaque do autor) (O Jornal de Maringá 1 jul. 1960). Havia uma clara contraposição entre as representações da floresta como algo caótico, que fechava os "horizontes", e a positivação da ação de desflorestamento, da qual surgiam os campos que abriam os horizontes), a ordem e a civilização.

Elementos já percebidos por Douglas Monteiro, escrevendo ainda no início da década de 1960, sobre Maringá:

> Seria possível discernir na mentalidade dominante na região certos traços de difícil caracterização, mas cuja presença se evidencia de maneiras diversas, as quais revelam *uma atitude negativa em relação à natureza.* Não é raro, por exemplo, ouvirmos recriminações dirigidas aos responsáveis pelo planejamento de patrimônios e cidades por deixarem pequenas reservas de mata dentro do perímetro urbano. Como *o grau de "civilização" é medido pela extensão do desmatamento tudo*

164 Jó Klanovicz • Gilmar Arruda • Ely Bergo de Carvalho (orgs.)

quanto lembre o primitivo revestimento vegetal é repelido como índice de atraso (Monteiro 55) (destaque do autor).

Dessa forma, o imaginário regional, nesse ponto, era semelhante ao que Thomas afirma sobre a Inglaterra no início do período Moderno: as "matas não cultivadas eram vistas [...] como obstáculo ao progresso humano" (Thomas 234). Se se imaginava a região como um novo éden (5), este não era uma floresta "caótica", mas um "jardim", que não daria frutos por si mesmo mas deveria ser ordenado, disciplinado e tornado produtivo. Havia, no entanto, propostas e ações no âmbito do Governo do Estado que visavam conservar áreas florestais no período aqui abordado. São para tais ações que me voltarei, buscando entender seu papel dentro do "jardim" idealizado.

Apesar de os agricultores da região, via de regra, não lembrarem da legislação restritiva à exploração de determinadas áreas que deveriam ser reservadas à cobertura florestal (Carvalho 2004), pelo menos uma empresa colonizadora, a Companhia de Terras Norte do Paraná (CTNP), posteriormente Companhia Melhoramentos Norte do Paraná (CMNP), exigia ao comprador a reserva em floresta "de área florestal na propriedade adquirida"(Westphalen, Machado, Balhana 18). Todavia, tal exigência foi amplamente descumprida: "No ato da aquisição era assinado um compromisso de compra e venda em que o comprador se obrigava a conservar 10% da propriedade adquirida como área florestal; esta cláusula não foi cumprida, salvo nas áreas reservadas pela companhia para sua própria exploração" (Luz 794).(6)

Sobre tal questão, é importante destacar que, muito antes da iniciativa privada, o Decreto 218, de 11 de junho de 1907, que estabelecia as bases para a colonização no Estado, afirmava que os lotes deveriam ser "servidos por águas, abrangerem uma área florestal", sendo que tal "área florestal", provavelmente, era voltada para atender a demanda de madeiras e recursos florestais por parte dos proprietários rurais (Mendonça 1995). As Colônias Agrícolas Nacionais que foram implantadas no regime autoritário do Estado Novo também previam o estabelecimento de uma "reserva florestal, algo em torno de 25% da área total da colônia", aqui em obediência ao Código Florestal de 1934. Os poucos intelectuais que

História ambiental no sul do Brasil   165

formavam uma tradição intelectual de "crítica ambiental", no século 19, no Brasil, já condenavam os abusos das derrubadas das matas, devido à falta de madeira e outros recursos que isso propiciava ou por considerarem que isso afetava negativamente o ambiente, como a esterilização da terra e secas. Tais intelectuais procuravam levar o "auxílio das luzes" aos agricultores para que substituíssem as "vantagens efêmeras", que conseguiam com a derrubada completa, por vantagens mais duradouras (Pádua 172-176). Dessa forma, eliminar completamente quaisquer resquícios da floresta não fazia parte dos projetos racionalizadores. Maximizar a produção implicava na permanência de remanescentes florestais que servissem de depósito de recursos e fornecessem "serviços ambientais".

Isto torna menos surpreendente que tenha sido em 1956, no primeiro ano do segundo governo de Moysés Lupion, que possuía interesses ligados à indústria madeireira e nas colonizadoras privadas, além de saber auferir apoio político com os processos de colonização, que o Estado passou a averbar em todos os títulos de domínio pleno de terras, expedidos pelo DGTC, o seguinte:

> O detentor deste, fica na obrigação de preservar 25% (vinte e cinco por cento) das matas naturais existentes nas terras objeto do presente, observadas as nascentes e cótas [sic] de elevação, de acordo com o que determina a Ordem de Serviço nº 146 de 1.956, expedida por este Departamento de Geografia, Terras e Colonização (7).

Tal averbação, feita por meio de um carimbo e assinada e datada por um funcionário do DGTC, era transcrita na matrícula do imóvel no Cartório de Registro de Imóveis. Infelizmente, não tive acesso a qualquer tipo de informação a respeito da citada Ordem de Serviço nº 146, de 1 de setembro de 1956, que, provavelmente, estava pautada no artigo 23 do Código Florestal de 1934, o qual afirma: "Nenhum proprietário de terras cobertas de matas poderá abater mais de três quartas partes da vegetação existente". Contudo, manter a "cobertura florestal" não implicava, necessariamente, em manter a floresta com toda a sua

166   Jó Klanovicz • Gilmar Arruda • Ely Bergo de Carvalho (orgs.)

complexidade "inútil"; ela poderia ser "melhorada" com o "adensamento do material lenhoso" (Carvalho 2007).

Uma outra forma de procurar estabelecer reservas florestais foi iniciada pela ação do interventor Manoel Ribas, que, durante o Estado Novo, utilizou a faculdade que lhe permite o Código Florestal de criar reservas florestais no "sertão" do Paraná. Contudo, sabe-se pouco sobre as motivações de tais atos, apenas que elas foram sistematicamente descumpridas. Reinhard Maack sugere, e Dean o acompanha, que houve apenas uma dessas reservas e que a motivação de sua criação tenha sido as denúncias feitas na época da fragilidade dos solos arenosos, conhecidos como "arenito Caiuá", presente em vasta área do Noroeste do Paraná, o que sensibilizou o interventor, que era alguém próximo das tecnociências (8):

> O antigo interventor Manoel Ribas, que possuía extraordinário interesse pela agronomia, correspondeu à exigência por meio de uma grande reserva florestal estadual. Porém, após a morte do venerado interventor, esta lei referente à formação de reservas florestais foi novamente revogada por um governador posterior e a destruição das matas segue seu caminho (Maack 276).

Na realidade, pelo menos três reservas florestais foram estabelecidas por Manoel Ribas. A reserva a que se refere Maack deve ser a estabelecida na margem do rio Paranapanema, do outro lado do Pontal do Paranapanema, pelo Decreto Estadual nº 1.943, de 29 de abril de 1943, com "uma área de 248.000 hectares de terras, destinadas a constituir florestas remanescentes" (Ramos 86). Tal área sofreu o processo de colonização dirigida pelo Estado ou por empresas particulares ainda na década de 50 do século passado. Então, a pressão para (re)ocupação da floresta era enorme, não apenas por parte de empresários colonizadores, mas também pelos milhares de posseiros que estavam no interior do "sertão". No Relatório do exercício de 1947, assinado pelo Engenheiro Diretor Acrício L. Marques, sugere-se, como primeira das providências para resolver o problema dos "intrusos" e da desordenada "colonização espontânea"

História ambiental no sul do Brasil

promover a redução "por decreto da área reservada como floresta protetora na região noroeste do Estado para obtenção de uma gleba com extensão de 50.000 hectares, a qual seria destinada à localização de 2.000 famílias de intrusos, em lotes de 25 hectares para cada um" (Id.).

Outra reserva criada pelo interventor Manoel Ribas foi instituída legalmente pelo Decreto Estadual nº 1.965, de 19 de outubro de 1943, a qual reserva "área de terras que discrimina, a fim de constituir floresta protetora, destinada a asilar os espécimes da respectiva fauna"(33). O Decreto não informa a área total das terras reservadas, limita-se apenas a descrever os limites da área:

> Art. Único – Fica reserva no município de Guarapuava, a-fim-de constituir floresta protetora destinada a asilar os espécimes da respectiva fauna, a área de terras abrangidas pelos seguintes limites de confrontações: – Começa no rio Piquiri, na foz do rio Iporã, por este acima até sua cabeceira, daí em reta, à mais próxima cabeceira de um afluente do rio Verde, desce por esta até sua foz no aludido rio Verde, pelo qual segue, águas abaixo, até sua foz no rio Piquirí, desce por este até a foz do rio Iporã, ponto de partida desta descrição, revogadas as disposições em contrário (Id.).

É impressionante uma área de 224.000 hectares destinada, ainda no final dos anos 1940, para "asilar os espécimes da respectiva fauna". De qualquer forma, no final do primeiro governo Lupion, momento em que o tal governo tomou uma série de providências para acelerar os processos de colonização junto a uma série de favorecimentos lícitos e ilícitos, tal decreto é revogado, pelo Decreto Estadual nº "12.268, de 6-10-1950" (Id.). O que também aconteceu com a reserva nas margens do Paranapanema; seu decreto de criação foi revogado "pelo Decreto nº 12.281 de 10-10-1950". No segundo mês do governo subsequente, por meio do Decreto Estadual nº "171, de 23-02-1951", (Id.) os decretos de instituição de ambas as reservas são restabelecidos como parte de uma série de medidas tomadas pelo governo Bento Munhoz da Rocha Netto para sanar o descontrole do Estado, a corrupção e a violência no campo ligada ao conflito por terras. Todavia, ainda no mandato de Bento M. da Rocha, a reserva instituída pelo Decreto 1.965 já havia sido eliminada na prática, pois, em 1954, a Sociedade Imobiliária Noroeste do Paraná (SINOP) adquiriu a Gleba Rio Verde, atual município de Ubiratã, na área da antiga reserva florestal (História de Ubiratã 2007).

Antonio N. Hespanhol afirma que, nos anos 1940, a "área atualmente coberta pelo município de Ubiratã", "apresentava-se praticamente livre de ocupação", diferente de outras áreas mais ao sul, [como] os atuais municípios de Campina da Lagoa e Nova Cantu, que se encontravam "parcialmente ou totalmente ocupadas" (Hespanhol 20). Todavia, os ocupantes da região eram em número suficiente para transformar aquela área, nos anos seguintes, em uma dos maiores conflitos no Paraná.

> Em 1956, ameaça de novo Porecatu irrompe em Guaira, contra a ação da Sociedade Imobiliária Noroeste do Paraná – SINOP, que, com seus jagunços, promovia o despejo de posseiros e de proprietários com títulos de domínio legalizados. Espancavam mulheres e crianças, matavam lavradores na colônia Rio Verde (Westphalen, Machado, Balhana 40). Os conflitos e as disputas só foram sanados na década de 60 do século passado, quando o Governo Estadual promoveu a "pacificação" e a (re)colonização de áreas em que persistiam o conflito e a dúvida sobre os proprietários legítimos: "Demandas de terras ainda se encontram na Justiça, casos de terras ainda se verificam. Ocorrem reajustamentos. No Relatório de 1967, o Diretor do Departamento de Geografia, Terras e Colonização no Estado do Paraná, anunciava a realização de grandes acordos de terras, beneficiando 2.400 famílias, ou cerca de 13 mil pessoas. Terras situadas em Chopim, *Rio Verde* e Loanda, *formam os casos mais importantes*" (49). (destaque do autor)

A conjuntura de forte expansão da fronteira agrícola no pós-Segunda Guerra e a abertura democrática que facilitou a influência da elite estadual não incentivou a criação de grandes reservas florestais. Mas o

História ambiental no sul do Brasil 169

Governo Estadual continuou com uma política de criar reservas, pelo menos no papel. Talvez, sob a influência do I Congresso Florestal Brasileiro, realizado em 1953, e de pessoas e grupos preocupados com a "questão florestal", houve a criação do Patrimônio Florestal do Estado, com o Decreto Estadual nº 17.790, de 17 de julho de 1954.

> Com esse importante ato ficou assegurado a posse e o domínio da área inicial de 69.141 hectares de terras florestais, situadas em diferentes regiões do estado e que constituirão as Florestas do Estado e os Parques do Estado, garantindo para o futuro uma permanente fonte de matéria-prima para a indústria e a subsistência da fauna e da flora, além de manter os aspectos paisagísticos naturais, em vias de desaparecer pelos atuais sistemas de exploração e colonização adotados indistintamente no Paraná: "Novas áreas, entretanto, deverão ser incorporadas ao Patrimônio Florestal do Estado, pois só a acima mencionada não satisfaz o plano estabelecido e já aprovado pelo Conselho de Defesa do Patrimônio Natural do Paraná" (Paraná 1956: 33).

Entretanto, os serviços de demarcação das áreas que passariam a compor o Patrimônio Florestal do Estado parecem ter se seguido com bastante lentidão (Paraná 1958, Paraná 1959: 21-2). De uma área que já era bastante limitada, 69.141 hectares de terras, espalhadas pelo Estado, possuíam funções tão grandes quanto garantir matéria-prima para a indústria madeireira e a "subsistência da fauna e flora". As áreas demarcadas para compor efetivamente o Patrimônio Florestal do Estado eram bastante reduzidas se comparadas com as criadas no período do governo Bento Munhoz da Rocha Netto. Na Mensagem de 1959, o governador Lupion informa apenas quatro pequenas áreas "devidamente fiscalizadas": Vila Rica (Campo Mourão), Jurema (Paranavaí), Cascavel (Cascavel), Salto das Bananeiras (Engenheiro Beltrão) (9) e duas em "fase de incorporação": São Tomé e Arcangeles, no município de Pitanga (Paraná 1959: 21-2).

Em 1969, segundo Antonio A. Ramos, haviam sido "efetivamente incluídas ao Patrimônio Florestal do Estado 18 dessas áreas" de parques,

170   Jó Klanovicz • Gilmar Arruda • Ely Bergo de Carvalho (orgs.)

reservas ou hortos, "mas, os serviços de cadastramento e de marcação dessas reservas a cargo do D.G.T.C., nunca foram realizados" (Ramos 90). As duas reservas já citadas estavam incluídas dentre estas dezoito, sendo que todas as dezoitos já haviam sido alienadas, totalizando 542.8000 hectares de terras reservadas para cobertura florestal que foram alienadas pelo Estado. Ademais, outras 9 reservas e parques, com um total de 95.870 ha, foram "criadas, porém, sem efetiva anexação ao Patrimônio Florestal do Estado e que" então, "se encontram em poder de particulares." (76) Apenas 6 reservas criadas, até então, estavam efetivamente cadastradas e sob o regime de administração especial da Secretaria da Agricultura do Paraná, totalizando apenas 5.104 hectares. Ramos conclui, incluindo 301.000 ha dos dois Parques Nacionais criados pelo Governo Federal, que no "Paraná tentou-se preservar no período 1940-1964, 944.774 ha de florestas, mas, somente 5.104 ha foram realmente preservados" (90), ou pelo menos estavam sob a administração da Secretaria de Agricultura.

Cabe fazer algumas comparações do período do Estado Novo com o período democrático subsequente (1945-1964). Nos anos finais do Estado Novo, o Governo Federal se colocava em rota de colisão com a aristocracia fundiária (Linhares 1999). O Governo do Estado, sob intervenção do Federal, não apenas fez uma reordenação na estrutura fundiária "legal" com o cancelamento das concessões e grilos, mas pode assumir seu papel de planejador do território, definindo, racionalizadoramente, onde deveria ou não ter floresta. Uma decisão tomada de forma centralizada para além não apenas da população local, mas, supostamente, também, dos interesses de grandes agentes econômicos. Grandes reservas são criadas para preservar espécies ou conservar o solo. Obviamente que as "florestas remanescentes e protetoras" poderiam ainda ser legalmente alvo de uma "exploração limitada" (Brasil 1949: 53), e, assim, também, estariam sendo pensadas como parte do processo de manutenção dos "estoques florestais". No período democrático subsequente, mais permeável aos interesses locais e diante da grande demanda por terra que marcaram aqueles anos, os projetos de reservas florestais ficaram sensivelmente menores, e os esforços se voltaram mais diretamente para o auxílio à indústria madeireira. Todavia, nos dois casos, a conservação da floresta ficou muito distante de se realizar.

Dean afirma que, no Estado Novo, houve uma

> retração do entusiasmo pela implementação dos códigos [florestal etc.], indicando que a intervenção de conservacionistas da camada civil da classe média tinha sido importante nas campanhas legislativas de 1933 e 1934 e que, uma vez interrompidas todas as formas de participação política civil, os cientistas conservacionistas não mais exerciam muita influência no círculo próximo a Vargas, composto principalmente de oficiais militares da ativa ou da reserva. Fernando Costa e Manoel Ribas representaram notáveis exceções (Dean 278).

Se Manoel Ribas foi excepcional em seus atos como legislador, como afirma Dean, em outro aspecto ele não é tão extraordinário, a saber: seu governo foi modernamente autoritário. O próprio Dean aponta para tal questão, como em sua abordagem do pensamento de Alberto José de Sampaio, que: "Passara a acreditar na eficácia do poder do Estado. A eficiência, tanto na aplicação de medidas conservacionistas como em outras questões, *dependia de 'tecnologia, educação e força'* (Dean 427) (destaque do autor). Todavia, mais que a ligação com regimes políticos autoritários, o que era algo muito presente no período entre as duas guerras mundiais, na qual era generalizada a descrença nas posições liberais, seja na política ou na economia (Hobsbawm 29 e seguintes), o que quero enfatizar é que soluções autoritárias para a conservação de recursos naturais eram amplamente presentes nos projetos de modernização do Brasil. Por vezes pautados no diagnóstico do "atraso" como a "causa" da degradação ambiental, a modernização (a "colonização racional", o "reflorestamento racional"), seria apresentada como solução para o "problema florestal do Paraná". Dessa forma, processou-se a atuação do DGTC buscando o controle da natureza, o qual implicava em um controle da população, ou pelo menos dos "indivíduos".

Segundo, Baumman (1999), a sociedade racionalmente planejada era a *causa finalis* declarada do Estado moderno. O Estado moderno era um Estado jardineiro. Sua postura era a do jardineiro. Ele deslegitimou

172 Jó Klanovicz • Gilmar Arruda • Ely Bergo de Carvalho (orgs.)

a condição presente (selvagem, inculta) da população e desmantelou os mecanismos existentes de reprodução e autoequilíbrio (29).

No caso estudado, o DGTC foi fiel em tentar deslegitimar a condição da população pobre como "selvagem e inculta", mas menos fiel em produzir uma sociedade "racionalmente planejada", ou melhor, em efetuar uma racionalização reduzindo os seres humanos, a floresta à sua eficácia produtiva, não apenas devido a suas limitações estruturais, como a crônica falta de recursos, mas também pela dissonância que a natureza e os seres humanos produziram, a qual vai além dos limites deste artigo.

Este pequeno histórico da atuação do Governo Estadual na gestão florestal pode, ainda, entrar no longo rol de pesquisas que mostram os grandes limites da gestão estatal na preservação de recursos naturais (Berkes 47-72), e no rol dos casos em que em nome de conservar a natureza, ou pelo menos a riqueza florestal nacional, setores do Estado tentaram excluir a população mais pobre do acesso à terra, enquanto na prática favorecia o acesso à terra e a florestas por parte dos grandes proprietários.

Notas

(1) O movimento ambientalista divide-se em três correntes, segundo John McCormick: os preservacionistas, para os quais "a proteção da natureza havia sido uma cruzada moral centrada no ambiente não-humano"; o "conservacionismo, movimento utilitário centrado na administração racional [seria melhor dizer racionalizada] dos recursos naturais"; e o novo ambientalismo, que emergiu no plano internacional na década de 1960 e "centrou-se na humanidade e em seus ambientes. [...] Para o novo ambientalismo, a própria sobrevivência humana estava em jogo." (McCormick, 1992). Tal divisão não passa, entretanto, de tipos ideais. O movimento ambiental, na prática, combina diferentes posições nas mais diferentes configurações.

(2) Eram também responsáveis "III – os funcionários do Departamento de Agricultura. IV – os funcionários da fiscalização das Rendas do

Estado. V – os delegados e sub-delegados de polícia" – at. 2 do Decreto nº 2.569 de 11 de dez. de 1934, indicando a dispersão dos órgãos responsáveis pelas políticas florestais que marcaria durante muitos anos e ampliaria a ineficiência da ação do Estado. (Dean, W. 1996).

(3) Segundo Edgar Morin, racionalização é "a construção de uma visão coerente, totalizante do universo, a partir de dados parciais, de uma visão parcial, ou de um princípio único, assim, a visão de um só aspecto das coisas (rendimento, eficácia), a explicação em função de um fator único (o econômico ou o político)". (Morin, 1999.)

(4) Somente no final dos anos 1970 há uma mudança neste discurso, em direção a uma positivação do "verde", seja a floresta ou árvores isoladas. Então o desflorestamento passa a ser criticado como um ato "bárbaro" (Carvalho, 2004).

(5) Sobre a produção de tal imaginário regional ver: 1999. p. 87-122.

(6) Luz Omura, p. 794. Dean fornece algumas outras informações: "A companhia do norte do Paraná exigia – antes de qualquer código florestal brasileiro ter sido escrito – que os compradores de seus lotes mantivessem 10% de suas áreas com cobertura florestal. Não existem evidências, contudo, de que a companhia impusesse tal cláusula contratual. Os proprietários brasileiros sucessores criaram três reservas florestais sob a direção de um silvicultor experiente, mas estas representavam meros dezessete km^2, nada além de sementeiras de árvores para embelezamento das vilas."(Dean, p. 256). Ressalta-se que, quando da fundação da CTNP, o Código Florestal estadual de 1907 já era vigente, e a venda massiva de terra por parte da companhia começou em 1929, havendo uma expansão relativamente lenta da colonização até o fim da Segunda Guerra Mundial. Assim, o Código Florestal federal de 1934 já exigia a manutenção de 25% de cobertura florestal. Segundo Zueleide C. de Paulo, tal exigência de uma reserva de 10% de área florestal fazia parte de um acordo entre a CTNP/CMPN e o Governo do Estado quando do ato de compra. Todavia não há, nas fontes indicadas pela autora, elemento para respaldar tal afirmação. A autora informa ainda que tudo

174 Jó Klanovicz • Gilmar Arruda • Ely Bergo de Carvalho (orgs.)

"indica que a CTNP/CMNP vendia a madeira de lei e a retirava antes da venda das terras." (Paula, p. 68 e 71.)

(7) A averbação está presente nos título de domínio pleno e dados cartoriais consultados da Primeira Vara Civil de Campo Mourão e nos arquivos da Divisão de Terras, da Coordenadoria de Gestão Territorial – CGET, da Secretaria de Estado do Meio Ambiente e Recursos Hídricos do Paraná.

(8) A reserva era destinada a uma floresta "remanescente". Ocorre que o Código Florestal estabelece que "evitar a erosão das terras pela ação dos agentes naturais" é um objetivo das florestas "protetoras".

(9) Tal área, em Engenheiro Beltrão, provavelmente se trata de uma área originalmente destinada a ser um "campo experimental do estado", com 200 hectares, que, todavia, saiu do domínio do Estado sendo desflorestado. Ramos, entretanto, não inclui tal área dentre as 33 reservas estaduais criadas até 1964.

Trabalhos citados

Arruda, G. Representações da Natureza: História, Identidade e Memória. In: Rolim, R. C.; Pelegrini, S. A.; Dias, R. *História, Espaço e Meio Ambiente*. Maringá, ANPUH-PR, 2000, p. 43-66.

Araújo, H. R. de. Da Mecânica ao Motor: A ideia de natureza no Brasil no final do século XIX. *Proj. História*, São Paulo, nº 23, nov. 2001, p. 151,167.

Bauman, Z. *Modernidade e ambivalência*. Rio de Janeiro: Zahar, 1999.

Berkes, F. Sistemas sociais, sistemas ecológicos e direitos de apropriação de recursos naturais. In: Vieira, P. F.; Berkes, F.; Seixas, C. S. *Gestão integrada e participativa de recursos naturais:* conceitos, métodos e experiências. Florianópolis: Secco/APED, 2005, p. 47-72.

Bernardes, L. M. C. O problema das "frentes pioneiras" no Estado do Paraná. *Revista Brasileira de Geografia.* 15, nº 3, jul.-set 1953, p. 3-52.

História ambiental no sul do Brasil 175

Brasil, Ministério da Agricultura, Conselho Florestal Federal. *Código Florestal.* Florianópolis: Imprensa Oficial do Estado, 1949, art. 53.

Carvalho, E. B. de. Legislação Florestal, Território e Modernização: O caso do Estado do Paraná 1907-1960. In: Simpósio Nacional de História, 24, 2007, São Leopoldo – RS. *História e multidisciplinaridade: territórios e deslocamentos: anais.* São Leopoldo: Unisinos, 2007.

_____. *Sombras do passado, projetos de futuro:* as florestas nas memórias dos agricultores de Engenheiro Beltrão – Paraná, 1947-2003. Dissertação (Mestrado em História) – Programa de Pós-Graduação em História da Universidade Federal de Santa Catarina – USFC, Florianópolis, 2004

Colonização do Estado através de solução eficiente escolhida pelo Dr. Hugo Vieira, diretor do Departamento de Geografia, Terra e Colonização. *O Jornal.* Maringá, p. 4, 23 jul. 1960.

Da Matta, R. Você Sabe com Quem Está Falando? Um Ensaio sobre a Distinção entre Indivíduo e Pessoa no Brasil. In: *Carnavais, Malandros e Heróis:* para uma sociologia do dilema brasileiro. 5ª ed. Rio de Janeiro: Guanabara, 1990, p. 146-204.

Dean, W. *A ferro e fogo:* A história e a devastação da Mata Atlântica brasileira. São Paulo: Companhia das Letras, 1996.

Departamento de Terras e Colonização. *Relatório dos serviços executados pelo Departamento de Terras e Colonização durante o ano de 1940.* Curitiba, 1941.

_____. 5ª Inspetoria de Terras. *Relatório apresentado ao Ilmo. Snr. Dr. Diretor do Departamento de Geografia, Terras e Colonização pelo Eng. Chefe da Divisão de Colonização, Sady Silva. Ano 1940-1945.* Curitiba, [s. d].

Departamento de Geografia, Terras e Colonização. *Relatório 1947 apresentado ao Excelentíssimo Sr. Cél. Antenor de Alencar Lima digníssimo Secretário de Viação e Obras Públicas pelo Engº Diretor do Departamento de Geografia, Terras e Colonização.* Curitiba, 1948.

176 Jó Klanovicz • Gilmar Arruda • Ely Bergo de Carvalho (orgs.)

_____. *Relatório apresentado pelo Departamento de Geografia, Terras e Colonização do Estado do Paraná, referente aos trabalhos de colonização.* Curitiba, 1954.

_____. *Legislação de Terras. Vigente até 31 de maio de 1953.* Curitiba, 1953.

Gonçalves, J. H. R. Quando a imagem publicitária vira a evidência factual: versões e reversões do Norte (Novo) do Paraná – 1930-1970. In: Dias, R. B.; Gonçalves, J. H. R. (orgs.). *Maringá e o Norte do Paraná:* Estudos e história regional. Maringá: Eduem, 1999, p. 87-122.

Hespanhol, A. N. A formação socioespacial da região de Campo Mourão e dos municípios de Ubiratã, Campina da Lagoa e Nova Cantu – PR. *Boletim de Geografia.* Maringá, vol. 11, nº 1, p. 17-28, dez. 1993.

História de Ubiratã. Disponível em: <www.ubirata.pr.gov.br>. Acesso em 13 jul. 2007.

Hobsbawm, E. J. *A era dos extremos:* O breve século XX: 1914-1991. 2ª ed. São Paulo: Companhia das Letras, 1998.

INP. Delegacia Regional do Paraná. *Relatório 1953.* Curitiba, 1954.

Lenharo, A. *Colonização e Trabalho no Brasil:* Amazônia, Nordeste e Centro-Oeste. 2ª ed. Campinas: Editora da Unicamp, 1986.

Linhares, M. Y.; Silva, F. C. T. da. *Terra Prometida:* uma história da questão agrária no Brasil. Rio de Janeiro: Campus, 1999.

Luz, France; Omura, Ivani A. R. A propriedade rural do sistema de colonização da companhia Melhoramentos Norte do Paraná – Município de Maringá. In: Simpósio Nacional de Professores Universitários de História, 7, 1975, Aracaju. *Anais.* São Paulo, 1976, 3 v., p. 793-815.

Maack, R. A modificação da paisagem natural pela colonização e suas consequências no norte do Paraná. *Boletim Paranaense de Geografia,* Curitiba, vol. 1, nº 2/3, p. 29-45, 1961.

Martins, R. *Livro das árvores do Paraná.* Curitiba: Empresa Gráfica Paranaense, 1944.

McCormick, J. *Rumo ao paraíso:* a história do movimento ambientalista. Rio de Janeiro: Relume-Dumará, 1992.

Mendonça, S. R. de. *O ruralismo Brasileiro (1888-1931).* São Paulo: Hucitec, 1997.

Monteiro, D. T. Estrutura social e vida econômica em uma área de pequena propriedade e de monocultura. *Revista Brasileira de Estudos Políticos,* nº 13, p. 47-63, out. 1961.

Morin, E. *Ciência com Consciência.* 3ª ed. Rio de Janeiro: Bertrand Brasil, 1999.

Mota, L. T. *As Guerras dos Índios Kaingang:* A História épica dos índios Kaingang no Paraná. Maringá: EDUEM, 1994.

Onofre, G. R. *Campo Mourão:* colonização, uso do solo e impactos socioambientais. Dissertação (Mestrado em Geografia)–, Universidade Estadual de Maringá, Maringá, 2005.

Pádua, J. A. *Um sopro de destruição:* pensamento político e crítica ambiental no Brasil escravista (1786-1888). Rio de Janeiro: Zahar, 2002.

Paraná, Secretaria de Fazenda e Obras Públicas. *Relatório dos Serviços e Ocorrências da Secretaria de Fazenda e Obras Públicas no ano de 1934.* Curitiba, 1934.

Paraná. *Mensagem apresentada à Assembleia Legislativa do Estado por ocasião da abertura da sessão legislativa ordinária de 1956 pelo Sr. Moyses Lupion.* Curitiba, 1956.

Paraná. *Mensagem apresentada à Assembleia Legislativa do Estado por ocasião da abertura da sessão legislativa ordinária de 1957 pelo Sr. Moysés Lupion governador do Paraná.* Curitiba, 1957.

Paraná. *Mensagem apresentada à Assembleia Legislativa do Estado por ocasião da abertura da sessão legislativa ordinária de 1958 pelo Senhor Moysés Lupion governador do Paraná.* Curitiba, 1958.

178   Jó Klanovicz • Gilmar Arruda • Ely Bergo de Carvalho (orgs.)

Paraná. *Mensagem apresentada à Assembleia Legislativa do Estado por ocasião da abertura da sessão legislativa ordinária de 1959 pelo Sr. Moysés Lupion governador do Paraná.* Curitiba, 1959.

Paula, Z. C. de. *Maringá:* o coração verde do Brasil? Dissertação (Mestrado em História) – Universidade Estadual Paulista, Assis, 1998.

Ramos, A. A. A situação atual das Reservas Florestais do Paraná. *Revista Floresta,* Curitiba, nº 1, vol. 1, p. 71-9, 1969.

Romanello, J. L. *Imagens e visões do Paraíso no Oeste Paulista:* Um Estudo do Imaginário Regional. – Dissertação (Mestrado em História). Unesp, Assis, 1998.

Serra, E. *Processos de ocupação e a luta pela terra agrícola no Paraná.* Tese (Doutorado em Geografia) – Instituto de Geociências e Ciências Exatas, Unesp. Rio Claro, 1991.

Thomas, K. *O homem e o mundo natural:* mudanças de atitude em relação às plantas e aos animais, 1500-1800. São Paulo: Companhia das Letras, 1996.

Tomazi, N. D. *"Norte do Paraná":* História e Fantasmagorias. Tese (Doutorado em História) – Universidade Federal do Paraná, Curitiba, 1997.

Westphalen, C. M.; Machado, B. P.; Balhana, A. P. Nota prévia ao estudo da ocupação da terra no Paraná moderno. *Boletim da Universidade Federal do Paraná,* Curitiba, nº 7, p. 1-52, 1968.

Worster, D. Para fazer história ambiental. *Estudos Históricos,* Rio de Janeiro, vol. 4, nº 8, p. 198-215, 1991.

Entre corredeiras e florestas

As expedições fluviais de Reinhard Maack no
Paraná e Santa Catarina no início do século 20

por Alessandro Casagrande

QUANTO A EXPLORAÇÕES, nenhum período foi mais fértil e repleto de consequências que entre 1850 e 1950. Nesse intervalo estão compreendidos o primeiro vislumbre das Cataratas de Vitória por um europeu, a descoberta das esquivas fontes do Nilo, as visitas gêmeas aos polos, meros três anos depois da fímbria final de 1950, a submissão do Everest. Esses 100 anos representaram o último século da Terra inexplorada; neles chegou ao seu espetacular cume e encerrou-se para sempre a era dos grandes exploradores.

Dentre os grandes homens que percorreram neste período a orla definitiva da Terra há gente celebrada como David Livingstone, Richard Burton, Amundsen, e *Shackleton*; e há os que permanecem quase anônimos, aqueles cuja trajetória aguarda, ela mesma, ser devidamente mapeada. Reinhard Maack – o alemão, o naturalista, o fazedor de mapas, o descobridor de civilizações perdidas, o visionário ambiental – foi um homem notável num período notável da história do Brasil, do Paraná e do mundo, mas sua contribuição e seu nome estão longe de alcançar, aqui e lá fora, seu reconhecimento. E que há muito digno de nota a mapear na sua trajetória, cuja passagem em terras sulinas foi marcada por expedições terrestres e fluviais. O homem de vanguarda, nos campos da tecnologia e das ciências naturais, utilizou o que de mais moderno havia no romper do século 20 para compor a sua parafernália de campo: registrou, anotou e arquivou um enorme acervo de imagens, muitas das quais nunca antes vistas pelo homem europeu de sua época.

As expedições de Reinhard Maack ao Rio Tibagi (1926 e 1930)

Poucos rios do Paraná foram tão explorados como o Tibagi, cuja presença diamantífera fora responsável pela atração de bandeiras e expedições as

182   Jó Klanovicz • Gilmar Arruda • Ely Bergo de Carvalho (orgs.)

suas águas turbulentas. Os primeiros relatos sobre a exploração da região do Tibagi remontam à época da extração de diamantes em 1759: "O Ouvidor de Paranaguá envia a devassa para a descoberta dos transgressores da extração de diamantes no sertão do Tibagi." Mais tarde, em 1772, em uma referência da mesma fonte documental portuguesa, relata-se: "A devassa esclareceu serem pedras sem préstimo, as que foram examinadas em Paranaguá e Praça de Santos." Outra citação encontrada no Arquivo Ultramarino revela que a presença de diamantes ditou as incursões na região do Tibagi na segunda metade do século 18, em 1789: "O Padre Pimenta e alguns companheiros entraram para os Sertões do Tibagi, que tinha fama de possuir diamantes".

Evidencia-se nesta época a primeira expedição "organizada" expedida por Dom Luiz de Antonio de Souza Botelho Mourão, então Governador da Capitania de São Paulo.

> Foram enviadas três bandeiras, duas por terra e uma por água, para descobrir o Tibagi. Dessas, a primeira para descobrir os Sertões do Ivaí Frio, 1767. Estas foram compostas da seguinte forma: Uma companhia de gente de Curitiba, São José e Campos Gerais, sob o comando de Estevão Ribeiro Baião, a outra constituída de gente de Cananeia, sob o comando do Capitão de Auxiliares de Iguape Francisco Nunes; a terceira de gente de Paranaguá, 1769 (Ref. 2489, doc.1, a).

A grande quantidade de corredeiras e quedas sepultou alguns oficiais da empreitada, como os tenentes Bruno da Costa Filgueira e Manuel Teles Bitencourt, que morreram nas cachoeiras. Além deles, mais 2 capitães faleceram: Estevão Baião e Francisco Nunes de Iguape.

O século 19 e as expedições de Lopes (1844 a 1847), Elliot (1845), e Thomas Bigg-Wither (1874)

No século 19 destacam-se as expedições exploratórias de João da Silva Machado (1782-1875), o Barão de Antonina, com o objetivo de descobrir uma via de comunicação entre o porto da villa de Antonina e o

História ambiental no sul do Brasil 183

Baixo-Paraguai na província de Mato-Grosso, feitas nos anos de 1844 a 1847 pelo sertanista Sr. Joaquim Francisco Lopes.

Em 1845, o cartógrafo e agrimensor estadunidense nascido em Boston em 1809, John Henry Elliott, abandona a carreira na marinha e realiza diversas expedições em solo provincial, passando pelo rio Tibagi. Elliott foi responsável pela conquista do pico Agudo e pela descoberta dos campos de São Jerônimo e do Inhonhô.

Em 1871, o governo imperial brasileiro concedeu ao Visconde de Mauá e outros interessados a possibilidade de realizarem estudos de uma via férrea entre Curitiba e Miranda, intercalando-a com a navegação dos rios Ivaí, Paraná, Ivinhema, Brilhante e Mondego. Willian Lloyd contrata o engenheiro civil inglês Thomas Bigg Whitter para proceder aos estudos da construção da ferrovia Curitiba-Miranda, partindo assim para os sertões de Tibagi acompanhado do guia Telêmaco Borba. Em maio de 1874, Bigg Whitter começa a sua jornada levantando dados para o delineamento do curso do rio. Em junho, em um encontro inusitado em meio aos confins do Tibagi, o engenheiro inglês contataria, na vila de São Jerônimo, Elliot, em estado físico e financeiro deplorável.

Maack no Brasil

Após 11 anos de expedições e de trabalhos cartográficos como funcionário do serviço geodésico alemão na ex-colônia alemã da África do Sudoeste (atual Namíbia), Maack retorna à Alemanha. As mil libras economizadas durante o período africano e depositadas no *Herforder Bank* são convertidas automaticamente para o já desvalorizado marco alemão. A hiperinflação diária alemã em pouco tempo chega à casa de 10 mil marcos para 1 libra, transformando em nada as economias de Maack. Em 1923, o caos político e socioeconômico do pós-guerra alemão impele-o para o Brasil a convite de seu irmão Franz que estivera envolvido no ramo cinematográfico no Rio de Janeiro. Maack relembra a opção que mudaria o rumo de sua vida na sua autobiografia, em 1967: "O Brasil, com a sua imensidão, seus rios e matas pouco exploradas, suas montanhas, seu desejo de crescimento dinâmico, foi um campo de trabalho rico e grato. Começou então a minha aventura brasileira."

184   Jó Klanovicz • Gilmar Arruda • Ely Bergo de Carvalho (orgs.)

No final do mesmo ano de sua chegada, consegue um trabalho para efetuar um levantamento cartográfico e um parecer sobre as jazidas primárias de ouro perto de Onça de Pitangui, Minas Gerais, expedicionando para o vale dos rios Paraopeba e São Francisco. Através do prof. Fritz Jaeger, em Berlim, recebe da antiga Repartição Colonial Imperial todos os instrumentos necessários para o trabalho, tais como bússola líquida, hipsômetro, barômetro e termômetro, completava o conjunto: "Agora eu tinha todos os documentos para exercer minha profissão. O trabalho me proporcionou dinheiro suficiente para poder pagar todos os instrumentos e ainda ter folga para avaliar cuidadosamente os resultados dos testes com muitas análises químicas" (Maack 1967).

A expedição de 1926 ao rio Tibagi

No retorno desta viagem a Minas, enquanto Maack elaborava os mapas e relatórios deste serviço na Ilha de Paquetá, no Rio de Janeiro, recebe uma proposta da Cia. de Mineração e Colonização Paranaense com a finalidade de levantar cartograficamente e geologicamente a região dos diamantes do rio Tibagi, no estado do Paraná.

Nessa primeira expedição, o cartógrafo alemão levantou a região do rio Tibagi entre Conchas (atual Uvaia) e o salto Mauá. Realiza o levantamento das áreas diamantíferas de Abril a Novembro de 1926, enfrentando o mundo perigoso dos garimpeiros e sendo sequestrado por revolucionários remanescentes da revolução de 1924, que o aprisionaram junto com os seus equipamentos e cadernetas contendo os dados deste último trabalho. Depois de ter sido liberado em Três Barras-SC, Maack retorna ao Rio de Janeiro passando por Curitiba, traumatizado com a experiência no Paraná, pretendendo nunca mais voltar.

1930

No final do ano de 1926, Maack faria a sua segunda expedição a Minas Gerais, contratado pelo diretor da Companhia Brasileira de Mineração de Carvão de Ferro, Sr. Traugott Thiem. Thiem era proprietário de uma grande jazida de diamantes em Coromandel, no oeste mineiro, e também representante de um grupo de grandes indústrias sob o comando da companhia de aço Vereinigte Stahlwerke, de Dortmund. Nesta ocasião, Maack viajou outra vez para o oeste de Minas, a fim de analisar a jazida de diamantes da sua propriedade, em Coromandel, e realizar um levantamento cartográfico. 1927 seria atribulado para Maack. Em janeiro, foi contratado para examinar as ocorrências de minério de manganês no vale do Itajaí-Mirim. A expedição fatigante se estendeu até o mês de março: "Nestes trabalhos sujeitei-me a fadigas, e cartograficamente levantei, em longas marchas e penosas viagens de canoa, todo o vale do Itajaí-Mirim, entre Santa Cruz (atual Aristiliano Ramos) e Brusque, até onde era geograficamente desconhecido" (Maack 1937).

Expedição ao rio Itajaí-Mirim, 1927. Viagem de canoas para medir cartograficamente o Itajaí-mirim entre Sta. Cruz e Rio do Thieme. Fevereiro, 1927. Foto: Reinhard Maack.

Porém, seu trabalho principal deste ano seria a triangulação e o levantamento fotogramétrico das fazendas da Companhia Brasileira-Alemã de Mineração – uma grande região de minério de ferro do Pico de Itabira do Campo, entre Congonhas e a Serra de Piedade, de um lado, e do Rio das Velhas ao Rio Paraopeba, do outro lado. Antevendo a demora em mais de um ano para o processamento do material, Maack comunica a companhia que realizará os cálculos e a reconstituição fotogramétrica na Alemanha, recebendo o honorário mensal de 1.500 marcos.

Primeira expedição ao Tibagi. 25 de agosto de 1926. O leito sinuoso do rio Tibagi entre a cidade de Tibagi e Telêmaco Borba. A densa floresta já não apresentava copas de araucárias emergentes, denunciando a pretérita exploração da espécie na região. Maack se surpreenderia com o avanço da destruição florestal no seu retorno ao Paraná em 1930. Foto: Reinhard Maack.

Marcha sobre os campos de Imbahu, abril de 1926. Foto: Reinhard Maack.

Expedição Tibagi, 1926. O companheiro fiel de expedições, João Caviúna à esquerda e Reinhard Maack (na canoa) descansam na Barra do Rio Imbahusinho, em 17.08.1926.

Desta forma, ele finalmente teve a oportunidade de satisfazer o seu desejo de estudar geografia e geologia. Apesar de seu inegável conhecimento técnico nas áreas naturais, Maack só entraria na Faculdade de Filosofia da *Friedrich-Wilhelm Universität* em Berlim aos 36 anos, avaliado como "superdotado".

No terceiro semestre de curso, no seu escritório do Instituto Geográfico de Berlim, um parisiense chamado Wolff comunica que uma companhia franco-suíça e os acionistas da *Mexican Mine of el Ouro* haviam adquirido a grande Fazenda Monte Alegre, de mais de 150.000 hectares, bem como a concessão para a exploração dos diamantes e para construção de uma estrada de ferro no Paraná. A diretoria soubera que Maack, em 1926, havia resgatado dos revolucionários os levantamentos cartográficos e os documentos geológicos de Tibagi, e que a antiga Companhia de Mineração Paranaense ainda lhe devia os instrumentos roubados e uma quantia em dinheiro equivalente a 4.000 dólares. O advogado de Maack em Curitiba, Pâmphilo Assumpção, que dera início ao seu processo judicial contra a sua ex-companhia, informara o seu endereço em Berlim aos novos sócios. Apesar de não querer mais saber do rio Tibagi, o Sr. Wolff pediu-lhe que fosse a Paris a fim de negociar o seu material e o devido pagamento.

Fazenda Monte Alegre

A Companhia de Mineração, Agrícola e Estrada de Ferro Monte Alegre restituiu-lhe o valor devido pela companhia anterior e solicitou para retirar o processo em Curitiba; pediu ainda que após a conclusão do seu quarto semestre ele não assumisse outro compromisso. Recebeu até o final do seu quarto semestre 1.500 marcos mensais, como garantia, além dos 1.500 marcos mensais da companhia de aço Vereinigte Stahlwerke, de Dortmund. Ainda antes do final de 1929, foi contratado por um período inicial de 18 meses com um salário mensal equivalente a 3.000 marcos + 1 % de participação na exploração bruta dos diamantes. Em contrapartida, deveria supervisionar a exploração de diamantes e levantar a gigantesca fazenda Monte Alegre, bem como o trajeto do rio Tibagi até o Paranapanema. Após a conclusão do seu quarto semestre, solicitou férias na universidade trancando a matrícula. Somente em 1936/1937, aos 45

História ambiental no sul do Brasil 189

anos, teve a oportunidade de dar continuidade e concluir os seus estudos na Universidade de Berlim.

Como ele tinha que estar em Tibagi em novembro de 1929, a Companhia Monte Alegre enviou-lhe uma passagem de 1º classe no navio Cap. Arcona e lhe deu 5.000 marcos como ajuda de custo. Com isso, comprou um microscópio de polaroide da Leitz com iluminação opaca, um barco desmontável, duas barracas desmontáveis e dois conjuntos de montaria, todos objetos que posteriormente se mostrariam necessários e úteis. Além disso, dispunha de uma filmadora 16 mm fazendo o primeiro registro, em película, do médio e baixo Tibagi.

Em dezembro de 1929, Maack chega à região de Tibagi. Ele relataria em sua autobiografia que:

> Conduzi a primeira expedição rio Tibagi abaixo até o Paranapanema, com o barco desmontável, duas canoas de cedro e cinco acompanhantes. Tivemos que vencer grandes quedas de água e cachoeiras longas e selvagens. Os aventurosos e selvagens acontecimentos entre os garimpeiros do rio Tibagi não podem ser relatados aqui. Mas para dar uma ideia daquele período devo mencionar que 28 dos meus colaboradores tiveram uma morte violenta. No instante em que minha esposa chegou a Tibagi um dos meus homens mais experientes, Waldemar Brettschneider, foi morto numa emboscada; um certo Hans Ernst, de Elbinger, afogou-se no rio; meu fiel companheiro João Caviúna, presente em todas as expedições ao rio, morreu esfaqueado; outro fiel companheiro caiu do cavalo e morreu; outros foram fuzilados ou envenenados. Tive oportunidade de filmar alguns acontecimentos e muitas paisagens pitorescas de matas e rios; mais tarde esse filme foi apresentado no Instituto Ibero-Americano em Berlim. Certa vez recebemos a visita do cônsul alemão, e mostrei a ele a selva intacta do rio Tibagi. Ele ficou muito assustado vendo minha vida perigosa e cheia de aventuras no universo dos garimpeiros. Diamantes não faltavam no rio Tibagi. Organizei os

garimpeiros de modo a que com minha autorização eles podiam retirar e lavar livremente o pedregulho diamantífero. Para cada equipamento submersível eles tinham que pagar, naquela época, uma taxa de 1.000 mil réis, e por cabeça do grupo de exploração 20 mil réis, e deviam entregar 10% dos diamantes extraídos à Companhia Monte Alegre. O resto do achado eles podiam vender para a Companhia ou, após a entrega da parte obrigatória, estavam autorizados a vender livremente. Alguns garimpeiros confiáveis fiscalizavam a lavagem dos diamantes. Certa ocasião, perto de Conceição e na Cachoeira Grande, exploramos 11.000 quilates numa semana. Diamantes de 8 a 10 quilates não eram raros. Certa vez mandei lapidar uma pedra em azul e branco para a minha esposa. A maior parte dos diamantes brutos eram pedras de 1/4 a 2 quilates. A maior pedra encontrada na minha época pesava 110 quilates. No decorrer do tempo eu tinha feito muitos amigos entre os garimpeiros, mas a revolução de Getúlio Vargas, em 1932/1933, suspendeu rapidamente minha atividade no rio Tibagi. Foram distribuídos panfletos nos quais fui chamado de "usurpador alemão" e tive que fugir porque fui ameaçado de morte. Durante a fuga para Ponta Grossa meus inimigos me cercaram e me levaram de volta para Tibagi. Colocaram-me contra a parede, mas fui salvo por um telegrama do cônsul Aeldert, endereçado ao líder dos garimpeiros e aos revolucionários em Tibagi. Fui libertado e cheguei a Curitiba mediante um "salvo conduto", em companhia de garimpeiros da minha confiança. A Companhia Monte Alegre acabou sendo liquidada. Tive que voltar para Tibagi como administrador da massa falida, a pedido do Banco Nacional, que tinha adquirido os direitos de propriedade da Monte Alegre em leilão (Maack 1967).

Segunda expedição ao rio Tibagi, na cachoeira vira-penela, em novembro de 1929. Corredeira Vira-Panela, um dos múltiplos obstáculos encontrados por Maack e seus homens a caminho da Foz do rio Tibagi no Paranapanema. Foto: Reinhard Maack.

No Tibagi abaixo da Cachoeira das Araras, em 4 de agosto de 1930. Este trecho do rio Tibagi encontra-se atualmente submerso pela represa de Capivara, instalada no rio Paranapanema. Foto: Reinhard Maack.

Serra dos Agudos, 29 de setembro de 1930. A pujante vegetação das encostas não existe mais.

A expedição de Reinhard Maack ao rio Ivaí (1933 e 1934)

Em 1933, Maack adquire uma fazenda no Paraná no Faxinal de São Sebastião (atual município de Faxinal). Segundo ele, a selva tropical inexplorada se estendia dali até o rio Paraná. Em meio ao sertão paranaense, o geógrafo instala uma inédita estação meteorológica com instrumentos Lambert-Göttingen e, três vezes ao dia, mede a pressão do ar, temperatura, umidade relativa, ventos, nuvens e precipitações.

Os dados meteorológicos seriam necessários para a expedição ao rio Ivaí, entre 1933 e 1934, com a ajuda da Sociedade de Pesquisas Alemã (*Notgemeinschaft der Deutschen Wissenschaft*). Devido ao envolvimento com esta instituição alemã, Maack começou a ser monitorado pelas autoridades policiais do estado, intrigadas com a sua presença perscrutando as selvas e rios paranaenses, o que acabou precipitando em sua prisão 9 anos mais tarde, em 29 de janeiro de 1942. Durante as viagens com barco desmontável e pirogas pelo rio Ivaí, os instrumentos de medição de temperatura e pressão do ar eram lidos regularmente pela sua esposa na fazenda Arroio da Campina.

A pré-expedição o levou, em 1933, às ruínas de Vila Rica, que estavam cobertas pela selva. Tratava-se de um antigo reduto dos jesuítas, fundado em 1630, porém destruído ainda em 1632 pelos bandeirantes paulistas. Durante a expedição principal ao Ivaí, em 1934, foram levantados cartograficamente o percurso do rio e suas características geológicas até o Paraná. Das Sete Quedas ele viajou até Porto Mendes, e de lá desceu a garganta do rio Paraná até Foz do Iguaçu:

> Durante a expedição ao Ivaí pudemos ainda observar a vida animal selvagem das matas e dos rios; filmamos antas, capivaras, ariranhas, lontras, jacarés, macacos, veados, muitas víboras e um jaguar. Comemos peixes e pássaros. Todos os outros alimentos levamos conosco em pirogas de madeira nobre. Uma vez por semana eu tinha que assar meu próprio pão num buraco na terra (Maack 1967).

Acampamento no Salto das Bananeiras, rio Ivaí, 02 de Agosto de 1934. Maack aproveita o momento de pausa na expedição para estudar. No detalhe, teodolito e batatas secando em cima de pano.

Considerações finais

Ao se avaliar as expedições fluviais de Maack no sul do Brasil, verifica-se a obstinação inabalável pelo conhecimento do explorador-cientista. É flagrante a impecável organização do conjunto de imagens obtidas em foto e vídeo, além de um cuidado cartográfico e toponímico ímpar. Deve-se salientar que as expedições ao rio Tibagi de Maack talvez tenham sido as últimas a registrar os derradeiros remanescentes florestais e paisagens naturais semi-intocados em toda a extensão do Tibagi até a sua Foz no Paranapanema.

Mesmo se deparando com um cenário desfavorável ao estudo científico, composto por um rio repleto de perigos naturais, conturbações socioeconômicas que levaram à falência a *Companhia Monte Alegre* e de uma grande animosidade no mundo do garimpo, Maack demonstrou no início do século 20, nos sertões do Paraná, uma notável capacidade interpretativa das relações naturais e humanas. Seu estudo sobre o rio Tibagi, na obra *Geografia Física do Estado do Paraná* de 1968, constitui referência.

Trabalhos citados

Boletim do Instituto Histórico, Geográfico e Etnográfico do Paraná. Curitiba: IHGPR, vol. XXXIX, 1983.

Elliott, J. H. Itinerário das viagens exploradoras pelo Sr. Barão de Antonina para descobrir uma via de communicação entre o porto da villa de Antonina e o Baixo-Paraguay na província de Mato-Grosso: feitas nos annos de 1844 a 1847 pelo sertanista o Sr. Joaquim Francisco Lopes e descriptas pelo Sr. João Henrique Elliott. *RIHGB*, Rio de Janeiro, 10, p. 153-177, 1848.

Maack, R. *Geografia física do Estado do Paraná*. Curitiba: BADEP, 1968.

_____. *Es begann in Herford* – Der Weg durch ein bewegtes Leben. Von Univ., 1967

_____. Geographische und geologische Forschungen in Santa Catarina (Brasilien) Zeitschrift d. Ges. f. Erdkunde zu Berlin, 1937

Relatório. Góes e Vasconcellos, 08 de fevereiro de 1855, p. 77.

Estrada da mata

A criação de gado e a formação social do planalto
de Santa Catarina (Séculos 18 ao 20)

por Cristiane Fortkamp

A FLORA E A FAUNA, se não manejadas, estão sujeitas à extinção. O conhecimento dos recursos naturais e seu aproveitamento definem a manutenção e a utilização dos mesmos. Esse capítulo analisa as transformações socioambientais no Planalto Catarinense a partir da atividade criatória de gado crioulo lageano e da introdução do gado Europeu entre os séculos 18 e 20. Localizado na porção central do Estado de Santa Catarina, o planalto caracteriza-se por altitudes que oscilam entre 700 e 1800 metros acima do nível do mar. O clima é temperado e úmido, chuvoso, caracterizado por invernos rigorosos, com grande incidência de geadas, e verões brandos (id.). Nessa região ocorre a formação de bacias hidrográficas importantes como do rio Canoas e do Rio Pelotas, que formam a Bacia do Rio Uruguai.

Assim como outras áreas de campos subtropicais do sul do Brasil, a vegetação da região é em forma de mosaico campo-floresta, que em áreas menos degradadas ainda se apresenta com certo aspecto natural. A Floresta de Araucária é marcante na paisagem, intercalando-se com outras matas que representam a adaptação da Mata Atlântica ao clima subtropical mais temperado. Estudos científicos evidenciam que a região campestre sul–brasileira durante o período quaternário era paisagem dominante, e que o advento de condições climáticas mais úmidas propiciou a expansão da floresta, começando a partir da migração de matas de galeria ao longo dos rios (Pillar 2009).

A região, quando da introdução do gado pelos jesuítas no século 17, tinha animais pastadores da fauna nativa, caracterizados por seu pequeno porte, especialmente veados, capivaras e antas. O impacto causado pelo gado solto na região, causou intensa transformação da área nativa, uma vez que esse procurava refúgio nas áreas florestais, e tornou mais frequente a formação de uma vegetação secundária (id.). A própria intervenção antrópica, seja por ameríndios ou colonos, influenciou diretamente na distribuição das áreas de florestas e de pastoreio no Planalto catarinense (Dorst 1973). Vale ressaltar que a questão dos recursos naturais implica diretamente na forma de ocupação territorial. Saint-Hilaire, na descrição de suas viagens às Províncias de Curitiba e Santa Catarina, afirma que as terras do Planalto Catarinense ainda não passaram pelo povoamento de produtores agrícolas, mas que este deveria ser um projeto de desenvolvimento, fazendo um elogio às águas límpidas que constituem a riqueza da região. Dessa forma, a ocupação das terras do Planalto Catarinense e as atividades de criação de gado forjaram um tipo social característico da região: "Os homens estão sempre a cavalo e andam quase sempre a galope, levando um laço de couro preso à sela, que é de um tipo especial denominado *lombilho*" (Saint-Hilaire 1820).

Esta forma de ocupação é descrita por Saint-Hilaire como de hábitos preguiçosos, uma vez que a criação de gado exige poucos cuidados. Na interpretação do viajante francês, este tipo de trabalho chega a ser quase um divertimento, tornando detestável qualquer hábito sedentário, explicando a excelente saúde de seus habitantes, sendo numerosos os de idade avançada.

Ave-Lallemant, em suas viagens para as Províncias de Santa Catarina, Paraná e São Paulo, em 1858, descreve o Planalto Catarinense como uma vasta região, onde o que não é Floresta é pastagem, isolando os moradores em suas terras e marcando a solitude da região (Ave-Lallemant 1858). Para este viajante, não é compreensível, num lugar onde pastam centenas de milhares de reses, não se produzir manteiga para consumo e não se investir em construção de estradas para desenvolvimento da região, centralizando as atividades no vasto campo.

Os primeiros rebanhos de bovinos da América vieram por ocasião do descobrimento e aportaram em meados do século 16, trazidos por portugueses e espanhóis (Martins, 2009). Acredita-se que os primeiros exemplares tenham sido obra de D. Ana Pimentel, esposa e procuradora de Martin Afonso de Souza, procedentes da Ilha da Madeira e levados para a Capitania de São Vicente, juntamente com a cana-de-açúcar (Ehlke 1973). Nos anos seguintes, formaram-se inúmeros rebanhos nos principais núcleos povoadores da Colônia Portuguesa (São Vicente, Bahia e

História ambiental no sul do Brasil 201

Pernambuco) (Araújo 1990). Entretanto, a partir de 1701, uma proibição real forçou a transferência dos criatórios para uma distância de no mínimo dez léguas das lavouras de cana-de-açúcar, expandindo o criatório para o interior do Brasil (Barbosa 1978).

Para o estado de Santa Catarina, uma importante contribuição para a inserção das tropas bovinas ibéricas foi dada pelas expedições espanholas, que buscavam a exploração das Vacarias Del Mar, e que forçaram os jesuítas a criar novas estâncias e reduções, para garantir a manutenção das missões (Ehlke1973). Por este motivo, inúmeros rebanhos foram transferidos das Vacarias Del Mar para os campos das vacarias Del Piñar (região dos Campos de Cima da Serra), próximo às margens do Rio Pelotas, na divisa com Santa Catarina (Martins 2009).

Outra importante contribuição provém das tropas que os bandeirantes, após a invasão das Missões Jesuíticas, em 1636, levaram para Franca (SP), pois se acredita que durante o trajeto, várias reses se perderam das tropas e formaram rebanhos nas matas do Planalto Catarinense. Igualmente os tropeiros, em suas jornadas até São Paulo, tiveram a participação na formação dos rebanhos do sul do Brasil, e também foram responsáveis por introduzir reprodutores de outras regiões do país, contribuindo para a miscigenação das raças (Araújo 1990). Assim, antes mesmo da colonização da região conhecida como "Sertão das Lagens", havia rebanhos de um gado "xucro", forjados por seleção natural em campos abertos, sem divisas, e com pouca interferência humana (Martins, 2009). Ademais, durante a colonização da região no século 18, os colonizadores trouxeram consigo animais descendentes de raças portuguesas – o chamado "gado vicentista", que já havia sofrido mestiçagem, e formaram tipos locais, cruzados com animais remanescentes das Missões, contribuindo para a formação de uma raça típica, conhecida como raça crioula lageana (Camargo 2005).

O gado crioulo lageano que se desenvolveu no sul do Brasil tem como característica genética a rusticidade e total adaptação aos campos naturais e ao clima adverso (Martins, 2009). Sua origem remonta a período Paleolítico, entre os animais denominados auroques, pintados no interior das cavernas da Europa. Segundo Alves, o movimento deste animal se fez em duas direções: da Europa para o Continente africano, e da Europa para o continente Asiático. Isto provocou o desmembramento ecológico para áreas tão diversas em suas condições agroclimáticas, que resultou numa grande variabilidade morfofuncional deste animal (Alves 2004).

A vegetação campestre do sul do Brasil está incluída em dois biomas Brasileiros – no Pampa, correspondente a metade sul do estado do rio Grande do Sul, e no bioma Mata Atlântica, que inclui os mosaicos campos-floresta do norte do Rio Grande do Sul e nos estados de Santa Catarina e Paraná. Devido às suas condições naturais, o principal recurso forrageiro, constituído pelas pastagens naturais, apresenta boa produção durante a primavera e verão; entretanto, no outono e inverno a produção torna-se escassa (Pillar 2009). Saint-Hilaire (1820), ao descrever a forma de criação de bovinos, compara as raças encontradas em Santa Catarina com as encontrado em sua visita feita na Província de Minas Gerais, e afirma que, embora sendo uma bela raça, o gado é inferior aos da Comarca de São João D'el Rei. Entretanto, descreve que os bois em todo o território Brasileiro são criados livres no meio dos campos e, apesar disso, são menos selvagens dos que os da Europa, que vivem em estábulos, fato que o viajante atribui ao costume de ser dado sal diariamente aos bovinos. Nesse sentido, o sistema de formação de pastagens apresenta-se como fator indispensável na manutenção da pecuária no Planalto Catarinense. O mesmo viajante descreve a importância da queimada para rebrotar as gramíneas e tornar o alimento do gado nutritivo:

> Dividem seus pastos em várias partes, às quais vão ateando fogo por etapas, à fim de que os cavalos e o gado disponha sempre de capim novo para comer (...) Não se ateia fogo nos pastos onde o capim não tenha pelo menos um ano, tendo sido observado que, quanto mais velho o capim, maior é o vigor com que ele brota. O capim novo é chamado de verde, o velho de maceiga; o primeiro forma uma relva rasteira, o outro atinge quase a altura dos nossos campo (Saint-Hilaire, 1820).

O Projeto de Conservação e Uso Sustentável da Diversidade Brasileira conduziu as pesquisas para a formulação de inventários florísticos e faunísticos dos campos do Planalto sul brasileiro que estão inseridos no bioma da Mata Atlântica no Rio Grande do Sul e Santa Catarina. Como resultados foram listados 1161 espécies, das quais 107 são endêmicas e 76 ameaçadas de extinção. Sabe-se que a intensificação da produção pecuária, em algum momento levou ao aumento das áreas de pastagens cultivadas. Nabinger afirma que, apesar da alta produtividade e potencial forrageiro de muitas espécies nativas, elas não são exploradas comercialmente, aumentando a introdução de espécies exóticas (Nabinger 2000). Ainda assim, segundo Córdova, os campos do planalto catarinense representam o mais importante forrageiro para a bovinocultura do Estado, dispondo de 800 espécies de gramíneas e 200 leguminosas, o que reduz a necessidade de insumos e outras tecnologias (Córdova 2004).

O Planalto Catarinense desenvolveu-se então a partir da pecuária devido a seus vastos campos naturais, ricos em água e de topografia privilegiada, e teve como esteio o gado na época chamado de "pelo-duro", "raça-velha" ou "xucros", que predominaram na região até o século 20 (Martins 2009). Contudo, o processo de desenvolvimento desta região torna os tipos sociais envolvidos peças fundamentais de um conjunto complexo, onde um grande número de componentes é articulado e, muitas vezes, modificam os ambientes naturais, ao mesmo tempo em que adaptam seu modo de vida em função do clima e dos habitats em que se instalam. (Dorst,1973). Neste sentido deve-se discutir em que contexto histórico houve a necessidade legítima da transformação do ambiente natural, em função da transformação das atividades econômicas.

Além disso, a criação de gado no Planalto Catarinense é uma temática que articula relações sociais estabelecidas no entorno da atividade econômica, como família, compadrio, modos de produção, etc. (Bertussi 2000). Estas relações permitem traçar um estudo sobre modelos econômicos engendrados no território a partir da criação de gado, que por sua vez intervém na configuração da sociedade. É oportuno destacar que o povoamento do Planalto Catarinense e a atividade criatória bovina não são desenvolvimentos paralelos à atividade do tropeirismo. Isto porque o tropeirismo do século 18, responsável pela

204   Jó Klanovicz • Gilmar Arruda • Ely Bergo de Carvalho (orgs.)

abertura de estradas e caminhos que ligaram o planalto ao litoral, teve na mula a mercadoria que os tropeiros comercializavam para as áreas de mineração, servindo de transporte para manter a principal economia da Colônia Portuguesa na América (Bertussi, 2000). Entretanto, esta atividade permitiu a abertura de inúmeras rotas de comércio, que posteriormente foram utilizadas na comercialização de bovinos, suínos e produtos agrícolas no Brasil meridional, além de tornarem-se referenciais para o estabelecimento de propriedades rurais e povoados.

Deste modo, este capítulo tem como referencial geográfico inicial o caminho aberto por Sousa Faria, conhecido como Caminho dos Conventos, que saindo de Araranguá, penetrava nos Campos de Cima da Serra e São Joaquim, seguindo em direção a Sorocaba, em São Paulo (Almeida 1952). Contudo, a abrangência territorial centra-se no desvio feito por Cristovão Pereira de Abreu, que alterou o curso da Estrada dos Conventos, atravessando o Pelotas, chegando aos campos de Lages, seguindo em direção aos campos de Curitiba e chegando a Sorocaba (Almeida 1952). O novo caminho aberto entre os anos de 1734 e 1736 recebeu várias denominações entres elas: Estrada Real, Estrada do "Certão", ou ainda "Estrada da Mata" (Ehlke 1973), e possibilitou a concessão de inúmeras sesmarias, que a partir do século 19 passaram a figurar como patrimônio de grandes figuras patriarcais e de grande influência política e econômica – os ricos fazendeiros (Ehlke 1973).

O povoamento da Villa de Nossa Senhora dos Prazeres de Lagens foi de caráter familiar, de origens diversas: alemães, italianos, portugueses, espanhóis, e seus descendentes de varias regiões do Brasil, como São Paulo, Rio Grande do Sul e Minas Gerais (Dachs 1961). Segundo Élio Cantalício Serpa, o homem branco que se estabeleceu na Villa foi atraído pelo privilégio concedido pelo Morgado de Mateus, Governador da Capitania de São Paulo, de não pagarem impostos por um período de dez anos, e não sofrerem prisão pelos crimes cometidos (Serpa 1994). Muitos solicitavam a concessão de Sesmarias e, posteriormente, vendiam-nas a outros proprietários (Dachs 1961). O casamento e a herança era a outra forma de adquirir propriedades, que aumentavam as extensões de campo de uma mesma família (Serpa 1994).

História ambiental no sul do Brasil 205

A principal atividade econômica era a criação de gado bovino, muar e cavalar. A produção era comercializada em São Paulo e atendia também o litoral da província de Santa Catarina. Além do gado para transporte e fornecimento de carne, comercializava-se também o couro (Serpa 1994). Desenvolvia-se ainda uma lavoura de subsistência para consumo da própria família, e comercializava-se o excedente na Villa (Dachs 1961).

Nas suas atividades econômicas e domésticas utilizavam o trabalho escravo e, para garantir a obediência e a permanência deste, contratavam os serviços do Capitão-do-mato (Gorender, 1985). Outro segmento social que fazia parte da força de trabalho utilizada pelo fazendeiro era o agregado – trabalhador livre, que em busca dos meios de subsistência prestava serviços junto com sua família ao fazendeiro (id.). Segundo a análise da estrutura demográfica, social e econômica da vila de Lages, entre 1798-1808 há um significativo aumento do número de agregados nas propriedades, o que pode ser explicado pelas charqueadas, e também pela procura de carne bovina pelos habitantes do litoral da Província de Santa Catarina (Lisanti 2000).

Desta forma, as ricas propriedades do Planalto Catarinense exploravam o trabalhador pobre, tornando a região uma mescla de elementos humanos de origem étnica variada: em menor número o branco rico, que era o proprietário de terras e o político local; ademais, escravos, negros forros, bugres domesticados e brancos pobres que viviam em torno do seu senhor, que estabelecia uma relação paternalista, onde um relacionamento supostamente familiar atenuava as diferenças sociais entre senhores e servos (Ehlke 1973).

O fim da escravidão, o declínio do tropeirismo e o avanço das técnicas de produção provocaram, a partir do século 19, um processo de transição econômica, que proporcionou uma nova percepção da paisagem, ao mesmo tempo em que redefine as relações sociais e a habitação humana, além de impulsionar a construção e a reconstrução de territórios.

Gilmar Arruda afirma que o processo de construção de territórios é sempre conflituoso, pois envolve a competição com outras populações e outras concepções territoriais, que são concretamente formas diferenciadas de apropriação e representação do ambiente natural (Arruda 2008). Neste sentido, a partir do século 19 intensificou-se na região a necessidade de aprimorar as técnicas de produção, com objetivo de equiparar a economia e a sociedade aos moldes do desenvolvimento europeu. A partir de então, estimulou-se a introdução de raças bovinas melhoradas em seus países de origem. Segundo Molinuevo, o principal argumento para proceder à importação de reprodutores de raças europeias foi de que estas possuíam uma qualidade de carne superior (Molinuevo 2005). Ainda segundo o mesmo autor, as raças importadas foram submetidas em seus países de origem a uma ampla seleção para obtenção de animais mais homogêneos, sendo criados os Livros de Registros Genealógicos, gozando de um prestígio de "pureza racial", que se refletia no preço dos rebanhos, além de propaganda comercial.

A mudança drástica que sofreu o ecossistema para abrigar os novos animais e mantê-los nas fazendas teve um custo muito alto, e contribuiu para a redução dos plantéis de crioulos, pois estes novos animais gozaram de um cuidado bem superior, o que incluía a adoção e produção de novas forrageiras, e o gasto com insumos para o tratamento de enfermidades causadas pela inadaptabilidade ao clima e ao ambiente (Martins, 2009). Isto também significou a mudança nas técnicas de produção, pois este tipo de gado não era criado solto nas grandes extensões territoriais, diminuindo a mão de obra necessária nas grandes fazendas para o manejo dos animais, e exigindo também maior qualificação dos profissionais ligados à economia. Além disso, a introdução de espécies exóticas em larga escala, com intuito de condicionar as forrageiras ao novo tipo de criação bovina, levou à perda de parte dos campos naturais (Pillar 2009).

Por outro lado, o alto custo destes reprodutores importados tornava inviável a substituição das vacas crioulas por vacas importadas, generalizando o cruzamento (Martins 2009). Os bons resultados obtidos desses cruzamentos incentivou ainda mais a importação de reprodutores das mais variadas raças.

A consequência dessa abertura comercial às raças europeias no Planalto catarinense é ainda maior, pois há uma mudança também no comportamento e na atividade dos agentes sociais que, uma vez dependentes da economia pecuarista, sofreram com as alterações. A pressão da aristocracia Lageana para infundir o sangue europeu é parte de um projeto que visava uma reorganização social que pretendia seguir os ditames da

Revolução Industrial, e forçaram a dispersão dos camponeses para novas atividades produtivas, uma vez que o pequeno proprietário, ou o camponês desempregado, não possuía as condições financeiras necessárias para adaptar-se às novas formas de criação, consequentemente ficando às margens da tecnologia e tornado-se a parte marginalizada da população neste período. Assim, o conceito socioeconômico de época buscava a substituição de um bovino quase "selvagem", por um gado "refinado", que fosse vantajoso comercialmente, ao mesmo tempo em que julgava necessário "moldar" a sociedade, incentivando a vinda de migrantes, com intuito de transformar a economia e a sociedade segundo o desenvolvimento europeu, uma vez que a "mestiçagem", não oferecia condições ao desenvolvimento e ao progresso (Jornal Guia Serrano 1893).

Uma análise técnica afirmou que a comparação entre as raças europeias e a crioula lageana entre os séculos 18 e 19 não foi equitativa, e ao bovino crioulo foi negado todo o mérito das qualidades de seu gene que foram herdadas, levando a raça crioula lageana à quase extinção (Martins 2009).

José Maria de Arruda Filho, criador e escritor, afirma em seu livro "Coisas do Passado", de 1964: "Se houvéssemos feito um estudo do homem do campo, das pastagens e do meio ambiente, nunca teríamos tentado substituir a raça nativa. O gado crioulo estaria disseminado por toda parte (…) e qualquer caboclo teria seu gado forte, sadio e bonito" (Arruda Filho, 1964). Percebe-se que os novos modelos econômicos engendrados no território intervieram também na configuração social, formando uma fronteira que divide a história regional catarinense. O espaço natural passou, então, a representar também uma ligação entre a população e sua constituição cultural baseada na história da atividade pecuarista. Neste sentido, a filha de um dos mais antigos criadores de crioulo lageano do Planalto Catarinense, o Sr. Leovegildo Didi de Souza, ilustra a intensa relação entre a origem do criador com a raça:

> Seu Didi foi um homem que forjou sua personalidade nas tropas de mula, descendo e subindo a Serra do doze (atual Serra do Rio do Rastro), do charque caseiro às salinas do litoral (…). Campeiro por excelência casou-se nas serranias

joaquinenses, e fixou esteio nos descampados da Coxilha Rica, onde formou um dos mais robustos rebanhos de bovinos crioulos (Martins 2009).

José Maria de Arruda Filho questiona a desvantagem econômica do processo de introdução de outras raças no Planalto catarinense. Para o criador, se a questão fosse o melhoramento genético em função do aumento da produtividade, poder-se-ia apenas centrar os recursos no melhoramento da criação do gado crioulo, o que teria um custo muito menor para todos os proprietários. Neste sentido, também afirma a disparidade em relação ao processo de compreensão das atividades econômicas e do processo de constituição das elites criadoras na região: "Nas exposições que fazemos, dão-se prêmios a um gado, e nos campos, o gado que nos premia é outro, que nem mesmo é admitido nelas" (Arruda Filho 1964).

Segundo Martins, não havia preocupação até o século 20 com a valorização dos recursos naturais, o que contribuiu para uma evidente transformação do ambiente (Martins 2009), sem que fosse aproveitado o potencial característico da região e, consequentemente, reformulou os padrões de produção e a organização social da serra catarinense. Portanto, as tradições culturais e projetos desenvolvidos na região foram capazes de modificar radicalmente as relações elementares entre os seres vivos e o ambiente em questão, tornando a paisagem e a história da serra catarinense uma herança de povos que estabeleceram e reconheceram dinâmicas diferenciadas num espaço territorial, que figuraram a sua capacidade em termos de recursos e objetivos econômicos.

Trabalhos citados

Araújo, R. V. *Os jesuítas dos sete povos*. Porto Alegre: La Salle, 1990.

Arruda, G. (org.). *A natureza dos rios:* História, memória e territórios. Curitiba: UFPR, 2008.

Arruda Filho, J. M. *Coisas do Passado*. Lages-SC, 1964.

História ambiental no sul do Brasil

Almeida, L. C. de. Tropeiros do Brasil nas feiras de Sorocaba. In: *Anais do X Congresso Brasileiro de geografia*, 1952.

Avé-Lallemant. *Viagens pelas Províncias de Santa Catarina, Paraná e São Paulo (1858)*. São Paulo: Edusp, 1980.

Barbosa, F. D. *Vacaria dos Pinhais*. Porto Alegre: Camargoest, 1978.

Cordova, U. A. *Melhoramento e manejo de pastagens naturais no planalto catarinense*. Florianópolis: Epagri, 2004.

Dachs, W. Miseráveis povos carregados de família. *Jornal Guia Serrano*, Lages, 24 set. 1960.

Dorst, J. *Antes que a natureza morra: Por uma ecologia política*. São Paulo: Edgard Blücher, 1973.

Ehlke, C. *A conquista do Planalto Catarinense:* Bandeirantes e Tropeiros do Sertão de Curitiba. Rio de Janeiro: Ed. Laudes, 1989.

Martins, V. M. V. *Raça crioula Lageana:* O esteio do ontem, o labor do hoje e a oportunidade do amanhã. Lages: Ed. ABCCL, 2009.

Molinuevo, H. A. *Genética Bovina y Produccion em Pastoreo*. Buenos Aires: Ed. INTA, 2005.

Pillar, V. de P., et al. *Campos Sulinos:* Conservação e uso sustentável da Biodiversidade. Brasília: MMA, 2009.

Saint-Hilaire, A de. *Viagem a Curitiba e Santa Catarina*. São Paulo: Edusp, 1978.

Serpa, É. C. Os indômitos povos de que Ella a Villa de Lagens se compõe pela maior parte. In: *Revista Catarinense de História*, nº 2. Florianópolis, 1994.

Henrique Luiz Roessler e a proteção à natureza no Rio Grande do Sul (1939-1963)

por Elenita Malta Pereira

HENRIQUE LUIZ ROESSLER (1896-1963) contribuiu muito para a proteção à natureza no Rio Grande do Sul. Nascido em Porto Alegre, ainda na infância mudou-se com a família para São Leopoldo, e exerceu diversas profissões, como desenhista, escultor em madeira, construtor de barcos e contabilista. De 1939 a 1954 exerceu os cargos não remunerados de Delegado Florestal Regional (do Serviço Florestal) e de Fiscal de Caça e Pesca, subordinados ao Ministério da Agricultura.

Em 1º de janeiro de 1955, em São Leopoldo, Roessler fundou a primeira entidade de proteção ambiental no Rio Grande do Sul, a União Protetora da Natureza (UPN). Presidindo a entidade, continuou o trabalho que havia começado no Serviço Florestal, uma campanha educativa pela proteção à natureza, através da distribuição de panfletos para escolas, palestras e, a partir de fevereiro de 1957, das crônicas que passou a publicar no jornal *Correio do Povo* – Suplemento *Correio do Povo Rural* (*CPR*). Roessler tratava de temas ambientais da época, como a necessidade de reflorestamento, a proteção aos animais, o combate à poluição dos rios, à caça ilegal, à matança de passarinhos (entrou em conflito com caçadores oriundos dos municípios de colonização italiana, por causa da "passarinhada"), e a questão do progresso.

Os cargos federais

Os funcionários florestais desprovidos dos mais elementares recursos; incompreendidos e perseguidos; sem cooperação oficial; sofrendo a oposição sistemática de elementos irresponsáveis; contrariando interesses financeiros ou políticos pelas medidas fiscais, muitas vezes encontram insuperáveis

214   Jó Klanovicz • Gilmar Arruda • Ely Bergo de Carvalho (orgs.)

dificuldades para tornar efetivas as providências adotadas.

> Mas nem por isso deixam de zelar com entusiasmo e todos os meios ao seu alcance pela preservação da última quarta parte [das florestas] e das matas protetoras das encostas dos morros e dos cumes altos, das margens dos cursos d'água e das proximidades de fontes e pela execução do programa do reflorestamento, principal finalidade do Serviço Florestal (*Correio do Povo*, 11/11/1948).

Com o lamento acima, Roessler relatava o estado da proteção ambiental no Rio Grande do Sul no final dos anos 1940. Em artigo do *Correio do Povo*, ele procurava mostrar que a culpa pelo mau estado de preservação das matas brasileiras não era dos funcionários florestais, e sim do órgão responsável pelas mesmas, o Serviço Florestal. Depois da publicação do primeiro Código Florestal brasileiro (Decreto nº 23.793, de 23/01/1934), o Serviço Florestal foi criado (Decreto-Lei nº 982, de 23/12/1938), no âmbito do Ministério da Agricultura, para aplicar a nova legislação. Com isso, começou a ser formada uma guarda florestal no país, prevista no artigo nº 56 do Código.

Roessler, que já era Capataz do Rio dos Sinos desde 1937, solicitou ao Ministério da Agricultura sua nomeação como Delegado Florestal, em São Leopoldo. Nas viagens como Capataz, constatou sinais de devastação nas matas ciliares, bem como flagrou a prática da pesca com dinamite, comum naquela época, nos rios gaúchos. No Diário Oficial da União (DOU) de 21 de junho de 1939, o Ministro da Agricultura comunicou ao Ministro da Marinha a designação oficial de Roessler para exercer gratuitamente a função de Delegado Florestal, pela Portaria nº 3, de 15 de maio:

> No desempenho das atribuições que vem de lhe ser confiadas, já teve o Serviço Florestal deste Ministério oportunidade de observar a noção de cumprimento do dever, a capacidade de trabalho, o discernimento e o desejo de cooperar, que possui o capataz do Rio dos Sinos, Henrique Luiz Roessler. Dando rigoroso cumprimento aos dispositivos do Código Florestal, tem aquele funcionário tomado as

História ambiental no sul do Brasil 215

medidas que estão ao seu alcance para impedir a destruição das matas que margeiam o Rio dos Sinos, destruição essa que provocava a erosão das terras, situadas nas margens do rio, pela ação dos agentes naturais (DOU, 21/06/1939).

Além de Delegado Florestal, Roessler foi nomeado, em 1944, Fiscal de Caça e Pesca (DOU, 22/11/1944). A nomeação também estabelecia que os delegados florestais também ficassem incumbidos da fiscalização da caça e da pesca. Os funcionários deviam observar as "disposições legais vigentes, ficando desde já atribuídos aos Delegados Florestais os direitos e deveres consignados nos artigos 46 e 47 e seus parágrafos, do Código de Caça". Além da fiscalização, os delegados florestais ficavam encarregados de arrecadar taxas, receber papéis referentes à caça e expedir licenças para sua prática. A portaria estabelecia que os Delegados Florestais ficariam "subordinados ao Delegado Florestal de São Leopoldo, que por sua vez manterá estreita colaboração com o Posto de Fiscalização de Caça e Pesca de Porto Alegre". O Posto de Porto Alegre, por sua vez, deveria "prestar as necessárias instruções ao Delegado Florestal de São Leopoldo para que este possa organizar seus serviços e mantê-los sempre de acordo com as resoluções da Divisão de Caça e Pesca do Departamento Nacional da Produção Animal, deste Ministério" (Portaria Ministerial nº 718, DOU, 22/11/1944).

Percebe-se a concentração de poder em Roessler: ele era, ao mesmo tempo, Capataz do Rio dos Sinos, Delegado Florestal Regional e Fiscal de Caça e Pesca. Ao nomear alguém que já era servidor público, o Estado economizava e conferia maior autoridade e autonomia ao funcionário, o que, por um lado, favorecia sua atuação, mas poderia provocar desvio de função e abuso de poder. O fiscal, em um Estado com regiões onde a caça e a pesca eram hábitos culturais arraigados na população, era uma figura antipática. As três credenciais contribuíam para que Roessler fosse respeitado em suas diligências. No entanto, as fiscalizações, tanto florestal quanto da caça e pesca, foram criticadas na Assembleia Legislativa do Estado; nem todos os fiscais cumpriam corretamente seu dever. Deputados fizeram denúncias sobre funcionários que apreendiam materiais de pesca, peles de animais e armas indevidamente, outros usavam de violência contra caçadores, e, ainda, alguns se aproveitavam da função para caçar além

216 Jó Klanovicz • Gilmar Arruda • Ely Bergo de Carvalho (orgs.)

da cota permitida, ou em época proibida (Anais, 14/06/1951, p. 429-431). Isso era motivado, em parte, pela falta de remuneração dos fiscais. O Serviço Florestal não era sequer dotado de verbas, fato inúmeras vezes criticado por Roessler. Para conseguir pôr em prática a fiscalização, era preciso cobrar taxas, multas, e até receber pelas viagens de vistorias de terras onde se realizaria o corte de árvores em áreas florestais. Essas derrubadas eram permitidas, desde que o proprietário assinasse um "Termo de obrigação de replantio e de trato cultural", indicando com quais espécies pretendia reflorestar a área, e o prazo para tal. O Código Florestal consentia, inclusive, que fosse utilizada apenas uma espécie no replantio, ou seja, a monocultura, "para maior facilidade de sua exploração industrial" (Brasil, Decreto-Lei 23.793/34, Art. 51).

A legislação, portanto, era muito permissiva. Outro ponto recriminado por Roessler era que, em seu artigo 23, o Código estabelecia que o desmatamento não poderia exceder ¾ partes da vegetação nativa da propriedade, sendo que o ¼ restante constituiria reserva florestal. O problema era que, se a área fosse vendida, o novo proprietário tinha o direito de desmatar mais ¾ do que havia restado, e assim, sucessivamente. Através desse subterfúgio, grande parte das florestas do país foi ceifada, com respaldo legal.

As "batidas"

As diligências de fiscalização, ou "batidas", eram a principal atribuição de um Delegado Florestal; função mais importante, prevista no Código Florestal (Capítulo IV do Decreto 23.793/34). Era através da ida às florestas, *in loco*, que os guardas florestais poderiam protegê-las da devastação, seja pelo corte, seja pelo fogo. Da mesma forma, indo até a mata, era possível impedir a caça e a pesca ilegais. Em documento autobiográfico, "Dados sobre Henrique Roessler" (s/d, APHR), Roessler mencionou os números dos "serviços prestados", desde sua nomeação, em 1939. Licenças para realizar derrubadas: 16.200; obrigações de reflorestamento já cumpridas: 13.800; reflorestamento efetuado: 50 milhões de árvores; autuação por transgressões florestais: 108; autuações por transgressões do

Código de Caça: 1.085. Constata-se que o número de autuações na área da caça superava em dez vezes o de autuações florestais. Isso não quer dizer que o Código Florestal não era transgredido – muito pelo contrário. Havia entraves no processo de autuação por infrações florestais, dificuldades muito maiores para multar uma contravenção dessa natureza, comparando com a autuação de um caçador. O principal obstáculo era o próprio Estado, muitas vezes envolvido na venda ilegal de madeira.

A partir de fevereiro de 1957, Roessler se tornou colunista do *Correio do Povo Rural* (*CPR*). Nas crônicas, relembrava algumas "batidas" em que surpreendeu o roubo de madeiras. Em "Como agiam os ladrões de madeira?" (*CPR*, 01/12/1961), Roessler relatou que, em uma fiscalização noturna em Três Passos, encontrou vários caminhões carregados de madeira de lei proveniente de uma reserva florestal. A madeira vinha de Ijuí, e os motoristas a conduziam por uma estrada ruim, porque na rodovia morava um guarda florestal "duro", ou seja, honesto. O fiscal apreendeu a madeira, porém, mais tarde ela foi devolvida. Segundo o cronista, em geral, não eram abertos inquéritos, "a não ser que sejam casos gravíssimos, porque as despesas das comissões de Inquéritos são enormes e não recompensam o prejuízo havido e o valor da madeira nunca foi reavido dos desonestos". Mas a pior constatação era que grande parte da madeira clandestina era extraída de terras devolutas e reservas do Estado para ser vendida "como vigas para construção de vagões e dormentes para a Viação Férrea, a qual as recebia por intermédio de seus compradores de madeira e lenha credenciados. O próprio Estado receptava o roubo feito no seu patrimônio florestal" (*CPR*, 01/12/1961). Na mesma crônica, Roessler mencionou outra fiscalização, na Reserva do Turvo, quando foram encontradas 400 toras de cedro, louro e timbaúva. Roessler denunciou o caso, indicando o nome do "madeireiro improvisado". O funcionário responsável, guarda do parque, que morava em Tenente Portela, a 32 km do local, informou no processo que a madeira provinha de lotes coloniais vizinhos e que fora levada até a reserva para ser embalsada ali. Como Roessler verificou no local, acompanhado de policiais, a declaração do guarda era mentirosa. Protegido pelo funcionário, o contraventor vendeu a madeira na Argentina, para onde também se mudou.

218   Jó Klanovicz • Gilmar Arruda • Ely Bergo de Carvalho (orgs.)

Os dias das "batidas" para fiscalizar a caça eram ansiosamente aguardados por Roessler. Ele se preparava para o confronto, levando cassetete e revólver; este último só seria utilizado "em casos extremos", e em legítima defesa (Orientações sobre Fiscalização, 1953, APHR). Já o cassetete foi bastante usado para apreender armas, acalmar os ânimos dos caçadores e para a defesa pessoal do Fiscal. Como disse, as infrações de caça e pesca superaram em grande número as de cunho florestal. A maioria dos caçadores autuados por Roessler infringiram o Artigo 11, alínea c, e o Artigo 23 do Código de Caça, ou seja, caçavam passarinhos, sem licença e sem porte de arma. O problema maior, no que se referia à fiscalização da caça, era a procura de passarinhos para a confecção do prato "passarinhada", petisco apreciado por descendentes de imigrantes italianos que habitavam a região colonial do Rio Grande do Sul. Em vão o Código de Caça – bem como as portarias anuais – proibia a caça de pássaros de pequeno porte, independente da época do ano. A questão da passarinhada, que provocou em Roessler a apaixonada defesa do sabiá, foi um dos maiores problemas ambientais por ele enfrentado. Segundo De Boni e Costa (170), a caça era um costume italiano "que surgiu da necessidade de alimentação e estimulada pela abundância de pássaros". E, para os autores,

> Não se pode falar em caça, sem falar nas "passarinhadas", que foram um grande motivo sociológico de festas, e motivadoras da solidariedade comunitária. Nos tempos hábeis à caça, num determinado dia, se reunia um grupo de amigos caçadores, dividiam entre si as áreas de caça, partindo bem cedo, com assobios especiais para chamar a passarada. Caçavam até o meio-dia e, à tarde, limpavam a caça. No dia seguinte, combinavam o preparo da caça (a passarinhada) na casa de algum amigo. Aí se reuniam várias famílias, preparavam-se também outras comidas, todos tinham licença do grupo para tomar um copo de vinho a mais (170).

Por tratar-se de um costume muito praticado desde a chegada dos primeiros imigrantes, os caçadores da região (Caxias do Sul, Bento Gonçalves, Garibaldi, Flores da Cunha e outros municípios de colonização

História ambiental no sul do Brasil

italiana) odiavam Roessler. Numa fiscalização em Bento Gonçalves, em 28 de março de 1954, apreendeu armas e bateu com cassetete em dois caçadores que, no dia seguinte, procuraram a delegacia de polícia, onde foi aberto inquérito policial contra ele. Foi o período mais difícil da vida de Roessler, em que teve que mobilizar sua rede de relações para defender--se no litígio. Uma faceta curiosa de seu trabalho é que ele não era estritamente contra a caça. Condenava a caça ilegal e era amigo dos "bons caçadores" (os que caçavam dentro da lei e, principalmente, não matavam passarinhos), chegando a ser designado presidente de honra de sociedades de caça e pesca. Tinha também amizade com políticos e autoridades importantes no Estado, por causa de suas funções públicas. No momento de dificuldade, ele recorreu a essas pessoas, solicitando apoio moral e financeiro, para defender-se dos caçadores bentogonçalvenses. Eles acusavam Roessler de agressão física, fizeram laudo pericial e procuraram os jornais da cidade para mostrar seus ferimentos.

Várias matérias de capa publicaram a foto dos agredidos, acompanhada de manchetes difamatórias sobre Roessler. Tratava-se de uma campanha veiculada no rádio e na mídia impressa da colônia italiana. O radialista, candidato a vereador em Caxias do Sul, José Morais Pinós, começou, ainda em fins de março de 1954, a divulgar mensagens extremamente ofensivas a respeito do Fiscal, numa rádio da cidade. Também o candidato a deputado estadual Paulo Mincarone publicou, no jornal *Geração Nova*, do qual era Diretor-responsável, uma "Carta Aberta ao Cangaceiro – Especial para o "Xerife" Henrique Luiz Roessler, digno delegado florestal" (*Geração Nova*, 11/04/1954, APHR). Pelo título, imagina-se o ódio de que ele era objeto entre os apreciadores da passarinhada. O conteúdo da "carta" é permeado de palavras de baixo calão, além de uma ameaça de morte. Mincarone aconselhava aos "agricultores a meter fogo no aludido cangaceiro Roessler e na sua famigerada quadrilha de salteadores [fiscais e policiais que geralmente o acompanhavam nas diligências]" (*Geração Nova*, 11/04/1954, APHR). A campanha, uma manobra eleitoreira, visava atingir Roessler para conseguir votos dos apreciadores da passarinhada. Roessler recebeu cartas anônimas, em que era ameaçado de morte. Nelas, foi chamado de "nazista", "porco quinta-coluna", "monstro", entre outros epítetos. A tensão motivada pela fiscalização da passarinhada ganhou cores étnicas, já que Roessler tinha origem alemã, e era "duro" com os descendentes de italianos. Com isso, seus inimigos visavam obter o maior número de votos para suas candidaturas.

A rede de relações de Roessler, formada por Sociedades de Caça e Pesca e autoridades como policiais, políticos e agricultores, prestou declarações muito favoráveis em sua defesa. O processo durou cerca de um ano e meio e ele foi absolvido, no final de 1955. No entanto, antes disso, em dezembro de 1954, teve uma pesada derrota, pois foi destituído dos cargos de Delegado Florestal e de Fiscal de Caça e Pesca. Um de seus detratores, Paulo Mincarone, conseguiu ser eleito deputado estadual; já o radialista Pinós não obteve sucesso na eleição para vereador em Caxias do Sul.

Roessler foi afastado com a justificativa de que o Estatuto dos Funcionários Públicos Civis da União, vigente na época (Brasil, Lei nº 1.711, de 28/10/1952), em seu 4º Artigo, vedava "a prestação de serviços gratuitos". Dessa forma, ele não poderia mais exercer seus cargos de fiscalização, pois não recebia remuneração para isso. Coube ao ex-delegado regional dispensar os outros delegados atuantes no Estado sob sua chefia. Para isso, enviou correspondência, comunicando da dispensa e convidando-os a participar como membros fundadores de uma entidade que estava organizando,

> a fim de colaborar com o governo na defesa dos nossos recursos naturais em sentido amplo (...) de âmbito estadual e de finalidades puramente ideais, excluídos quaisquer interesses materiais, a qual terá núcleos em todos os municípios do Estado, para execução do *Juramento de Proteção*, lançado em 1953 [grifo do autor] (Ofício Circular nº 5.326, 24/01/1955, APHR).

A União Protetora da Natureza (UPN)

Em contato com o Diretor da Divisão de Caça e Pesca do Ministério da Agricultura, Ascanio Faria, Roessler conseguiu uma nova nomeação, para seguir fiscalizando a caça e a pesca, só que, desta vez, em âmbito estadual (Carta de Henrique Roessler a Ascanio Faria, 12/02/1955, APHR).

História ambiental no sul do Brasil

A partir de um acordo firmado entre a União e o Estado, a fiscalização da caça e da pesca passou a ser uma das incumbências da Secretaria da Agricultura do Estado. Aliada às atividades de fiscalização, em 1º de janeiro de 1955, fundou a primeira entidade de proteção à natureza do Rio Grande do Sul, de cunho não governamental. Seus principais objetivos, publicados em estatuto, abrangiam a educação para a proteção à natureza e a formulação e aplicação das leis ambientais:

> "Art 4º – A "UNIÃO PROTETORA DA NATUREZA" tem finalidades puramente ideais e culturais, excluídos quaisquer interesses materiais e protegerá as riquezas naturais, especialmente a flora e a fauna, de acordo com as leis vigentes; Art. 5º – A UPN aprimorará a educação do povo, notadamente da infância e juventude, no sentido de inspirar-lhe e desenvolver-lhe no espírito os sentimentos de amor, caridade, respeito e justiça no trato dos seres e coisas da natureza, por meio de intensiva e persistente propaganda, para cujo fim será solicitada a colaboração dos mestres e do clero; Art. 6º – Propugnará pela fiel execução das leis de proteção à natureza, cooperando com as autoridades na sua aplicação e sanções, denunciando as infrações e contravenções penais verificadas pelos sócios, auxiliando na preparação dos processos policiais; Art. 7º – Pleiteará junto aos poderes públicos a criação de novas leis de proteção à natureza ou o aperfeiçoamento das já existentes (UPN, Estatutos, MVSL).

Roessler foi o primeiro e único presidente da entidade. Mas a UPN não foi a primeira entidade do gênero no Brasil. O próprio Roessler mencionou, na palestra "Defendamos a natureza!", proferida em 5 de setembro de 1957, para alunas da Escola Fundação Evangélica, em Novo Hamburgo, que resolveu fundar a União Protetora da Natureza "nos moldes de entidades semelhantes existentes em São Paulo e na Alemanha" (Roessler 94). Na data da palestra, a entidade já contava com 280 sócios. O programa de ação da UPN estava fundamentado em dois alicerces básicos: a educação e a lei. Porém, a proposta de educar para a proteção dos recursos naturais não era nova no Brasil. Bem antes, a Sociedade dos Amigos das Árvores tinha recomendações parecidas. Fundada em 1931, no Rio de Janeiro, pelo médico e botânico Alberto José Sampaio e por outros "patriotas", queria ser a "sentinela vigilante do nosso ameaçado patrimônio florestal" (Sampaio *Apud* Franco, Drummond 44).

A Sociedade dos Amigos das Árvores (SAA) organizou a Primeira Conferência Brasileira de Proteção à Natureza, em 1934, o primeiro grande encontro que debateu com seriedade a problemática da proteção à natureza no Brasil. No discurso de abertura, o presidente da SAA, Leôncio Correa, discorreu sobre a devastação das florestas (Amazônica, para comércio da madeira e Mata Atlântica, para dar lugar ao café), a seca no Nordeste, os incêndios florestais, constatando que "não bastava a elaboração de leis, fazia-se essencial cumpri-las e punir os infratores. Seria fundamental uma campanha educacional para despertar nas crianças, desde a mais tenra idade, o amor às árvores e aos animais, e a criação de uma escola florestal nos moldes existentes na Itália e nos Estados Unidos" (Franco, Drummond 45).

Na palestra "Defendamos a natureza!", 23 anos depois, Roessler propôs a implantação de Bosques Escolares nas escolas, "de tanto sucesso na Alemanha, onde já existiam 3.000" (Roessler, 2005, p. 95), nos quais os estudantes aprenderiam *in loco* sobre as plantas e a necessidade de preservá-las. As propostas das duas entidades eram muito semelhantes, considerando a educação o alvo mais importante a ser atingido. É interessante ressaltar que os presidentes da UPN e da SAA se referiam a experiências exitosas no exterior para demarcar o atraso brasileiro em relação à preservação do meio ambiente. A UPN se mantinha com doações de sócios e simpatizantes. Não sabemos se chegou a receber donativos do poder público. Era o dinheiro arrecadado por Roessler em palestras, as mensalidades dos sócios e o patrocínio de empresas que pagava as contas da associação.

Os documentos que pesquisei indicam que os integrantes da entidade não se reuniam frequentemente. Nos estatutos, consta que o conselho Diretor se reuniria trimestralmente, ou quando fosse necessário, "extraordinariamente, para resolver assuntos importantes que surgirem" (UPN, Estatutos, p. 4). Haveria uma Assembleia Geral, em janeiro de cada ano, "para apreciação do relatório e Prestação de Contas da Diretoria e para eleição dos novos Conselhos temporários". Infelizmente, não encontrei o livro de Atas – se é que havia um. No entanto, pela documentação disponível e pelos depoimentos de pessoas que conviveram com Roessler, é possível inferir que raramente havia reuniões da entidade. É importante marcar esse fato, pois demonstra a estratégia de atuação da UPN, diferente das associações que surgiriam nos anos 1970. Por exemplo, a Associação Gaúcha de Proteção ao Ambiente Natural (AGAPAN), fundada em 1971, realizava reuniões semanais, abertas ao público em geral, quando eram proferidas palestras e debates sobre questões ambientais. Além disso, a partir dos anos 1970, as entidades e sujeitos lideraram protestos na rua, em atos públicos para sensibilizar a população. Não quero aqui avaliar qual estratégia era a melhor; procuro apenas mostrar as diferenças entre elas, pois os indivíduos e entidades atuaram de acordo com os mecanismos disponíveis em seus contextos, bastante distintos, no caso da UPN e da AGAPAN.

A entidade de Roessler conseguiu certa projeção no país. As revistas *Lavoura Arrozeira* e *Chácaras e Quintais* publicaram artigos sobre a UPN; a última teria alcançado, segundo Roessler, "a mais ampla repercussão, tornando a Sociedade conhecida em todo o Brasil, conforme provam os pedidos de material de propaganda vindos de vários estados, desde Pará, Mato Grosso, Pernambuco, Bahia, Paraná, Minas Gerais, Rio, São Paulo, etc" ("As atividades da União Protetora da Natureza", *CPR*, 11/04/1958). Tanto entidades oficiais quanto particulares pediram cartazes para servirem como modelo para iniciativas semelhantes. Além disso, a UPN teria ficado conhecida no exterior, pois seu material foi solicitado pelo escritório Florestal da Organização das Nações Unidas (F. A. O.), no Rio de Janeiro, para ser exibido em uma exposição florestal, em Nova Déli, na Índia, "com a solicitação do direito de aproveitar os modelos para impressão de folhetos de propaganda em outros países, tanto na América Latina, como do Velho Mundo, fato que demonstra seu valor" (*CPR*, 11/04/1958). Nada mal para uma entidade com apenas três anos de existência, com sede no interior do Rio Grande do Sul.

A campanha educativa da UPN

Na presidência da UPN, Roessler deu seguimento a uma campanha educativa de proteção à natureza, muito próxima do que hoje chamamos de "educação ambiental". A campanha era veiculada através de panfletos e das crônicas que ele publicava no *Correio do Povo Rural*. Os panfletos confeccionados por Roessler na UPN em geral não eram datados e continham mensagens simples e diretas, reforçadas por desenhos ou fotografias. Os temas mais frequentes eram a caça de passarinhos e o reflorestamento. A "guerra aos passarinheiros" assume caráter prioritário, depois do processo judicial. Em vários panfletos constava a expressão "Campanha Educativa da União Protetora da Natureza", com mensagens direcionadas essencialmente aos pais, para que educassem seus filhos a não matar passarinhos, o que era prática comum em vários municípios gaúchos.

Contra a caça em geral, os panfletos continham excertos de legislação e perguntas que motivavam à reflexão do caçador. Um deles, em formato de livreto, divulgava "extratos de legislação interessante para caçadores, proprietários rurais, educadores, fiscais de caça, protetores de animais silvestres e amantes da natureza" (UPN, Extratos de Legislação). Um dos artigos mais importantes do Código de Caça era o n º 11, o qual dispunha que "é proibida a caça de animais úteis à agricultura, pombos correio, pássaros canoros e insetívoros e de pequeno porte, aves ornamentais e as espécies raras, em qualquer época do ano e sob qualquer pretexto" (UPN, Extratos de Legislação).

A caça aos passarinhos foi a temática que mais panfletos motivou. Roessler considerava que os passarinhos eram úteis à agricultura. O bico dos pássaros seria muito mais eficaz do que os inseticidas, alcançando "os insetos escondidos debaixo das folhas e cascas". Os pássaros mais úteis seriam "pica-paus, barreiros, sabiás, tico-ticos, bem-te-vis, vira-folhas, papa-formigas, corruíras, andorinhas, etc". O grande problema era o apetite pelo prato "passarinhada com polenta", característico das tradições italianas, obtido através das "passarinhadas", que causavam, segundo Roessler, "incalculáveis prejuízos à agricultura e pecuária em geral e à Economia Nacional, pela diminuição da produção de alimentos, resultante das doenças e mortes de animais, frutas bichadas e cereais roídos pelas pragas

História ambiental no sul do Brasil   225

de insetos daninhos" (UPN,"Mais pássaros – melhores colheitas", s/data, MVSL). Como predadores naturais, os passarinhos se alimentavam dessas pragas, portanto, sua caça provocava um desequilíbrio ecológico, fazendo com que o número de insetos aumentasse, o que, por sua vez, motivava o uso de quantidades cada vez maiores de venenos para exterminá-los.

Sobre a temática florestal, podemos destacar o panfleto "O reflorestamento em ação" (UPN, s/data, AHRS), que trazia o desenho em forma de sombras de dois homens, um deles de enxada na mão, provavelmente cavando o buraco, e o outro colocando uma muda de árvore no solo. A mensagem listava cinco vantagens em "plantar árvores: é uma das mais nobres e patrióticas atividades rurais; constitui o mais garantido emprego de capital, significa um sólido seguro de vida; valoriza a terra e garante a água; é prova de inteligência e previdência do proprietário rural". Como Delegado Florestal, Roessler já havia elaborado diversos panfletos sobre a questão florestal, porém as mensagens eram mais longas, e ele alertava para as multas, se a legislação não fosse cumprida. No caso do folheto da UPN, a mensagem é mais "leve", sem ameaças, pois a entidade não possuía poder para aplicar multas, porém de forma mais direta, tentando conscientizar os agricultores de que o replantio das árvores era muito vantajoso.

Aludindo ao tema da pesca, o panfleto "A ruína da pesca" (UPN, s/data, APHR) apresentava um dispositivo – previsto em lei – para impedir que os filhotes de peixe entrem nas lavouras de arroz. O aparelho consistia numa caixa de tela com malhas de 1 centímetro quadrado acoplada na válvula de sucção das bombas de irrigação nas plantações de arroz. A ação de cerca de 2.000 bombas desprovidas do dispositivo de proteção causava o extermínio de peixes (alevinos – ovos, filhotes) nos arrozais. Esse panfleto apresentava o desenho de como ficaria adaptado o aparelho na válvula e também de como a bomba sugava os peixes pequenos, de até 20 centímetros, se não contasse com a tela protetora. Ao que indicava a ilustração, seria bem fácil e barata sua instalação, porém era raríssimo algum agricultor cumprir a lei. Na crônica "Peixinhos para adubo e criação de porcos", Roessler relatou que "nem 1% dos orizicultores adaptavam aparelhos protetores da fauna aquática nos ralos das bombas" (*CPR*, 28/04/1961). As desculpas em geral eram que o agricultor ignorava a lei, ou que não teve tempo, ou que esqueceu, a enchente carregou a tela... Alguns queriam mesmo que os peixinhos entrassem, para servir como adubo, ou para alimentar seus porcos. O descumprimento da norma era tão comum, que Roessler chegou a destacar, na crônica, um único plantador de arroz que cumpriu com rigor o que a lei determinava.

Nos panfletos da UPN e nas crônicas escritas por Roessler, podemos perceber um grande esforço para alertar a população dos problemas ambientais vividos na época, os anos 1940-60. Suas mensagens, de caráter explicitamente educativo, podem ser caracterizadas como um esforço de promover educação ambiental (EA). Não uma educação ambiental como entendemos hoje, no século XXI, porém contendo alguns elementos iniciais representativos da EA, os quais eram possíveis dentro do contexto em que ele viveu. Havia um sentido global no projeto de Roessler, ao perceber que os seres vivos estavam interligados e dependiam uns dos outros para sobreviver. Havia também a proposta de uma melhor relação entre o homem e a natureza, cuja "separação", por causa do "progresso" acelerado, era causadora dos problemas ambientais. A ação, uma das características da EA, era fundamental no trabalho de Roessler, aliada à produção escrita. E esta ação era direcionada para problemas reais e concretos, que ele conhecia bem, no Rio Grande do Sul.

As ideias de Roessler

Roessler nunca utilizou a palavra "ecologia", mas tinha consciência da interligação entre os seres vivos e das relações de dependência entre eles. Não era cientista, ou acadêmico; sua formação escolar foi até o terceiro ano ginasial, cursado no Colégio Nossa Senhora da Conceição, um dos melhores estabelecimentos de ensino do Estado na época, coordenado por padres católicos jesuítas, em São Leopoldo. No entanto, em função de seus cargos públicos e de interesse pessoal, lia muito sobre o tema da proteção à natureza, desde livros especializados até revistas de circulação nacional, como *Fauna, Caça e Pesca*, e *Chácaras e Quintais*, que divulgavam conhecimento sobre plantações, caça e pesca, de forma acessível ao grande público.

Na crônica "A verdade sobre o problema florestal" (*CPR*, 15/08/1958), ele nos dá a conhecer autores em que baseava suas ideias sobre a natureza, citando trechos de obras que trataram o problema da destruição florestal e da necessidade do reflorestamento. Entre outras, declarações do botânico e padre Balduíno Rambo, do naturalista José Vidal, do sertanista Agenor Couto de Magalhães, do engenheiro agrônomo Wanderbilt Duarte de Barros, do engenheiro florestal alemão Wolfgang Herzog, dos escritores Monteiro Lobato e Euclides da Cunha, foram comentadas por Roessler. Apesar de tanto debate sobre o tema, para o cronista "parece que o próprio Poder Público não se interessa muito pela solução do problema florestal, ou que não lhe convém mexer no assunto" (*CPR*, 15/08/1958); entre vários motivos para o descaso arrolados por Roessler, estava a liberação de verbas irrisórias, a falta de impedimentos à exportação de madeira, o não impedimento do Estado ao contrabando de madeiras pelos rios Uruguai e Paraná, a falta de fiscalização, etc.

Os autores lidos por Roessler condenavam as queimadas como método de preparo da terra para a agricultura, o corte das florestas, a pesca com armadilhas, o uso de arapucas, mundéus, ratoeiras, o aprisionamento de pássaros em gaiolas, as carroças e arreios com que os cavalos eram presos, a caça das baleias com arpão e aos outros animais a tiros, os incêndios dos campos e matas, a drenagem dos pântanos, enfim, todo o mal causado aos animais e às plantas. Para eles, o homem não percebia que a interferência na natureza, explorando seus recursos à exaustão, poderia causar a devastação de seu próprio *habitat*, a Terra. Esses autores, principalmente Balduíno Rambo e Wanderbilt Duarte de Barros, defendiam a criação de Parques Naturais. Em *Fisionomia do Rio Grande do Sul*, o padre jesuíta argumentava que esses locais "são territórios maiores, em que a natureza primitiva se conserva totalmente intacta, aumentando-se-lhe os atrativos com o acréscimo de elementos consoantes, quando for conveniente" (Rambo, 1942, p. 436). O padre citou parques em diversos países, criticando o pequeno número de áreas protegidas no Brasil. Alguns anos depois, em *Parques Nacionais do Brasil*, Barros (1952, p. 19) afirmou que "todo o movimento de proteção à natureza tem de ser necessariamente intensificado no país. Proteção ao solo, à selva, à fauna; (…) proteção às águas e às minas. É um imperativo para a nossa existência como Nação". A conservação teria aparecido em consequência da "desastrada atividade do homem no globo contra animais e vegetais". Barros, que era diretor do parque nacional de Itatiaia (primeiro do gênero no Brasil, criado em 14/06/1937), assim como Rambo, mostrava-se preocupado com a pequena extensão protegida no Brasil, comparando com Argentina, México e Estados Unidos.

Na crônica "Missionárias da campanha contra a ignorância" (*CPR*, 13/06/1963), Roessler sugeriu a leitura de dois livros para "os interessados no progresso do ensino": *Da vida de nossos animais*, de Rodolpho Von Ihering, e *Reflorestamento*, de Mansueto Koscinski. O primeiro tratava da fauna brasileira, a partir de textos científicos, relatos de viajantes, contos populares, tentando traçar um panorama geral das espécies conhecidas na época. Um capítulo do livro é dedicado à "ornitologia econômica", que é o "estudo das aves, encaradas do ponto de vista da sua utilidade, para efeito da manutenção do regime natural que regula a expansão da fauna e da flora de uma dada região" (Ihering 101). Roessler, em várias crônicas e panfletos, referiu-se à utilidade dos pássaros e utilizou os mesmos termos que Von Ihering, considerando os benefícios dos pássaros às lavouras, ao se alimentarem de pragas que atacavam as plantas.

Em *Reflorestamento* (1939), Koscinski abordava o processo técnico do reflorestamento e a defesa florestal. A importância do reflorestamento advinha da contribuição que ele dava à economia nacional. O autor defendia que sua prática não fosse adiada por mais tempo, pois "contribuir para ele é dever de todo o brasileiro que realmente ama sua Pátria" (Koscinski 11). O problema crucial do reflorestamento, segundo Koscinski, era o retorno demorado do investimento, que no Brasil, devido à fertilidade do solo, levava, em média, de 15 a 20 anos. Roessler também defendeu a silvicultura. Ele afirmou não acreditar "em reflorestamento que não [fosse] de acácia ou eucalipto, cuja colheita se faz em sete anos" ("Sentença de morte para os pinhais", *CPR*, 25/01/1963).

Roessler considerava a proteção à natureza um dever patriótico. Mais do que isso, era um dever religioso. A vida agitada nas metrópoles distanciava o homem do ambiente natural, e fazia com que ele se apegasse aos bens materiais, não tendo mais tempo para "cuidar de sua família",

História ambiental no sul do Brasil   229

nem de "procurar contato com a *mãe natureza* [grifo meu], que cura todos os males". Com a "evolução da 'razão do cérebro'" o homem conseguiu desenvolver tecnologias e expandir-se sobre a Terra, "mas todo este progresso foi conseguido pela destruição das riquezas naturais do universo, principalmente a devastação das florestas e o massacre dos animais silvestres, *seus irmãos de origem* [grifo meu]". ("Bicho estúpido e feroz", *CPR*, 13/10/1961). Aqui aparece um esboço de cunho religioso da natureza de Roessler: a mãe de todos os seres, e nós, seus filhos, bem como os animais e plantas, somos todos irmãos.

Em "O fiscal andava armado" (*CPR*, 17/03/61), quando escreve sobre a relação entre fiscal e caçadores, Roessler pede que os "fiscalizados" não criem dificuldades aos fiscais, "pois nossa *missão*, que já é sacrificada, é exercida gratuitamente, por idealismo [grifo meu]". A palavra grifada – repetida por Roessler inúmeras vezes em outros documentos e crônicas – diz muito sobre como ele encarava seu trabalho: um projeto, na forma de missão; como uma missão religiosa, plena de abnegação, por acreditar num ideal que considerava sublime, a proteção à natureza.

Em "Religião e natureza" (*CPR*, 01/08/1958), Roessler lança um apelo aos educadores e também ao "único Poder capaz de salvar a nossa malograda fauna (…), o sentimento religioso do povo". O Sacerdote ou o Mestre deveria "impregnar indelevelmente na alma do aluno a noção de que a natureza e seus indefesos seres são obra de um sábio e onipotente Criador" e destruir "essa obra divina é um Pecado Contra Deus".

Roessler acreditava estar à frente de uma "campanha moralizadora" que, para obter sucesso, precisava do apoio "das Classes Educadoras (…); somente assim, numa *ação conjunta, educativa e repressiva* poderemos evitar o aniquilamento total dos animais silvestres [grifos meus]". A ideia de união – ação conjunta – aparece já no nome da entidade que criou: União Protetora da Natureza; a educação era essencial para atingir o maior número possível de crianças e jovens; repressão para coibir os alunos a não repetirem as ações de seus pais. Na religião cristã, o crente deve temer a Deus, por isso não deve pecar. Roessler acreditava que, através da ameaça do "pecado contra Deus", seria possível, talvez, conseguir cidadãos mais conscientes no futuro, que não se arriscariam a matar e comer passarinhos.

230 Jó Klanovicz • Gilmar Arruda • Ely Bergo de Carvalho (orgs.)

O discurso de Roessler estava afinado com o de seus contemporâneos. A discussão sobre a proteção da natureza estava presente em várias instâncias da sociedade; além de publicações especializadas, de acesso restrito, o tema era tratado no discurso político e na imprensa – local e nacional. Talvez, naquele contexto, faltasse alguém que conseguisse traduzir informações sobre o assunto para o grande público, de forma acessível, comovente e, muitas vezes, apaixonada, o que Roessler conseguiu suprir muito bem. Ao associar a proteção à natureza com patriotismo, religião e educação, ele ganhou a simpatia de muitas pessoas, leitores do *Correio do Povo* em geral, como professores, agricultores, religiosos, entre outros.

Impulsionado primeiramente pela legislação ambiental publicada nos anos 1930, pelas posições que ocupou em sua trajetória, nos cargos de Delegado Florestal e Fiscal de Caça e Pesca, e, após, atuando como presidente da UPN, o trabalho de Roessler era calcado na educação, no nacionalismo e na religião. A tensão entre esses três elementos resultaria no cidadão consciente, capaz de manejar com sabedoria os recursos naturais, evitando seu esgotamento. Acreditando-se imbuído de uma missão, Roessler dedicou o final da vida à proteção da natureza. Adaptou concepções correntes nos discursos da época em que viveu à realidade concreta, conhecida por ele, ao percorrer o Estado nas diligências fiscalizadoras. Conseguiu traduzir essa realidade aos seus conterrâneos, fomentando a proteção à natureza, através de campanhas educativas de amplo alcance.

Creio que, apesar de ainda existir devastação, o projeto de Roessler foi vitorioso. Incentivados por suas campanhas e crônicas, muitos indivíduos começaram a se interessar pelo tema da proteção à natureza. Dentre eles, fundadores de entidades ecologistas que surgiram nos anos 1970, como a AGAPAN, foram influenciados pela leitura dos textos de Roessler no *Correio do Povo* e pelo exemplo de seu trabalho em prol do meio ambiente. Se os problemas permanecem, é por nossa incompetência (de todos: Estado, empresas e cidadãos) de resguardar a diversidade da vida, frente à hegemonia do desenvolvimentismo, desafio cada vez mais difícil. Acho que, nesse aspecto, o discurso dele ainda faz sentido, afinal, proteger a natureza é também proteger a nossa própria espécie.

Trabalhos citados

Anais da Assembleia Legislativa do Rio Grande do Sul. Datas consultadas: 23/06/1949, 14/06/1951 (ML-RS).

Barros, W. D. *Parques nacionais do Brasil.* Rio de Janeiro: Ministério da Agricultura, 1952.

Boletim Renner. Porto Alegre, Dez/Jan 1957 (MVSL).

Bohnen, A., Ullmann, R. A. *A atividade dos jesuítas de São Leopoldo* (1844-1989). São Leopoldo: Unisinos, 1989.

Brasil. Decreto nº 4.421, de 28 de dezembro de 1921. Cria o Serviço Florestal do Brasil.

Brasil. Decreto nº 23.793, de 23 de janeiro de 1934. Código Florestal.

Brasil. Decreto-Lei nº 982, de 23 de dezembro de 1938. Cria novos órgãos no Ministério da Agricultura. Cria o Serviço Florestal.

Brasil. Decreto-Lei nº 5.894, de 20/10/1943. Código de Caça.

Brasil. Lei nº 1.711, de 28 de outubro de 1952. Estatuto dos Funcionários Públicos Civis da União.

Brasil. Lei nº 2.284, de 09 de agosto de 1954. Regula a estabilidade do pessoal extranumerário mensalista da União e das autarquias.

Carta de Henrique Roessler a Ascanio Faria. São Leopoldo, 12/02/1955 (APHR).

Correio do Povo. Porto Alegre, 11/11/1948 (MCHJC).

Correio do Povo Rural. Porto Alegre, diversas datas: 11/04/1958, 01/08/1958, 15/08/1958, 17/03/61, 28/04/1961, 13/10/1961, 01/12/1961, 25/01/1963, 13/06/1963 (MCHJC).

De Boni, L. A. Costa, R. *Os italianos no Rio Grande do Sul.* Porto Alegre/ Caxias do Sul: EST/UCS, 1979.

232   Jó Klanovicz • Gilmar Arruda • Ely Bergo de Carvalho (orgs.)

Dean, W. *A ferro e fogo*. A história e a devastação da Mata Atlântica brasileira. São Paulo: Companhia das Letras, 1997.

Diário Oficial da União (DOU). Datas: 21/06/1939, 22/11/1943, 22/11/1944. Disponível em: <www.jusbrasil.com.br>. Acessos em datas diversas.

Fiocriz. *Dicionário Histórico-Biográfico das Ciências da Saúde no Brasil*. [Website]: <http://www.dichistoriasaude.coc.fiocruz.br/iah/P/>. Acesso em 19 de março de 2010.

Franco, J. L. de A. Drummond, J. A. *Proteção à natureza e Identidade Nacional no Brasil, anos 1920-1940*. Rio de Janeiro: Editora Fiocruz, 2009.

Geração Nova. Bento Gonçalves, 11/04/1954 (APHR).

Ihering, R. V. *Da vida de nossos animais*. São Leopoldo: Editora Rotermund, 1953.

Koscinski, Mansueto. *Reflorestamento*. São Paulo: Edições Melhoramento, 1939.

Martins, A. L. *Revistas em Revista*: Imprensa e práticas culturais em tempos de República. São Paulo (1890-1922). São Paulo: Edusp, 2001.

Ofício Circular nº 5.326, de Roessler a diversos Delegados Florestais do Rio Grande do Sul. São Leopoldo, 24/01/1955 (APHR).

Orientações sobre fiscalização. São Leopoldo, 01/01/1953 (APHR)

Pereira, E. Os panfletos da União Protetora da Natureza – UPN (1955-1963). *Métis: História e Cultura*. Caxias do Sul, vol. 7, nº 14, jul/dez 2008.

Prado, D. *A figueira e o machado*. Raízes da educação ambiental no Sul do Brasil: Práticas educativas e militância ambiental na perspectiva do cronista Henrique Luiz Roessler. Tese (Doutorado em Educação Ambiental). Fundação Universidade de Rio Grande, Rio Grande, 2008.

História ambiental no sul do Brasil   233

Rambo, B. *A Fisionomia do Rio Grande do Sul*. Porto Alegre: Livraria Selbach, 1942.

Roessler, H. L. O Rio Grande do Sul e a Ecologia – Crônicas escolhidas de um naturalista contemporâneo. Porto Alegre: Governo do Estado do Rio Grande do Sul/SEMA/FEPAM, 2005.

Silva, Z. L. da. As percepções das elites brasileiras dos anos de 1930 sobre a natureza: das projeções simbólicas às normas para o seu uso. In: Arruda, Gilmar (org.). *Natureza, fronteiras e territórios: imagens e narrativas*. Londrina: Eduel, 2005.

Unesco. *Conferencia Intergubernamental sobre educación ambiental*. Informe Final, Tbilisi-URSS, Informe ED/MD, nº 49, Paris, 1978.

UPN. *Estatutos*. São Leopoldo, 1955 (MVSL).

UPN. *Extratos de legislação* (livreto sobre caça). São Leopoldo, s/data (MVSL).

UPN. "A ruína da pesca". Panfleto, s/data (APHR).

UPN. "Mais pássaros – melhores colheitas". Panfleto, s/data (MVSL).

UPN. "O reflorestamento em ação". Panfleto, s/data (AHRS).

Weltman, L. W. *A educação do Jeca*: Ciência, divulgação científica e agropecuária na revista Chácaras e Quintais (1909-1948). Tese (Doutorado em História das Ciências) Oswaldo Cruz/FIOCRUZ, Rio de Janeiro, 2008.

Do território do vazio ao lugar de veraneio

Paisagem e cultura balneária no litoral do Rio Grande do Sul

por Joana Carolina Schossler

O LITORAL DO RIO GRANDE DO SUL possui uma extensão de aproximadamente 620 km, que se estende da barra do Chuí, ao sul, até a desembocadura do Mampituba, ao norte. Entre os estados atlânticos do Brasil, o litoral gaúcho é o mais uniforme, com os maiores lagos do país (Rambo 2). A falta de acidentação do solo faz do litoral do Rio Grande do Sul a "região menos atraente do Estado" (33). Esta visão negativa do litoral, predominante desde a época dos relatos de viagens do século 19 até os romances literários de meados do século 20, contribuiu para a representação do litoral como "território do vazio".

Este capítulo mostra como a paisagem marítima do Rio Grande do Sul foi alterada e ressignificada socialmente pelo hábito da cultura balneária.

A desolação da paisagem marítima

Nos relatos de viagens, as descrições de um mar indômito, de fortes correntezas e bancos de areia insidiosos consagraram a visão negativa do litoral do Rio Grande do Sul. Da imagem sinistra da barra de Rio Grande já há registro em meados do século 18. O relato de viagem dos náufragos ingleses John Bulkeley e John Cummins menciona o quanto era perigoso a entrada daquele porto (Cesar 133-139). O naturalista francês Auguste Saint-Hilaire, em sua estada na vila de São Pedro em 1820, comentou sobre a banalização dos naufrágios: "Fala-se aqui da desgraça alheia com o mais inalterável sangue-frio. Conta-se o naufrágio de uma embarcação e o afogamento da tripulação como se contassem fatos os mais desinteressantes" (Saint-Hilaire 58).

Entre tantos viajantes que conheceram as dificuldades de navegação no litoral sulino, o francês Nicolau Dreys (23) comentou que os mares do

238 Jó Klanovicz • Gilmar Arruda • Ely Bergo de Carvalho (orgs.)

Rio Grande sempre foram um "objeto de pavor, ou pelo menos de inquietação para os navegantes, mormente para os estrangeiros; e, com efeito, a navegação daquelas paragens não é sem dificuldades, nem mesmo sem perigos". No final de agosto de 1845, o belga Alexander Baguet chegou à Vila de São Pedro e não se furtou de comentar que "a entrada da barra de Rio Grande é muito perigosa, por causa de seus bancos de areia que se deslocam frequentemente sob a ação das correntes". O viajante também descreve com sensacionalismo o perigo de naufrágio:

> Por infelicidade, ergueu-se o pampeiro previsto pelo capitão e a escuna, quase sem velame, pulando sobre as ondas que se elevavam a uma altura assustadora, foi durante dois dias o joguete da tempestade! O vento era de uma impetuosidade tal que as ondas se sucediam com vertiginosa rapidez, a ponto de o mar não oferecer mais que uma vasta extensão de espuma. Uma inquietude mortal tomou conta de nós, quando vimos a escuna tombar para o lado, não obedecendo mais ao leme, e o capitão ordenar ao imediato que levasse machados ao tombadilho. O perigo era iminente, tínhamos a morte diante dos olhos, quando felizmente a escuna endireitou-se! A tempestade cessou enfim; mas o mar estava tão agitado, as ondas cavavam sulcos tão profundos, que imprimiam ao navio um terrível balanço contínuo, já não nos permitindo ficar de pé no tombadilho… Levantando-se um vento favorável, percebemos o farol que perdêramos de vista seis dias antes (Baguet 25).

No início de julho de 1857, sua compatriota Marie van Langendonck chegou ao porto do Rio Grande e também se referiu aos perigos da barra e os riscos de naufrágio:

> Enfim, em uma quinta-feira, 9 de julho, chegamos diante da barra do Rio Grande do Sul. Para alijar o navio, descarregou-se toda a água potável, o que não o impediu de ter a proa

História ambiental no sul do Brasil 239

presa nas areias da barra. Para soltá-la, transportou-se da proa para a popa as grossas correntes das âncoras e toda a ferragem que se encontrava a bordo. Fez-se os passageiros correrem de uma extremidade a outra da ponte até que finalmente o brigue flutuasse novamente e que pudéssemos, com a ajuda de um piloto, entrar no porto (Languendonck 28).

Em 22 de fevereiro de 1858, o viajante alemão Robert Avé-Lallemant avistou a barra de Rio Grande e corroborou com o seu relato para a sua fama sinistra: "A barra do Rio Grande é, sem dúvida, uma das mais desagradáveis e mais perigosas que existem e poucos portos se encontrarão em que, em proporção com os navios entrados, tenha havido tantos naufrágios como aqui" (Avé-Lallemant 104).

Em 1871, foi outro viajante alemão, Oscar Canstatt, quem descreveu os perigos daquela barra e de naufrágio em suas águas:

No segundo dia depois da partida do Desterro aproximamo-nos da temida barra do Rio Grande, de cujo perigo todo viajante tem bastante para contar. Toda a costa plana entra tão gradualmente no mar que só em poucos lugares é que os navios podem aproximar-se dela. Além disso, aparecem em diversos pontos grandes e pequenos bancos de areia, longe da costa, que devido às correntes marítimas mudam de lugar de tempos em tempos. O perigo de encalhe torna-se maior quando o mar recua consideravelmente, e a maré que sobrevém forma novos bancos de areia. O porto do Rio Grande [...] é tido pelos marinheiros como um dos mais temidos ancoradouros em toda a costa oriental da América do Sul (Canstatt 289-390).

Em alguns relatos de viagem, tem-se simultaneamente evidências de naufrágios e o perigo do mesmo. Nesse caso, o viajante é testemunha ocular dos despojos de naufrágios anteriores, mas ao mesmo tempo, ele experimenta o perigo iminente do naufrágio. Assim, Saint-Hilaire descreve a praia de Rio Grande como um cemitério de navios, onde "destroços de

240   Jó Klanovicz • Gilmar Arruda • Ely Bergo de Carvalho (orgs.)

embarcações, semienterradas na areia, lembram terríveis desastres e nossa alma enche-se pouco a pouco de melancolia e terror" (Saint-Hilaire 61).

Depois de relatar como a escuna *Sea Bird* safou-se das forças eólicas e talássicas, o belga Baguet comentou que "passaram perto de um veleiro encalhado nas dunas" (Baguet 25). Afirmou ainda que quando voltou ao local, "alguns meses depois, não se via mais do que a ponta de seus mastros". Também o alemão Avé-Lallemant testemunhou que "veem-se infelizmente restos e destroços de navios naufragados que se elevam sobre os baixios" (Avé-Lallemant 104). Seu patrício, Canstatt, comentou que "o número de naufrágios por ano na barra do Rio Grande é bastante grande" e que, quando lá chegou, avistou "inúmeros despojos de uma embarcação que outrora dera à costa". Este último detalha ainda:

> A arrebentação das vagas naquela pequena profundidade, sobretudo com o mar grosso, causa violenta ressaca, que com a espuma e o borrifo elevando-se a grande altura é avistada de longe, como uma muralha branca no horizonte. A profundidade da água varia muito depressa, conserva-se, porém, muitas vezes tão extraordinariamente baixa por tanto tempo, que navios muito carregados ou de grande calado têm de ficar dias e semanas diante da barra. Cada tempestade joga na costa novas massas de areia, que pouco a pouco modificam inteiramente o fundo do mar (Canstatt 390).

Nota-se, portanto, que os relatos de viagem contribuíram para uma imagem sinistra do litoral gaúcho nos moldes daquela literatura romântica "obcecada pelo naufrágio" (Corbin 259). Mas a fama da "terrível barra do Rio-Grande" também foi tema das letras rio-grandenses. Membro da Sociedade Partenon Literário, José Bernardino dos Santos (1845-1892) corroborou para essa imagem em *Os Lobos do Mar*: "No entanto, esta terra hospitaleira é guardada por um fantasma sinistro, que apavora os mais ousados navegantes – a barra do Rio-Grande!" (Krug 304).

Os Lobos do Mar é uma loa aos "intrépidos práticos" da barra de Rio Grande que, pela destreza e experiência, conseguem superar os perigos daquela barra, e traduz poeticamente o que já havia destacado

História ambiental no sul do Brasil 241

o viajante alemão Canstatt (390), quando mencionou que "em parte alguma são precisos pilotos mais hábeis do que nesse porto", ou a belga Langendonck (28) quando se referiu à "ajuda de um piloto para entrar no porto". Mas não era apenas o mar que representava perigo naquela região. Ainda sobre o litoral sul, o comerciante inglês Jonh Luccock comentou sobre os insidiosos bancos de areia:

> Dentro em pouco verificamos que não passavam de irregularidades de uma praia de areia, em cujo meio elevava-se a igreja de Estreito, pequenino edifício no mesmo estilo que os demais das aldeias do Brasil. Umas poucas árvores e uma escassa vegetação ao redor, visíveis agora, contribuíam para acentuar a aparência inóspita do deserto circundante. Muito antes de avistarmos qualquer sinal que servisse para orientar nossa rota, vimo-nos em água rasa, e cercados de bancos de areia (Luccock 115).

Assim como os bancos de areias representavam um perigo aos mareantes, as dunas eram implacáveis com os habitantes do litoral. Saint-Hilaire (50) comentou sobre as antigas casas na aldeia de Estreito que foram "enterradas pelos turbilhões de areia que o vento atira sem cessar das margens do mar". Sobre Rio Grande, mencionou o viajante que "a cidade estendia-se outrora bem para o lado oeste. As areias encobriram, entretanto, ruas inteiras" (62). O belga Baguet afirmou que "a areia e a água são os dois flagelos de Rio Grande: do lado do mar a água invade as casas e a areia sem cessar ameaça sepultá-las" (30).

Sobre a cidade vizinha, alfandegária, Jonh Luccock calcula que ela perfaz "cem cabanas miseráveis, situadas sem regularidade por entre elevados montes de areia solta; mesmo naquilo a que chamam de ruas, os transeuntes enterram os pés até os tornozelos" (153). O alemão Carl Seidler comentou sobre a arenosa plasticidade do local:

> Com vento forte, às vezes em horas muda-se a fisionomia de toda a região; as dunas entram a caminhar; onde antes era um monte, forma-se de repente um vale, a estrada

242 Jó Klanovicz • Gilmar Arruda • Ely Bergo de Carvalho (orgs.)

desaparece em poucos minutos, e o viajor que se afunda na areia até acima dos joelhos busca em vão algum indício do caminho certo; parece-lhe que um golpe de magia o transportou para os desertos da Árabia (Seidler 149-150).

Décadas depois, Alexander Baguet escreveu que "seu porto era outrora muito frequentado, mas hoje em dia não é mais que uma vila miserável, de aspecto muito triste, na qual, para o lado da campanha, muitas casas já foram invadidas pela areia, a ponto delas não se avistar mais que o teto". Também Avé-Lallemant se referiu ao povoado de São José como um local "terrivelmente ameaçado e já invadido pela areia":

> Tão solta é a areia da costa que facilmente o vento a arrasta. Vi casas em que essa areia já subia até ao primeiro andar. A parte traseira da igreja está meio soterrada. Toda a cidade está de tal modo afogada na areia que, com uma forte tempestade, se poderia profetizar-lhe o destino de Herculano (107-108).

Ainda naquela região, Saint-Hilaire viu "negros ocupados em desentulhar os arredores das casas de seus donos", os quais lhe informaram serem "obrigados a repetir incessantemente esse trabalho para proteção das casas" (50). E sentenciou: "nada se iguala à tristeza desses lugares. De um lado o Oceano, a mugir, e, do outro o rio. O terreno, extremamente chato e quase ao mesmo tempo no nível do mar, não passa de branquicentos areais onde vegetam plantas esparsas" (62).

As areias também poderiam fazer dos viajantes suas vítimas. Em outubro de 1905, o padre jesuíta Max von Lassberg rumava para o norte do estado pela costa arenosa quando, depois de cavalgar pela areia firme perto das ondas do mar, teve que desviar terra adentro e cruzar as dunas de areia. Nesse trecho, o padre recebeu o seguinte conselho do seu guia: "Ao notar que o cavalo pisa na areia úmida fazendo um ruído típico – de modo especial a sua mula com seus cascos pequenos –, senhor padre, não poupe as esporas e o chicote, por favor, não ande devagar ou pare, senão estamos perdidos" (Lassberg 166).

Ainda segundo o relato do jesuíta, o guia não exagerava. Tratava-se de um trecho muito perigoso, onde as areias representavam uma verdadeira "sepultura molhada":

> Realmente depois de pouco tempo os animais retiravam as patas da areia mole na qual afundavam, fazendo o ruído característico. Nestas circunstâncias, é-se levado a puxar instintivamente as rédeas. "Para frente, para frente", gritava o homem. Começou uma cavalgada louca pela vida e pela morte. Graças a Deus não foi muito longa, até alcançarmos uma elevação arenosa. Paramos e olhamos para trás e constatamos com espanto como toda a superfície seca baixara formando uma leve depressão e sendo coberta pela água. Quando se atravessava com hesitação, os animais afundavam cada vez mais. É impossível sair por conta própria e afundam lenta e irremediavelmente na sepultura molhada (166).

A pobreza da população local também integrava a paisagem desoladora. Do relato do comerciante inglês John Luccok até o do padre alemão Max von Lassberg, quase cem anos transcorreram e a penúria dos praieiros foi uma constante na observação dos viajantes. Em sua viagem pelo litoral entre as aldeias de Estreito e Mostardas, John Luccock afirma que o "povo do lugar dispõe de pouco conforto" e que nada consegue "mitigar a pobreza dominante" (154). Saint-Hilaire se referiu às agruras de agricultores nas proximidades do rio Tramandaí e ao cenário miserável do local:

> Dos homens que vimos ontem, apenas um residia ordinariamente no local. [...] São todos homens brancos, mostram ser boas pessoas, cultivam a terra e parecem muito pobres [...] É difícil ver-se lugar tão triste, miseráveis e mal cuidadas palhoças espalhadas à margem do rio. Por todos os lados se percebe apenas areia pura da qual o vento faz levantar nuvens de pó, empestando a paisagem; era a imagem da mais perfeita esterilidade e miséria (22).

244   Jó Klanovicz • Gilmar Arruda • Ely Bergo de Carvalho (orgs.)

Em sua viagem pelo litoral em 1905, após se safar das areias úmidas e de um crocodilo num grande banhado, o padre Max von Lassberg perguntou faminto a um barqueiro se não tinha nada para comer. O homem levou o padre para a sua casa "pobre, mas limpa, onde não havia nem cadeira nem mesa", onde lhe cozinhou um peixe na falta de outra coisa qualquer (166).

Cabe lembrar que os viajantes europeus eram, na sua grande maioria, entusiastas da agricultura. A propósito, ao passar por uma localidade no litoral norte do Rio Grande do Sul, em junho de 1820, Auguste Saint-Hilaire chegou a afirmar que "este lugar seria magnífico se as cercanias do lago fossem cultivadas e cobertas de casas, pois que a mais bela paisagem exige a presença e o trabalho do homem para a animar" (19).

Assim, o litoral era visto em sua negatividade, por resistir à intervenção humana. Paisagem estéril, indômita, a imensidão líquida representava a antítese do jardim do Éden. Cabe lembrar que, na Europa moderna, valorizam-se hortos, jardins botânicos, jardins ornamentais, herbários, entre outros. A propósito, os jardins ingleses do século 18 figuram como a quintessência dos espaços arranjados, onde não há mais surpresas, nem acontecimentos inusitados (Corbin 136-137). Trata-se de um espaço onde a criatura imita o Criador recriando a natureza. A cultura europeia do jardim reforça a ideia de repugnância que enseja o oceano indomável. Mas a literatura inglesa sobre o mar já oscila entre dois sistemas de percepção estética do litoral a partir do primeiro quartel do século 18 (136-137). As águas frias do Atlântico norte e do Báltico suscitam uma estética *noir* gótica pelo sublime, pelo espetáculo daquela imensidão líquida. Também as viagens náuticas de Cook e Bugainville contribuem para uma apreciação do vasto oceano em sua magnitude e exotismo (139).

No que tange ainda ao litoral gaúcho, deve-se atentar para o fato de que a sua descrição foi feita pela autópsia de viajantes acostumados com portos da Europa, com praias onde a vilegiatura marítima já era praticada. Além disso, o público para quem eles escreviam era o leitor europeu já apreciador de uma significativa produção de imagens e textos sobre as praias europeias. Especialmente depois das guerras napoleônicas, a costa atlântica da Europa teve sua infraestrutura incrementada; a literatura fascinada pelas praias e a pintura de marinhas ou batalhas

História ambiental no sul do Brasil   245

navais também contribuíram muito para o enriquecimento de um sistema de apreciação das coisas do mar (246).

A domesticação da natureza marítima

Em meados do século 19, alguns curistas passaram a procurar as
águas marinhas do Rio Grande do Sul com finalidades terapêuticas. No
entanto, para que os banhos de mar se realizassem dentro dos preceitos
estipulados pela medicina, os banhistas tiveram que vencer o medo das
águas. Isso significa que a domesticação da natureza marítima foi acompanhada pela domesticação da natureza humana, de um domínio de si,
do controle de temores e receios diante da paisagem desértica do litoral.

O caos marinho, representado nas atordoantes representações bíbli-
cas, estava presente entre os primeiros banhistas do Rio Grande do Sul.
Esta evidência aparece na segunda metade do século 19, em um romance
histórico, que ficou pouco conhecido em nível nacional e regional. Escrito
em 1847 e publicado em 1851, o romance *O Corsário*, de Caldre e Fião,
alude à relação entre ambiente marítimo e poder divino. O cenário para
esta história é a "tormentosa praia de Tramandaí".

O arquétipo do mar devorador é aduzido no "primeiro quadro"
do livro, quando o litoral é apresentado como lugar habitado por uma
população nativa, de praieiros, que "viviam dos despojos do naufrágio".
A paisagem litorânea é descrita neste contexto, ambientando o momento
em que a personagem central do romance, Maria, depara-se com o náu-
frago Vanzini: "Era que uma tempestade horrível sibilava na cumiada dos
céus, e lambia com suas enormes línguas a superfície dos mares e montu-
osidades da terra, produzindo o estrépido tenebroso do inferno, e o pavor
que faz convulsar o homem entre o amor e temor de Deus" (Caldre e Fião
35). Nessa passagem inicial, as referências entre o céu e o inferno mostram
o medo humano diante dos fenômenos da natureza. Prosseguindo, o texto
menciona o forte imaginário do medo da engolição pelas revoltosas águas
do oceano: "Um eco surdo, semelhante ao ribombo do canhão repercu-
tido, de ângulo em ângulo na vasta planície de um campo de batalha, se
ouvia ao longe: eram as vagas do mar que, gemendo, vinham deitar-se na

246 Jó Klanovicz • Gilmar Arruda • Ely Bergo de Carvalho (orgs.)

praia, e aí expiravam toda a força que lhe imprimira o anjo das tormentas com seu bafejar potente" (26). Diante do desespero do naufrágio que levava "milhares de famílias, perdidas no seio das ondas", mais uma vez a exaltação divina é reportada na sobrevivência do corsário Vanzini, que pela sua vida teria "lutado com as ondas", rogando socorro aos céus:

> O amanhecer veio tarde: desconheciam talvez as nossas costas, e foi por isso que os bancos os surpresaram e os fizeram naufragar. Havia de lutar tanto tempo!... [...] nada nele anuncia a expressão do temerário, do audaz, do homem que nada teme: ele havia temer; seus votos foram sem dúvida ter ao céu; Deus, que é piedoso, o ouviu e salvou-o... (39).

Desse modo, no primeiro momento, o oceano "surge como o instrumento da punição, como lembrança da catástrofe" (Corbin 12). Em um segundo momento, a mesma costa que mantém vestígios dos horrores, também é o pano de fundo para as dores do amor de Maria. Essa evocação do sentimento diante da contemplação do mar anuncia uma nova forma de apreciação da orla marítima. O limite entre a costa arenosa e as ondas salgadas imiscuiu-se entre criação divina e o lugar de contemplação.

Na literatura gaúcha, a contemplação do mar entrelaçada às angústias e dúvidas do amor não são tão frequentes como na literatura europeia. Na obra de Rilke (2005), por exemplo, a Princesa Branca questiona suas angústias amorosas e o medo da morte, diante das ondas do mar. Na mais famosa obra de Goethe (2004), as falésias marítimas também são o cenário das inquietações de Fausto. Mas as falésias da praia de Torres também foram o cenário das questões amorosas do roteiro cinematográfico do gaúcho Salomão Scliar.

Filmado em 1951, *O vento norte* se passa em uma comunidade pesqueira da praia de Torres, que cotidianamente enfrenta as ondas do mar em busca do alimento para sua sobrevivência. A ideia para o roteiro de *Vento Norte* surgiu pelo contato que Scliar teve com pescadores de Capão da Canoa, em 1944, quando filmou o curto documentário chamado *Homens do Mar* (Póvoas 2001). O movimento atmosférico caracterizado como o desolador vento norte é o que atinge essa comunidade pesqueira do litoral de Torres, que mesmo sabendo das causas que a tormenta poderia provocar ao pescador, enfrenta as ondas, deixando seus familiares diante da contemplação do mar, esperando que das águas eles ressurjam. Uma belíssima cena do filme mostra este momento da espera pela volta dos barcos, onde os que ficaram aguardam esperançosos, com súplicas aos céus, que o mar os devolva.

Curiosamente, o filme de Scliar e o livro de Caldre e Fião possuem um aspecto em comum: uma mulher trabalhadora e valente que se apaixona por um forasteiro que surge do além-mar. Outros fatores em comum são os questionamentos da personagem Luísa de *Vento Norte*, que, após encontrar João, também passa a ver o litoral como um "território do vazio". Um lugar, que assim como a paixão, é indômito. Mas que sem tardar será domesticado pela prática do veraneio. No romance, a representação do litoral como um "território do vazio" ocorre através da mudança do olhar de Maria, que "embebida em um deleite de amor", refaz suas considerações sobre o "mundo que tinha vivido até então":

> Seus companheiros começaram a parecer-lhe rudes e selvagens, sua vida antiga tornou-se-lhe fastidiosa, e pareceu-lhe indigna de uma moça ainda tão jovem e tão adornada como ela era de graças e de encantos; a sua cabana, até então tão cômoda às suas necessidades, pareceu-lhe pequena e imprópria à morada de uma família; a nudez de seus desertos lhe pareceu horrível; aquelas praias em que outrora nada ambicionada, em que via limitar-se o horizonte de sua pátria, tornaram-se-lhe medonhas e lhe abriam o desejo de afastar-se delas (Caldre e Fião 42).

A presença do poder divino também estava ligada ao sexto dia da Criação, quando Deus ordenou ao homem o domínio dos peixes e do mar, prevendo a "alimentação das pobres populações costeiras" (Corbin 40). Essa população de habitantes da costa marítima é representada no romance *O Corsário* como um povo batalhador e benevolente:

248   Jó Klanovicz • Gilmar Arruda • Ely Bergo de Carvalho (orgs.)

[...] nós somos benfeitores; a nossa profissão é salvar os
naufragados e socorrê-los: enfim prestar-lhes tudo quanto
nos é possível, a nós, pobres habitantes destas costas, cuja
riqueza, é o nosso valor, a nossa bondade, e talvez a nossa
virtude; nunca assassinamos alguém; nunca perseguimos
miserável algum oprimido da fome e da fadiga; é o nosso
lar, em derredor de nossa fogueira, que mais vezes o estrangeiro se assenta cheio de satisfação, talvez esquecido dos
prazeres de sua pátria, e é em derredor da nossa fogueira
que mais vezes a hospitalidade vem animar os corações, e
que lágrimas derramadas se secam e se convertem em rios
de alegria. Não, nós não somos inimigos; esta mão, belo
estrangeiro, há de guiar-vos por estas veredas a um lugar
aprazível, a uma casa que em vós produzirá memórias eter-
nas (Caldre e Fião 41).

Esse mesmo sentimento de hospitalidade e saudosismo narrado por
um "dos companheiros de Maria", foi descrito no relato do viajante alemão Carl Seidler (218), que ao avistar a "intérmina superfície do oceano",
em Torres, comoveu-se. Já o naturalista francês Auguste de Saint-Hilaire,
ao avistar a mesma paisagem, escreveu em seu périplo a mudança do panorama marítimo, "já que nos dias anteriores só avistávamos uma praia
esbranquiçada que se confundia com o céu na linha do horizonte" (Saint-
Hilaire 11). Saint-Hilaire ainda descreveu o encantador sentimento des-
frutado diante da bela paisagem natural, que provavelmente estava ligado
ao sentimento de nostalgia: "gozei de um panorama que se me afigurou
mais encantador do que efetivamente era" (12).

A passagem do romance de Caldre e Fião faz jus ao cenário arcaico
que antecedeu os balneários da vilegiatura marítima, ou seja, conforme
análise histórica de Alain Corbin, da praia como um "território do vazio".
Um território que, mesmo habitado, ainda não era contemplado como
lugar de deambulação e deleite pela população do Rio Grande do Sul.

Ainda que, durante este período inicial no século 19, o litoral tenha
sido percorrido por muitos viajantes, marinheiros e corsários, a distinção entre o homem da praia e o outro já era notada. No romance histórico, essa

História ambiental no sul do Brasil   249

percepção do outro, do estrangeiro diante do nativo, é realizada pelo próprio nativo. Porém, no relato do viajante Saint-Hilaire, o nativo é descrito pelo estrangeiro que, igualmente, relata a simplicidade do povo e da localidade:

> Terminado meu trabalho, pedi licença ao dono da choupana para pernoitar em sua casa, sendo atendido. Esta é construída em madeira encruzada, revestida de folhas de palmeiras, que também entram na sua cobertura. Compõese de um celeiro sem porta e um quarto desprovido de janela e mobiliário, onde a roupa branca e o vestuário de toda a família são estendidos sobre traves. Apesar da indigência que revela essa triste morada, a dona da casa se veste muito melhor que nossas camponesas francesas (Saint-Hilaire 14).

Se os relatos de viagens abriram caminho para a descoberta da paisagem, a pintura vai no enlaço, "ela abre pela segunda vez o caminho e leva a partilhar a visão da imagem descrita pela língua. Uma vez representada em desenho e cor, a paisagem que suscitava a emoção dos escritores adquire certa realidade. Ela existe" (Cauquelin 93). Nesse sentido, o olhar contemplativo sobre a natureza, narrado primeiramente nos relatos de viagens, passa a existir nas aquarelas registradas pelo pintor e desenhista Jean-Baptiste Debret, que esteve no Brasil meridional entre os anos de 1827 e 1828, e, posteriormente, a do alemão Hermann Rudolf Wendroth, em 1851.

Além da paisagem descritiva, da paisagem pictórica, da paisagem humana, registros sobre a paisagem sonora e olfativa do litoral também compõem o conjunto de componentes naturais dos primórdios das praias gaúchas. Em 1885, em viagem pelo litoral do Rio Grande do Sul, o alemão Theodor Bischof (1807-1882) registrou suas impressões em cartas de viagem que foram publicadas no jornal de língua alemã de Porto Alegre, *Koseritz's Deutsche Zeitung.*

Em sua série de cartas, Bischof descreveu a paisagem topográfica (a Serra Geral), a hidrografia (a Lagoa dos Barros, outras lagoas, rios e sangas) e também o contraste entre a encosta verdejante da serra, com suas figueiras e butiás, e o litoral luminoso, com suas dunas de areias. Ao chegar a Tramandaí, o viajante descreveu desde as primeiras casas de palha dos pescadores até o mar. Aliás, o local era exatamente uma aldeia de pescadores, cuja paisagem era marcada pelo cheiro de peixe seco. Inclusive, Bischof mencionou que algumas daquelas casinhas eram frequentadas por banhistas, que faziam seus passeios, piqueniques, andavam de canoa e caçavam, longe da areia e do vento.

No início do século 20, a mesma paisagem foi descrita por Roquette-Pinto em sua incursão pelo litoral gaúcho. O pesquisador chamou atenção para as casinholas, todas de madeira de tiririca-do-brejo, baixas e originais, que alojavam a pequena população de pescadores em Tramandaí.

A intensa atividade piscatória também foi ressaltada por Roquette-Pinto, já que a pesca do bagre e seu preparo para exportação constituíam, segundo ele, na única ocupação da massa de habitantes, que tinham nos lagos vizinhos um farto viveiro (Roquette-Pinto 22). O bagre, secado e salgado em grandes varais de um depósito, era vendido muitas vezes como bacalhau. Este estabelecimento, pertencente a Leonel Pereira Sousa, também proprietário do *Hotel da Saúde*, fundado em 1888, no qual o próprio pesquisador ficou hospedado, contava com 15 pescadores, e era dirigido por "um capataz, homem prático em conhecer os cardumes pelas ondulações da superfície da água" (23).

Já ao passar por Cidreira, primeiro balneário do litoral norte do Rio Grande do Sul, Bischof comparou o lugarejo com Tramandaí, descrevendo que a localidade arenosa, desprovida de vegetação, era frequentada apenas por banhistas durante o veraneio e por eventuais pescadores que por lá ficavam durante a pesca no mar ou a secagem dos peixes. Bischof comentou que as casas de palha dos banhistas ficavam mais próximas ao mar em Cidreira e que os ares do balneário não eram impregnados pelo cheiro de peixe como em Tramandaí. Porém, o balneário de Cidreira tinha suas desvantagens pela falta de capões, lagoas e rios como em Tramandaí, bem como pela falta de uma povoação.

A praia de Cidreira, segundo o relatório da assembleia legislativa, passou a ser procurada pelos banhistas após 1860 (Os Novos Municípios do Rio Grande do Sul: Cidreira, 17). Alguns dos primeiros veranistas que vinham para esta praia, como os primos Leopoldo e Edmundo Bastian, Carlos Dauth, Ernesto Scheneider, Alberto Bins e as famílias Bopp e

Cristoffel, solicitaram aos nativos a construção de choupanas de palha iguais às dos pescadores, para passarem o verão. Essas habitações foram mencionadas por Roquette-Pinto, que esteve na localidade em 1906:

> Diante do mar, aí sempre muito batido, no imenso areal, erguem-se umas 20 choupanas de madeira, cobertas de palha, onde, nos meses de verão, algumas pessoas de Porto Alegre vêm habitar, trazendo consigo o indispensável à vida. Quando por lá passamos, em nenhuma dessas casinhas havia gente. A cobertura dos tetos meio levantada pelo vento, as portas desconjuntadas, batendo livremente, davam ao lugarejo, onde nem água potável existe, o mais desolador aspecto (Roquette-Pinto 18).

Em 1913, Pedro Weingärtner registrou, através da pintura, essas palhoças entre os cômoros e a beira-mar de Cidreira. No entanto, não é possível identificar se as choupanas eram de nativos ou de veranistas.

Praia de Cidreira, 1913. Coleção Lahoud, São Paulo. In: Pedro Weingärter (1853-1929). *Um artista entre o velho e o Novo Mundo*. São Paulo: Pinacoteca do Estado de São Paulo, 2009, p. 253.

A relação entre comunidades nativas e adventícias se intensificou com a invenção do veraneio. Os curistas e os primeiros veranistas dependeram das comunidades locais para o provimento de comida, água, entre

252   Jó Klanovicz • Gilmar Arruda • Ely Bergo de Carvalho (orgs.)

outros. Também eram necessárias informações sobre eventuais perigos no ambiente talássico, principalmente sobre os ventos, as correntes marítimas, a fauna lacustre e marinha, e mesmo sobre as doenças endêmicas. Em relação aos "monstros marinhos", que povoaram o imaginário durante muito tempo, pouco a pouco houve o seu desaparecimento. Nas praias, os mosquitos também eram incômodos para muitos vilegiaturistas. A ressaca do mar impedia, às vezes, a ida aos banhos. Os fortes ventos da costa machucavam a pele dos banhistas e o sal marinho ressecava a pele. Se as vias medicinais justificaram os banhos, a conquista sanitária da costa sobrepôs-se à conquista estética, dando início à massificação da prática. Para isso, um grande número de vilegiaturistas foi chamado a dominar sua fobia em nome da ciência e da saúde, passando da repulsão inicial à aceitação salutar do contato com as ondas (Urbain 133). Por conseguinte, o banhista acabou descobrindo por ele mesmo as agradáveis sensações físicas dos banhos de mar, aprendendo o prazer de se estontear, e, livremente, "naturalmente", estrear as emoções e excitações procuradas na experiência da austeridade aquática (147).

A modernidade urbana criou os seus refúgios. Entre eles, destacou-se o litoral, aquele "território do vazio" para onde muitos citadinos se dirigiam durante o veraneio. Aos poucos, a orla marítima foi se urbanizando, e os balneários foram sendo criados para atender a uma demanda urbana por cura, repouso, lazer e diversão.

Os balneários marítimos se tornaram postos avançados da civilização na areia. Foi através deles que iniciou a "colonização" do litoral norte do Rio Grande do Sul. Sua urbanização a partir das primeiras décadas do século 20 deu condições materiais para a concentração populacional na orla marítima durante os três meses de veraneio. Esse processo abrupto no decorrer da primeira metade do século 20 permite mapear os protagonistas e a modelagem gradual da paisagem litorânea.

O duplo processo de domesticação da natureza marítima e de "colonização" do litoral do Rio Grande do Sul deve ser entendido como um dos aspectos da modernização em curso no início do século 20. Paradoxalmente, essa mesma modernidade estava grávida de novos problemas, dos quais os balneários marítimos não ficaram longe.

A drenagem das dunas, dos pântanos e das restingas, o encanamento da água e do esgoto, o loteamento de terrenos, a abertura de ruas, a eletrificação dos balneários e o policiamento sazonal foram algumas medidas adotadas para a urbanidade do veraneio, que passou a dominar a natureza praieira.

Considerações finais

Em 15 de abril de 1885, ao publicar no jornal de Karl von Koseritz mais uma de suas cartas de viagem pelo litoral, Bischof salientou as mudanças naturais na paisagem litorânea, em que ventos e correntes marinhas eram os principais protagonistas, mas o viajante também sinalizou as mudanças antrópicas, ocorridas devido à presença de pescadores, vaqueanos e banhistas.

Ao tratar da fisionomia do Rio Grande do Sul em 1942, o Padre Balduíno Rambo afirmou que restava lançar um olhar para o futuro desenvolvimento do litoral, que teria suas transformações concentradas na zona dos grandes lagos internos. Porém, o mesmo ainda advertia: "isto se a mão do homem não interferir" (Rambo 9).

Com base em relatos de viagem, pinturas, fotografias, filmes e crônicas de jornais, pode-se observar a transformação do "território do vazio" em espaço de lazer e sociabilidades.

Esta mudança ocorrida em menos de um século significou, para alguns, na perda do encantamento daqueles primórdios. Assim, a paisagem sonora, que constituía no som das rodas de carretas de bois, foi sendo substituída pelos motores dos automóveis que acusavam a chegada dos veranistas. O cheiro dos colchões e demais artefatos de palha, que faziam parte do cotidiano dos veranistas, se dissipou para sempre na brisa marítima. As dunas móveis de areias foram sendo removidas ou fixadas para dar lugar às quadras dos loteamentos e de arruamento geométrico. As árvores exóticas, como os eucaliptos e as acácias, se proliferaram nos balneários. As pequenas aldeias de pescadores foram suprimidas pelo novo desenho urbano dos balneários marítimos, nos quais os hotéis e cassinos surgiam como novas referências à paisagem praieira. A eletrificação das casas, o

254 Jó Klanovicz • Gilmar Arruda • Ely Bergo de Carvalho (orgs.)

arruamento dos balneários, os belvederes e avenidas à beira-mar "domesticaram" a paisagem das praias de mar.

O pitoresco da viagem demorada sobre cômoros de areias, contornando as lagoas, a hospitalidade das pousadas ao longo do caminho, a melodia das músicas que preenchiam as noites sob o céu estrelado, a contemplação da natureza e outros aspectos dos primórdios da vilegiatura marítima foram deixando de fazer parte das novas gerações de veranistas, que constituíram e criaram novas paisagens.

Trabalhos citados

Avé-Lallemant, R. *Viagem pelas províncias do sul do Brasil.* Belo Horizonte: Itatiaia; São Paulo: Edusp, 1980.

Baguet, A. *Viagem ao Rio Grande do Sul.* Santa Cruz do Sul: Edunisc, 1997.

Caldre e Fião, J. A. do V. *O corsário: romance rio-grandense.* Porto Alegre: Movimento, 1979.

Canstatt, O. *Brasil: terra e gente.* Brasília: Editora do Senado Federal, 2002.

Cauquelin, A. *A invenção da paisagem.* São Paulo: Martins Fontes, 2007.

Cesar, Guilhermino. *Primeiros cronistas do Rio Grande do Sul.* 2ª ed. Porto Alegre: Ed. da UFRGS, 1981.

Corbin, A. *O território do vazio:* a praia e o imaginário ocidental. São Paulo: Companhia das Letras, 1989.

Correa, S. M. devS. *Germanismo e banhos medicinais nos primórdios dos balneários no Rio Grande do Sul.* XVIII Simpósio de História da Imigração e Colonização – "Saúde: Corporeidade – Educação". São Leopoldo: Unisinos, 2008.

Dreys, N. *Notícia descritiva da província do Rio Grande de São Pedro do Sul.* 4ª ed. Porto Alegre: Nova Dimensão, 1990.

Goethe, J. W. V. *Fausto.* São Paulo: Editora 34, [s. d].

Gonzales, M. T. *Cidreira. Anos 20.* Cidreira: EDESUL/SEC, s/data.

Languendonck, M. *Uma colônia no Brasil.* Santa Cruz do Sul: Edunisc, 2002.

Lassberg, M. V. *Reminiscências.* São Leopoldo: Editora da Unisinos, 2002.

Luccock, J. *Notas sobre o Rio de Janeiro e partes meridionais do Brasil.* Belo Horizonte: Itatiaia; São Paulo: Edusp,1975.

Krug, G.; Carvalho, N. *Letras Rio-Grandenses.* Porto Alegre: Globo, 1935.

Rambo, B. *A fisionomia do Rio Grande do Sul.* São Leopoldo: Editora da Unisinos, 2000.

Rilke, R. M. *A princesa Branca:* cena à beira-mar. Rio de Janeiro: 7 Letras, 2005.

Roquette-Pinto, E. *Relatório da excursão ao litoral e à região das lagoas do Rio Grande do Sul.* Porto Alegre: Editora da UFRS, 1962.

Schama, S. *Paisagem e Memória.* São Paulo: Companhia das Letras, 1996.

Saint-Hilaire, A. de. *Viagem ao Rio Grande do Sul.* São Paulo: EDUSP, 1974.

Seidler, C. *Dez anos no Brasil.* São Paulo: Martins Editora, 1951.

Schossler, J. C. *"As nossas praias":* os primórdios da vilegiatura marítima no Rio Grande do Sul (1900-1950). Dissertação (Mestrado em História) da Pontifícia Universidade Católica do Rio Grande do Sul [PUC-RS], 2010.

Póvoas, G. Encantamento do filme Vento Norte atravessa meio século. In: *Sessões do Imaginário*, FAMACOS/ PUCRS. Porto Alegre nº 6, julho 2001.

Os novos municípios do rio Grande do Sul: Cidreira. Porto Alegre: Assembleia Legislativa, 1988.

Urbain, J.-D. *Sur la Plage: mœurs et coutumes balnéaires (XIX–XX siècles).* Petite Bibliothèque Payot: 2007.

Esta obra foi impressa em Santa Catarina no outono
de 2012 pela Nova Letra Gráfica & Editora. No texto
foi utilizada a fonte Adobe Garamond, em corpo 10,5
e entrelinha de 13,5 pontos.